厚積薄發

李岚清

二〇〇七年初秋

以厚積薄發四字篆刻一方

贈高等教育出版社

生也有涯

学無止境

任继愈

教育部哲学社会科学研究后期资助项目

# 产品质量升级与收入分配
## ——基于中国对外贸易的动态演进

Product Quality Upgrading and Income Distribution:
Based on the Dynamic Evolution of China's Foreign Trade

○ 李宏兵 著

中国教育出版传媒集团

高等教育出版社·北京

图书在版编目（CIP）数据

产品质量升级与收入分配：基于中国对外贸易的动
态演进 / 李宏兵著. -- 北京 ： 高等教育出版社，
2023.3

ISBN 978-7-04-057698-6

Ⅰ．①产… Ⅱ．①李… Ⅲ．①对外贸易-研究-中国
Ⅳ．①F752

中国版本图书馆 CIP 数据核字（2022）第 013133 号

CHANPIN ZHILIANG SHENGJI YU SHOURU FENPEI：JIYU ZHONGGUO
DUIWAI MAOYI DE DONGTAI YANJIN

| 策划编辑 | 张　召 | 责任编辑 | 张　召 | 封面设计 | 张　志 | | 版式设计 | 马　云 |
| 插图绘制 | 杨伟露 | 责任校对 | 窦丽娜 | 责任印制 | 赵　振 |

| 出版发行 | 高等教育出版社 | | 咨询电话 | 400 - 810 - 0598 |
| 社　　址 | 北京市西城区德外大街 4 号 | | 网　　址 | http://www.hep.edu.cn |
| 邮政编码 | 100120 | | | http://www.hep.com.cn |
| 印　　刷 | 天津鑫丰华印务有限公司 | | 网上订购 | http://www.hepmall.com.cn |
| 开　　本 | 787 mm×1092 mm 1/16 | | | http://www.hepmall.com |
| 印　　张 | 14.5 | | | http://www.hepmall.cn |
| 字　　数 | 260 千字 | | 版　　次 | 2023 年 3 月第 1 版 |
| 插　　页 | 2 | | 印　　次 | 2023 年 3 月第 1 次印刷 |
| 购书热线 | 010 - 58581118 | | 定　　价 | 49.00 元 |

# 总　　序

　　哲学社会科学是探索人类社会和精神世界奥秘、揭示其发展规律的科学,是我们认识世界、改造世界的有力武器。哲学社会科学的发展水平,体现着一个国家和民族的思维能力、精神状态和文明素质,其研究能力和科研成果是综合国力的重要组成部分。没有繁荣发展的哲学社会科学,就没有文化的影响力和凝聚力,就没有真正强大的国家。

　　党中央高度重视哲学社会科学事业。改革开放以来,特别是党的十六大以来,党中央就繁荣发展哲学社会科学作出了一系列重大决策,党的十七大报告明确提出:"繁荣发展哲学社会科学,推进学科体系、学术观点、科研方法创新,鼓励哲学社会科学界为党和人民事业发挥思想库作用,推动我国哲学社会科学优秀成果和优秀人才走向世界。"党中央在新时期对繁荣发展哲学社会科学提出的新任务、新要求,为哲学社会科学的进一步繁荣发展指明了方向,开辟了广阔前景。在全面建设小康社会的关键时期,进一步繁荣发展哲学社会科学,大力提高哲学社会科学研究质量,努力构建以马克思主义为指导,具有中国特色、中国风格、中国气派的哲学社会科学,推动社会主义文化大发展大繁荣,具有十分重大的意义。

　　高等学校哲学社会科学人才密集,力量雄厚,学科齐全,是我国哲学社会科学事业的主力军。长期以来,广大高校哲学社会科学工作者献身科学,甘于寂寞,刻苦钻研,无私奉献,开拓创新,为推进马克思主义中国化,为服务党和政府的决策,为弘扬优秀传统文化、培育民族精神,为培养社会主义合格建设者和可靠接班人作出了重要贡献。本世纪头 20 年,是我国经济社会发展的重要战略机遇期,高校哲学社会科学面临着难得的发展机遇。我们要以高度的责任感和使命感、强烈的忧患意识和宽广的世界眼光，深入学习贯彻党的十七大精神，始终坚持马克思主义在哲学社会科学的指导地位，认清形势，明确任务，振奋精神，锐意创新，为全面建设小康社会、构建社会主义和谐社会发挥思想库作用，进一步推进高校哲学社会科学全面协调可持续发展。

哲学社会科学研究是一项光荣而神圣的社会事业，是一种繁重而复杂的创造性劳动。精品源于艰辛，质量在于创新。高质量的学术成果离不开严谨的科学态度，离不开辛勤的劳动，离不开创新。树立严谨而不保守，活跃而不轻浮，锐意创新而不哗众取宠，追求真理而不追名逐利的良好学风，是繁荣发展高校哲学社会科学的重要保障。建设具有中国特色的哲学社会科学，必须营造有利于学者潜心学问、勇于创新的学术氛围，必须树立良好的学风。为此，自2006年始，教育部实施了高校哲学社会科学研究后期资助项目计划，旨在鼓励高校教师潜心学术，厚积薄发，勇于理论创新，推出精品力作。原中央政治局常委、国务院副总理李岚清同志欣然为后期资助项目题字"厚积薄发"，并篆刻同名印章一枚，国家图书馆名誉馆长任继愈先生亦为此题字"生也有涯，学无止境"，此举充分体现了他们对繁荣发展高校哲学社会科学事业的高度重视、深切勉励和由衷期望。

展望未来，夺取全面建设小康社会新胜利、谱写人民美好生活新篇章的宏伟目标和崇高使命，呼唤着每一位高校哲学社会科学工作者的热情和智慧。让我们坚持以马克思主义为指导，深入贯彻落实科学发展观，求真务实，与时俱进，以优异成绩开创哲学社会科学繁荣发展的新局面。

教育部社会科学司

# 前　言

　　党的十八大以来,中国经济步入了由高速增长向高质量发展的新常态。与此同时,中国的收入分配改革仍在艰难推进,基尼系数在0.4的国际警戒线以上高位运行。因此,新形势下培育外贸竞争新优势并妥善处理收入分配难题,将是中国经济提质增效和转型升级的必然选择。

　　在逆全球化和贸易保护主义思潮兴起的背景下,中国贸易如何持续获取利益并发挥在支撑经济发展和劳动力市场成长中的重要作用,对于破解当前收入分配难题极为关键。而中国贸易获利的重要途径之一是优化贸易结构,不仅要促进对外贸易商品结构优化,还要建立稳定的贸易关系,因为稳定的持续出口是实现贸易增长的重要前提。中国贸易获利的另一个重要途径是进出口产品质量升级。因此如何提升中国企业在全球产品质量阶梯中的相对位置,并以此为突破口分别从企业和劳动力层面提出破解收入分配困境的政策措施,对于实现国内国际双循环下的全方位对外开放与推动以收入分配为核心的劳动力市场改革具有重要战略意义。

　　新形势下对上述问题的澄清势必要求理论和政策研究加快步伐,对此,本书从中国对外贸易"由表及里,由量到质"的动态演进趋势出发,在系统测算进出口产品质量、持续时间及增加值率的基础上,梳理了中国进出口商品结构、贸易持续时间和进出口产品质量演进;同时在阐述进口产品质量影响出口产品质量和出口国内增加值率的理论逻辑基础上,实证检验了中国对外贸易的"优进优出"与产品质量升级。接着,结合国际贸易与劳动力市场的经典命题,本书利用双重差分模型和工具变量回归等计量方法,实证检验了中国出口贸易动态演进、进口国别结构对收入分配的影响；并利用中国工业企业数据库、中国海关进出口数据库和全国1%人口抽样调查数据等多维数据，细致考察了中国出口产品质量分化和进口产品质量升级对收入分配的影响效应及机制检验。最后，针对新常态下中国进出口产品质量升级化解收入分配难题的机制与路径，本书提出了具有战略性、前瞻性和针对性的系列对策措施。

本书得到教育部哲学社会科学研究后期资助项目的资助。围绕相关选题，本书作者及研究团队在 *Open Economies Review*（《开放经济评论》）、*Emerging Markets Finance and Trade*（《新兴市场金融与贸易》）、《世界经济》、《数量经济技术经济研究》、《统计研究》和《财贸经济》等刊物发表论文数十篇，形成了系列科研成果。本书大纲由李宏兵起草，并由各位作者反复讨论定稿。感谢北京师范大学赵春明教授、对外经济贸易大学刘灿雷副研究员、首都经济贸易大学文磊博士、北京邮电大学翟瑞瑞博士对本书的贡献。由于作者的水平和精力有限，不妥之处敬请各位读者批评指正。

# 目　　录

# 1 绪论

## 1.1 研究背景及意义

### 1.1.1 研究背景

后危机时代,全球经济在分化调整中蹒跚前行,受于国际经贸环境复杂多变、贸易政策不确定性增加与国内经济发展方式转变等多重因素交织影响,中国的收入分配改革仍在艰难推进,基尼系数高位运行(2019 年为 0.465)。因此,新常态下培育外贸竞争新优势并妥善处理收入分配难题,将是中国经济提质增效和转型升级的必然选择。而产品质量作为一国产业持续发展和国际竞争力提升的重要保障,在面对激烈的国际市场竞争尤其是低增加值产品过剩与过度竞争局面的当下,促进进出口产品质量升级,实现对外贸易由"大进大出"向"优进优出"转变,将是培育外贸竞争新优势的有效举措。

事实上,对产品质量的关注是伴随新新贸易理论发展而兴起的,产品质量是解释企业出口价格与梅利兹(Melitz)模型推论矛盾的有效途径。[①] 一方面,产品质量是企业利润最

---

① Melitz, M. J. "The Impact of Trade on Intra-Industry Reallocations and Aggregate Industry Productivity", *Econometrica*, vol. 71, no. 6(2003), pp. 1695–1725; Baldwin, R. and Harrigan, J. "Zeros, Quality, and Space: Trade Theory and Trade Evidence", *American Economic Journal: Microeconomics, American Economic Association*, vol. 3, no. 2(2011), pp. 60–88.

大化行为的均衡结果。一般而言,产品质量越高,企业投入的固定成本和可变成本越高,出口价格就越高。另一方面,产品质量和产品价格是消费行为均衡的结果,高质量、高价格的产品更具市场认可度和获利能力,因此会形成出口企业在不同市场的价格和获利差异。[①]

而从中国对外贸易演进的历程来看,产品质量升级仍然显得十分必要且迫在眉睫。尽管外贸经营权管理制度改革和人民币汇率改革等一系列政策措施的出台,极大降低了企业的出口门槛,释放了对外贸易的规模效应,使中国的进出口贸易迅速膨胀,但进出口产品质量表现得并不理想。1978 年至 2008 年,中国货物贸易进出口额年均增长 17.4%,高出同期世界平均水平 8.7 个百分点,也分别比同期美国和印度的平均增速高 9.3 和 5.1 个百分点。[②] 随后尽管遭遇金融危机的影响,中国进出口总额仍由 2009 年的 22072.7 亿美元增至 2018 年的 46224.2 亿美元(如图 1-1);出口总额占国内生产总值(GDP)比重(即出口开放度)也由 2000 年的 20.6%增长至 2013 年的 23.1%,一举成为全球最大的货物进出口贸易国。虽然此后中国的出口增长速度稍有放缓,加之 GDP 的不断增加,导致出口开放度呈现下降的趋势,但截至 2018 年也仍旧高达 18.2%(如图 1-1)。

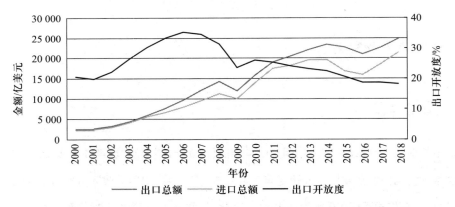

图 1-1  2000—2018 年中国进出口额及出口开放度变化趋势

数据来源:国家统计局,2019 年《中国统计年鉴》数据库,2020 年 5 月 21 日。

而中国出口产品质量[③]尽管从 2000 年至 2006 年总体上呈现缓慢上升的趋势(如图 1-2),但在不同所有制和不同贸易方式间表现十分迥异。外资企业的出口产品质量明显高于国内企业,且前者出口产品质量提升明显,而后者逐年下降;加工贸易的出口产品质量高于一般贸易,且前者的提升幅度更大。这表明中国出口产品质量发展并不均衡,结构差异和跨

---

① 施炳展:《中国企业出口产品质量异质性:测度与事实》,《经济学(季刊)》2013 年第 1 期,第 263~284 页。

② 《系列报告之十八:国际地位明显提高 国际影响力显著增强》,http://www.stats.gov.cn/ztjc/ztfx/qzxzgcl60zn/200909/t20090929_68650.html,2020 年 5 月 21 日。

③ 对进出口产品质量的测算,第三章和第四章会重点介绍,此处不再赘述。

企业差异明显,尤其是国内企业出口产品质量的恶化值得关注。不仅如此,进口产品质量的表现同样不容乐观;如图1-3所示,通过观察2000年至2016年的数据可以发现,进口产品质量总体表现出波动下降的特征,且整体质量并不高,这也印证了中国在相当长时期内鼓励出口、忽视进口的"重商主义性质"政策导致的贸易失衡。

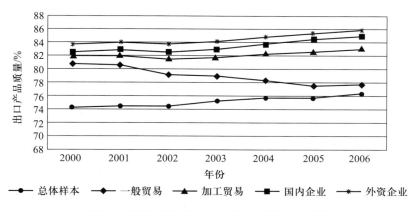

图1-2 2000—2006年中国企业出口质量变化趋势

数据来源:中国海关总署,2000—2006年《中国海关进出口数据库》,2020年4月5日。

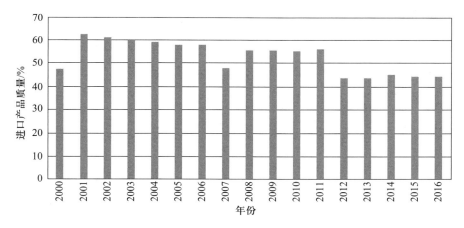

图1-3 2000—2016年中国企业进口质量变化趋势

数据来源:中国海关总署,2000—2016年《中国海关进出口数据库》,2020年5月3日。

随着改革开放进程向纵深推进,除进出口商品质量不断调整外,中国劳动力市场也发生了深刻变革,其中一个显著的特点便是收入占GDP比重持续下降,收入差距长期高位运行。据国家统计局公布的数据,城镇单位就业人员劳动报酬占GDP比重由1995年的13.6%下降到2008年的11.7%,基尼系数由2003年的0.479增至2008年的0.491,尽管金融危机后略有回落,但2015年仍处在0.462的高位。与此同时,根据中国家庭收入调查

（CHIP）数据的测算,城镇可比样本的高技能劳动力的小时工资由 1995 年的 4.26 元上涨至 2007 年的 16.74 元,低技能劳动力的小时工资则由 1995 年的 3.09 元上涨至 2007 年的 10.92 元,而男性工资也从 1995 年的高于女性工资 10.5% 增至 2007 年的高于女性工资 29.7%。这表明无论分技能还是分性别来看,自 20 世纪 90 年代中期至今,收入分配不平等问题依然严峻。[①]

## 1.1.2　研究意义

尽管关于产品质量对贸易和经济增长的促进作用已在学界取得共识,但是,关于产品质量对收入分配的影响尚存在分歧。有研究表明,生产率更高的企业采用高质量中间投入以生产出高质量产品。[②] 而由于高质量产品的生产会对熟练劳动力产生更多需求,从而质量升级将提高熟练劳动力的相对工资,降低非熟练劳动力的相对工资,最终导致行业内技能收入差距拉大。跨国分析表明,随着发展中国家对外开放的深化,它们也开始出口类似于发达国家的高质量产品。如果高质量产品出口的增长确实需要更多熟练劳动力的话,这种出口产品结构的变化就会缩小这些国家与发达国家之间熟练劳动力的收入差距。[③] 但在开放经济中,出口产品质量的收入分配效应变得更加复杂。维胡根（Verhoogen）[④] 研究了出口产品质量升级通过贸易开放和货币贬值作用于收入差距的机制,提出在开放环境中,货币贬值将使得行业中出口导向型企业的高技术人员（企业家、职员、工人）收入增加,而在那些低生产率的国内导向型企业中的非技术人员收入下降。那么,就中国而言,上述基于进出口产品质量升级的收入分配效应机制是否适用? 如果对外贸易动态演进与产品质量升级能影响居民收入,那么,影响路径是什么,对异质性劳动力和异质性企业的影响效果如何,在不同行业、地区表现有何差异,这些显然是亟待解答的问题,而如何科学合理处理对外贸易动态演进过程中的产品质量升级与收入分配间的关系及测度相关指标同样具有重要理论意义。

与此同时,如何让不同群体公平地享有改革开放的成果,同样成为学界近期讨论的焦

① 赵西亮、梁文泉、李实:《房价上涨能够解释中国城镇居民高储蓄率吗? ——基于 CHIP 微观数据的实证分析》,《经济学（季刊）》2014 年第 1 期,第 81~102 页。

② Manova,K. and Zhang,Z. "Export Prices Across Firms and Destinations", *The Quarterly Journal of Economics*, vol. 127, no. 1(2012), pp. 379~436.

③ Zhu,K. and Kraemer,K. L. "Post-Adoption Variations in Usage and Value of E-Business by Organizations: Cross-Country Evidence from the Retail Industry", *Information Systems Research*, vol. 16, no. 1(2005), pp. 61~84.

④ Verhoogen,E. A. "Trade, Quality Upgrading, and Wage Inequality in the Mexican Manufacturing Sector", *The Quarterly Journal of Economics*, vol. 123, no. 2(2008), pp. 489~530.

点。自党的十八大报告提出"初次分配和再分配都要兼顾效率和公平,再分配更加注重公平"[①]的改革思路,到党的十九大报告再次明确"坚持在经济增长的同时实现居民收入同步增长、在劳动生产率提高的同时实现劳动报酬同步提高"[②],再到党的二十大报告强调"努力提高居民收入在国民收入分配中的比重,提高劳动报酬在初次分配中的比重"[③],其核心内涵就是在深入贯彻以人民为中心的发展思想下,将效率和公平原则贯穿于收入分配各环节,显示出政府解决收入差距持续扩大问题的决心。党的十九大以来,党中央把脱贫攻坚作为全面建成小康社会的三大攻坚战之一,着力构建大扶贫工作格局,汇聚起全社会脱贫攻坚的磅礴力量。2019 年政府工作报告也进一步指出,精准脱贫要坚持现行标准,聚焦深度贫困地区和特殊贫困群体,加大攻坚力度,提高脱贫质量。那么,对政策制定者而言,清晰阐释进出口产品质量升级对居民收入差距的影响路径,有利于准确判断收入差距的形成机理和演变趋势,从而制定科学合理的对外开放政策,推进收入分配改革,以有效缩小不同群体和地区间的收入差距。对企业而言,阐释产品质量对收入差距的影响效应,有利于引导企业对外贸易布局,实现产业结构调整。鼓励企业加大研发投入,更好地优化资源配置,实现经济转型与产业升级,形成以技术、品牌、质量、服务为核心的竞争新优势。对劳动者个人而言,梳理产品质量对收入差距的影响机制,引导劳动力合理流动,构建更为顺畅的劳动力流转机制,有助于缩小地区、企业和个人间收入差距。显然,这对现阶段的收入分配改革具有重要的现实意义。

## 1.2 理论演进

大多关于贸易与收入差距的早期研究认为,国际贸易通过要素收入分配效应会显著提升具有劳动力禀赋优势的发展中国家非熟练劳动力的收入水平,进而缩小收入差距。但这在过去 20 年中并未从广大发展中国家的经验中得到证实,[④]印度、墨西哥等国的收入差异不降反升。这也使得传统新古典贸易理论的研究结论备受质疑,甚至戴维斯和米什拉

---

① 《十八大以来重要文献选编》上,中央文献出版社 2014 年版,第 28 页。

② 《习近平谈治国理政》第 3 卷,外文出版社 2020 年版,第 36~37 页。

③ 《高举中国特色社会主义伟大旗帜 为全面建设社会主义现代化国家而奋斗——习近平同志代表第十九届中央委员会向大会作的报告摘登》,《人民日报》2022 年 10 月 17 日第 2 版。

④ Airola, J. "Labor Supply in Response to Remittance Income: The Case of Mexico", *Journal of Developing Areas*, vol. 41, no. 2(2008), pp. 69–78.

（Davis & Mishra）①抛出"斯托尔珀-萨缪尔森（S-S）定理已过时"的观点。鉴于传统分析框架对收入差距现实解释力的削弱，经济学家开始遵循贸易理论创新思路，从新新贸易理论出发，进一步探寻国际影响收入差距的新机制。通过梳理近期文献，我们发现与新古典贸易理论单纯强调要素收入分配效应不同的是，对外贸易还会通过如下渠道影响收入差距。

一是异质性企业的生产率效应。在新新贸易理论的奠基性文献中，梅利兹通过研究产业内资源的再配置效应，探讨了生产率的异质性会通过影响企业出口行为来影响企业利润和工资水平。② 尽管该研究并未明确提出一个研究企业对外贸易与收入差距的理论模型，却为后来学者基于微观视角研究收入差距问题提供了一个基础框架。较具代表性的是，戴维斯和哈里根（Davis & Harrigan）引入了效率工资的理论模型，拓展分析了生产率异质性所导致的企业与企业间、"好工作"与"坏工作"间的工资差异，并得出了贸易会缩小收入差距的结论。③ 艾格和克瑞克迈尔（Egger & Kreickemeier）在拓展梅利兹模型的基础上，引入就业市场摩擦的分析，认为工人会根据其获得公平工资来确定自身的努力水平，并进一步影响企业的生产效率。为此，二者的研究得出了不同的结论，即在市场摩擦和工资刚性的作用下，贸易驱使了不同工人间收入差距的拉大。④ 赫尔普曼（Helpman）等的分析则认为在存在搜寻摩擦、劳资谈判和就业匹配等因素的条件下，如果工人间无差异，则在较高生产率水平的大企业工作会获得比在较低生产率的小企业工作更高的工资，而贸易的开展会强化这一趋势，高生产率企业的出口优势会进一步拉大出口企业和非出口企业间工人的收入差距。⑤

二是出口工资溢价效应。梅利兹、伯纳德和詹森（Bernard & Jensen）及赫尔普曼等基于生产率异质性的系列文献研究认为，高生产率的企业会优先选择出口并获得更多的贸易利益，而低生产率的企业只能专注于国内生产甚至退出市场。⑥ 那么，按此逻辑，随着低生

① Davis, D. R. and Mishra, P. "Stolper-Samuelson Is Dead: And Other Crimes of Both Theory and Data", Harrison, A. ed. *Globalization and Poverty*, The University of Chicago Press, 2007, pp. 87-108.

② Melitz, M. J. "The Impact of Trade on Intra-Industry Reallocations and Aggregate Industry Productivity", *Econometrica*, vol. 71, no. 6(2003), pp. 1695-1725.

③ Davis, D. R. and Harrigan, J. "Good Jobs, Bad Jobs, and Trade Liberalization", *Journal of International Economics*, vol. 84, no. 1(2011), pp. 26-36.

④ Egger, H. and Kreickemeier, U. "Firm Heterogeneity and the Labor Market Effects of Trade Liberalization", *International Economic Review*, vol. 50, no. 1(2009), pp. 187-216.

⑤ Helpman, E., Itskhoki, O. and Muendler, M. A., et al. "Trade and Inequality: From Theory to Estimation", *The Review of Economic Studies*, vol. 84, no. 1(2017), pp. 357-405.

⑥ Melitz, M. J. "The Impact of Trade on Intra-Industry Reallocations and Aggregate Industry Productivity", *Econometrica*, vol. 71, no. 6(2003), pp. 1695-1725; Bernard, A. B, and Jensen, J. B. "Exceptional Exporter Performance: Cause, Effect, or Both?", *Journal of International Economics*, vol. 47, no. 1(1999), pp. 1-25; Helpman, E., Itskhoki, O., Muendler, M. A., et al. "Trade and Inequality: From Theory to Estimation", *The Review of Economic Studies*, vol. 84, no. 1(2017), pp. 357-405.

产率企业的退出,会使要素逐步向高生产率企业集聚,并使得高生产率的出口企业有能力为其职工提供更高的工资水平;伯纳德和詹森将其称为工资溢价(the exporter wage premium)。[①] 对此,尚克(Schank)等通过建立一个企业就业岗位和劳动力的匹配模型,论证了出口工资溢价现象的存在。[②] 蒙克和斯坎森(Munch & Skaksen)则从企业出口行为对其内部员工受教育水平和人力资本积累的影响出发,分析出口行为本身对收入差距带来的影响,同样验证了出口工资溢价现象。[③] 而施米林(Schmillen)的研究也证实了出口工资溢价现象的存在。[④]

三是工序贸易的工资效应。在芬斯特拉和汉森(Feenstra & Hanson)早期的系列研究中,通过区分熟练工人和非熟练工人及不同技术水平的生产工序,构建离岸外包模型的研究发现,与传统赫克歇尔-俄林(H-O)框架所认为的商品贸易会扩大富国的收入差距并缩小穷国的收入差距不同的是,工序贸易会扩大双方的收入差距。基于此,格罗斯曼和罗西-汉斯伯格(Grossman & Rossi-Hansberg)继续引入技术密集型产品和劳动密集型产品、高技能型工人和低技能型工人的划分,研究发现对发展中国家而言,工序贸易可以通过扩大就业所引起的收入提高效应和生产率提升所引起的工资增长效应,增加低技能型工人的就业机会,缩小收入差距。[⑤] 这也得到了达穆里(D'Amuri)等研究的证实。[⑥]

四是劳动力市场的就业摩擦效应。近期的文献表明,贸易会通过劳动力市场的摩擦影响收入差距。米特拉和兰扬(Mitra & Ranjan)首先从离岸外包视角切入,分析了贸易开放后通过创造新就业岗位与降低失业率,可以显著改善收入水平。[⑦] 安德森(Anderson)则认为劳动者需根据自身掌握的技能匹配相应的职位和工资水平,而贸易的开展则会提升高技能工人的工资水平,并恶化低技能工人和失业者的收入状况,从而加剧收入的不平等,扩大不同群体间的收入差距。[⑧] 阿图克(Artuc)等的分析或许更为精准,在考虑转换工作的时间

① Bernard, A. B, and Jensen, J. B. "Exceptional Exporter Performance: Cause, Effect, or Both?", *Journal of International Economics*, vol. 47, no. 1(1999), pp. 1-25.

② Munch, J. R. and Skaksen, J. R. "Human Capital and Wages in Exporting Firms", *Journal of International Economics*, vol. 75, no. 2(2008), pp. 363-372.

③ Schmillen, A. "The Exporter Wage Premium Reconsidered—Destinations, Distances and Linked Employer-Employee Data", *Review of Development Economics*, vol. 20, no. 2.(2016), pp. 531-546.

④ Feenstra, R. C. and Hanson, G. H. "The Impact of Outsourcing and High-Technology Capital on Wages: Estimates for the United States, 1979-1990", *The Quarterly Journal of Economics*, vol. 114, no. 3(1999), pp. 907-940.

⑤ Grossman, G. M. and Rossi-Hansberg, E. "Trading Tasks: A Simple Theory of Offshoring", *American Economic Review*, vol. 98, no. 5(2008), pp. 1978-1997.

⑥ D'Amuri, F., Ottaviano, G. I. P. and Peri, G. "The Labor Market Impact of Immigration in Western Germany in the 1990s", *European Economic Review*, vol. 54, no. 4(2010), pp. 550-570.

⑦ Mitra, D. and Ranjan, P. "Offshoring and Unemployment: The Role of Search Frictions and Labor Mobility", *Journal of International Economics*, vol. 81, no. 2(2010), pp. 219-229.

⑧ Anderson, J. E. "Globalization and Income Distribution: A Specic Factors Continuum Approach", NBER Working Paper, no. w14643(2009).

成本和择业成本等因素后,认为工人可以自由选择行业;那么,贸易自由化会使预期进口竞争行业的工人转向出口竞争行业,从而通过劳动力供给效应降低出口竞争部门的工资水平,改善进口部门的工资水平。[①]

## 1.3　研究方法及结构安排

### 1.3.1　研究方法

本研究将坚持规范研究与实证研究相结合、定性研究与定量研究相结合。具体研究方法和工具主要包括以下几种。

一是基于宏观数据与微观数据匹配和事后反推方法,测算进出口产品质量。首先,通过将协调制度(Harmonized System,缩写为 HS)分类的产品质量与国民经济行业进行系列转换,并分别与中国工业企业数据库、海关数据库和人口抽样调查个体数据逐一匹配,构造出包含进出口产品质量的微观企业和个体样本数据库。接下来,在新新贸易理论框架内,利用事后反推方法,由消费者在某一(HS8 分位)产品的效用函数,推导出其对应的价格指数和某一产品种类的需求函数 $q_{fhct} = \lambda_{fhct}^{\sigma-1} p_{fhct}^{-\sigma} P_t^{-1} E_t$,其中 $P_t$ 为进口/出口价格指数,$E_t$ 为消费者对该产品部门的总支出,该需求函数表明某一产品种类的需求量同时取决于它的价格和质量。接下来,以进口产品质量为例,对上式进行对数处理可以得:$\ln q_{fhct} = -\sigma \ln p_{fhct} + \alpha_h + \alpha_t + \varepsilon_{fhct}$。其中,$\alpha_t$ 为时间固定效应;$\alpha_h$ 为产品层面的固定效应;$\varepsilon_{fhct} = (\sigma-1)\ln\lambda_{fhct}$ 为残差项。我们将布罗达和温斯坦(Broda & Weinstein)[②]等测算的替代弹性代入上述回归方程,并将 $\ln q_{fhct} + \sigma \ln p_{fhct}$ 对每一个产品的 $\alpha_h + \alpha_t$ 逐一回归得到残差,即为进口产品质量。同时,为控制内生性问题,我们进一步引入工具变量回归。

二是基于卡普兰-迈耶(Kaplan-Meier)生存分析方法,测算中国进出口企业的贸易持续时间。我们运用卡普兰-迈耶生存分析方法,测算了 2000 年至 2009 年中国不同类型进出口企业贸易关系的持续时间,并统计分析不同所有制、不同行业企业进出口持续时间的差异。其基本思想是:通常用生存分析中的生存函数(生存率)和风险函数(危险率)来描

① Artuc,E. ,Chaudhuri,S. and McLaren,J. "Trade Shocks and Labor Adjustment:A Structural Empirical Approach",NBER Working Paper,no. w13465(2007).

② Broda,C. and Weinstein,D. E. "Globalization and the Gains from Variety",*The Quarterly Journal of Economics*,vol. 121, no. 2(2006),pp. 541–585.

述企业出口持续时间的分布特征。借鉴贝赛斯和普鲁萨（Besedeš & Prusa）、陈勇兵等的做法[1]，令 $T$ 表示企业持续出口的时间，取值为 $t=1,2,3,\cdots\cdots$，则相应的生存函数就是企业持续出口超过 $t$ 年的概率，即：$S(t)=pr(T>t)$，由卡普兰-迈耶乘积限给出生存函数的非参数估计形式：

$$\hat{S}(t) = \prod_{k=1}^{t} \frac{n_k - d_k}{n_k} \qquad (1-1)$$

危险函数表示企业在第 $t-1$ 期出口的条件下，在第 $t$ 期停止出口的概率，即：

$$h(t) = pr(t-1<T\leqslant t \mid T>t-1) = \frac{pr(t-1<T\leqslant t)}{pr(T>t-1)} \qquad (1-2)$$

危险函数的非参数形式为：

$$\hat{h}(t) = \frac{d_k}{n_k} \qquad (1-3)$$

式中的 $n_k$ 表示在 $k$ 期企业处于危险状态的时间段个数，$d_k$ 表示同期观察到的失败对象的个数。

三是基于生产率增长分解的出口产品质量分化方法。关于生产率增长的分解方法，最早可以追溯到贝利（Baily）等，他们首次将生产率增长分解为技术进步、资源再配置效率、企业进入和企业退出四个部分。[2] 此后，格里希斯和雷杰夫（Griliches & Regev）及福斯特（Foster）等进一步改进了分解方法。[3] 然而，上述生产率分解方法在测算企业的进入与退出部分时，采用相同的基准生产率作为参考标准存在较大测量误差。梅利兹和波兰尼奇（Melitz & Polanec）在奥利和派克斯（Olley & Pakes）的基础上，对企业的进入与退出部分分别采用不同的基准生产率作为参考标准，更为准确地测算了企业进入与退出对生产率增长的贡献水平。[4] 为此，我们利用梅利兹和波兰尼奇的分解方法考察在位企业和新进入企业对整体产品质量变化的贡献水平更为准确。首先，借鉴梅利兹和波兰尼奇对生产率变化的分解方法，考察中国在位出口企业和新进入出口企业对整体产品质量变化的贡献水平。具

[1] Besedeš, T. and Prusa, T. J. "Product Differentiation and Duration of US Import Trade", *Journal of International Economics*, vol. 70, no. 2 (2006), pp. 339-358; 陈勇兵、李燕、周世民：《中国企业出口持续时间及其决定因素》，《经济研究》2012 年第 7 期，第 48~61 页。

[2] Baily, M. N., Hulten, C. and Campbell, D., et al. "Productivity Dynamics in Manufacturing Plants", *Microeconomics*, vol. 1992 (1992), pp. 187-267.

[3] Griliches, Z. and Regev, H. "Firm Productivity in Israeli Industry 1979-1988", *Journal of econometrics*, vol. 65, no. 1 (1995), pp. 175-203; Foster, L., Haltiwanger, J., and Krizan, C. J. "Aggregate Productivity Growth: Lessons from Microeconomic Evidence", NBER Working Paper, no. w6803 (2001).

[4] Melitz, M. J. and Polanec, S. "Dynamic Olley-Pakes Productivity Decomposition with Entry and Exit", *The RAND Journal of Economics*, vol. 46, no. 2 (2015), pp. 362-375; Olley, G. S. and Pakes, A. "The Dynamics of Productivity in the Telecommunications Equipment Industry", *Econometrica*, vol. 64, no. 6 (1996), pp. 1263-1298.

体的分解方法如下：

$$\Phi_1 = S_{S1}\Phi_{S1} + S_{X1}\Phi_{X1} = \Phi_{S1} + S_{X1}(\Phi_{X1} - \Phi_{S1}) \qquad (1-4)$$

$$\Phi_2 = S_{S2}\Phi_{S2} + S_{E2}\Phi_{E2} = \Phi_{S2} + S_{E2}(\Phi_{E2} - \Phi_{S2}) \qquad (1-5)$$

在上述分解公式中，等式（1-4）表示期初时，整体的出口产品质量（$\Phi_1$）主要由在位企业的产品质量（$\Phi_{S1}$）和退出企业的产品质量（$\Phi_{X1}$）构成；相应地，等式（1-5）表示期末时，整体的出口产品质量（$\Phi_2$）主要由在位企业的产品质量（$\Phi_{S2}$）和进入企业的产品质量（$\Phi_{E2}$）构成，$S$ 为期初和期末时的分解系数。其次，将在位企业的产品质量分解为在位企业内的质量水平和市场份额配置，进而将整体的质量变化主要分解为四个部分：在位企业质量水平的变化、在位企业间市场份额的再配置、新企业的进入和旧企业的退出。

四是采用异质性企业的一般均衡分析，考察进出口产品质量升级影响收入分配的理论机制。现有理论认为，要么基于新古典贸易理论和新贸易理论框架，要么在新新贸易理论下探讨企业贸易行为及动态对劳动力收入分配的影响。对此，本研究将细致探讨进口产品质量通过生产率和劳动力需求结构变化的传导作用影响收入分配的理论机制。进出口产品质量提升会促进企业生产率的显著增长，并通过企业-员工的利润共享机制整体改善员工的收入水平。基于自选择效应，地位不同的企业会在质量差异化的进出口品中进行选择，并通过改变劳动力需求的技能结构来影响高、低技能工人的收入差异。高质量产品尤其是先进生产设备的进出口，会通过学习效应推动企业技术进步和生产效率提升，进而促进员工收入增长。当然，进出口产品质量提升对不同地区、行业、所有制企业，以及具有不同技能、性别特征的劳动力收入的影响具有显著差异。

### 1.3.2　结构安排

本书主要围绕中国企业对外贸易的动态演进及进出口产品质量升级的收入分配效应展开，共包括九章，除绪论部分外，还包括以下部分。

第二章主要探讨中国对外贸易商品结构与持续时间变动。第三章主要探讨中国进口产品质量与企业持续出口。第四章主要探讨中国对外贸易的"优进优出"与产品质量升级。第五章主要分析中国出口贸易动态演进影响收入分配的实证研究。第六章主要探讨中国进口贸易国别结构影响收入分配的实证研究。第七章主要分析中国出口产品质量升级影响收入分配的实证研究。第八章主要是分析中国进口产品质量升级影响收入分配的实证研究。第九章是新常态下以中国进出口产品质量升级化解收入分配难题的政策建议。为便于对本书研究思路和逻辑框架的理解，图1-4报告了本书主体部分的结构框架。

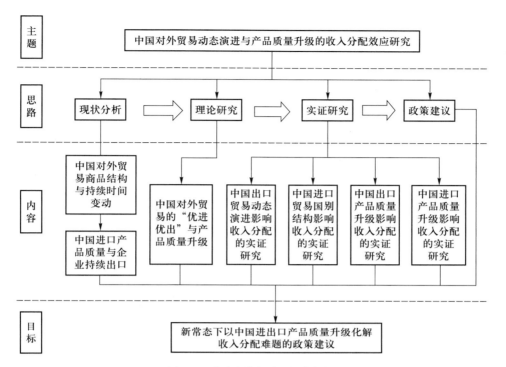

图 1-4　本书主体部分的结构框架

11

# 2 中国对外贸易商品结构与持续时间变动

## 2.1 中国对外贸易商品结构变动及特征分析

### 2.1.1 中国对外贸易的总体变化

  随着经济全球化和区域经济一体化的发展,中国对外贸易呈现良好增长态势。尤其是"一带一路"倡议的深入推进,对中国进一步提高对外开放水平具有巨大的推动作用,为中国对外贸易持续良好的发展开辟了一条新的发展道路。在此背景下,中国也在通过对外贸易的高质量发展,逐步实现由贸易大国向贸易强国的转变。

  一是中国对外贸易进出口总额持续增长,贸易规模逐步扩大。如表 2-1 所示,2018 年全年货物进出口总额 305050.0 亿元,相比上年增幅为 9.7%。其中,出口总额 164177.0 亿元,增幅为 7.1%;进口总额 140874.0 亿元,增幅为 12.9%。货物进出口顺差 23303.0 亿元,比上年减少 5218.4 亿元。"一带一路"沿线国家进出口总额 83657.0 亿元,相比上年增幅为 13.3%。其中,出口总额 46478.0 亿元,相比上年增幅为 7.9%;进口总额 37179.0 亿元,相比上年增幅为 20.9%。[①] 从表 2-1 中可以看出,2013 年至 2018 年中国货物进出口总

---

① 《2018 年国民经济和社会发展统计公报》,http://www.stats.gov.cn/tjsj/zxfb/201902/t20190228_1651265.html,2021 年 9 月 27 日。

额总体呈上升趋势,但 2014 年至 2016 年进出口总额出现一定程度下滑。这主要是由于金融危机后,欧洲、美国、日本等主要发达经济体需求不足,进口总额下降,以及这些经济体部分产业产能过剩引起中国出口总额下降所致。

表 2-1　2013—2018 年中国货物进出口数据　　　　　　　　　　（单位:亿元)

| 指标 | 2013 年 | 2014 年 | 2015 年 | 2016 年 | 2017 年 | 2018 年 |
|---|---|---|---|---|---|---|
| 进出口总额 | 258168.9 | 264241.8 | 245502.9 | 243386.5 | 278101.0 | 305050.0 |
| 出口总额 | 137131.4 | 143883.8 | 141166.8 | 138419.3 | 153311.2 | 164177.0 |
| 进口总额 | 121037.5 | 120358.0 | 104336.1 | 104967.2 | 124789.8 | 140874.0 |
| 进出口差额 | 16093.9 | 23525.8 | 36830.7 | 33452.1 | 28521.4 | 23303.0 |

数据来源:国家统计局,2019 年《中国统计年鉴》数据库,2020 年 5 月 2 日。

二是 2016 年以来中国贸易顺差呈现收窄趋势。中国对外贸易长期存在较大贸易顺差引起的进出口不平衡问题;如表 2-1 所示,2013 年至 2015 年中国贸易顺差持续扩大,增加 20736.7 亿元。2015 年中国贸易顺差达到峰值 36830.7 亿元,约是 2013 年差额的 2.3 倍。此后,2016 年至 2018 年贸易顺差逐步下降至与 2014 年的贸易顺差基本持平,这契合了进出口平衡发展思路及扩大内需、挖掘国内市场潜力的政策导向。当然,随着国内国际双循环发展格局逐步形成、未来中国出口额增速放缓,贸易顺差还有继续收窄的可能。

三是对外贸易依存度逐步下降。对外贸易依存度是指一国或地区的进出口总额占其国民生产总值或国内生产总值的比重,反映了一国经济增长对进出口的依赖程度。如图 2-1 所示,2013 年至 2018 年中国对外贸易依存度降幅为 9.66 个百分点,这说明在经济增

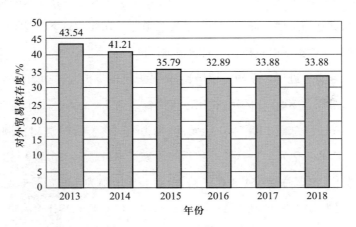

图 2-1　2013—2018 年中国对外贸易依存度
数据来源:国家统计局,2019 年《中国统计年鉴》数据库,2020 年 5 月 2 日。

长的动力上,中国对进出口贸易依赖程度降低恰恰是中国全球化程度提高的一个过程。长期以来,中国对外贸易呈现"大进大出"的特点,随着经济高质量发展的现实需求,下一步这一模式会逐步向扩大内需和"优进优出"的方向转变,贸易增长动力更多地从依靠出口和招商引资转变到依靠本国消费和投资带动。

## 2.1.2 中国对外贸易伙伴分布及变化

### 2.1.2.1 对外贸易伙伴分布

随着中国深度参与全球化,中国贸易伙伴遍布六大洲,辐射全球 229 个国家和地区;主要包括亚洲贸易伙伴 48 个,非洲贸易伙伴 60 个,欧洲贸易伙伴 48 个等。由表 2-2 中数据可以看出,2013 年至 2017 年同中国进出口总额排在前三位的是亚洲、欧洲、北美洲。2018年中国外贸市场多元化取得了积极进展,在与传统贸易伙伴保持良好增长速度的同时,中国也积极拓展与全球其他国家和地区的经贸往来,其中中国与"一带一路"沿线国家、非洲、南美洲进出口增速分别高出了整体 3.6 个、6.7 个和 6.0 个百分点。贸易总额大部分都有了显著的提高。中国与"一带一路"沿线国家的贸易合作潜力正在持续释放,成为拉动中国外贸发展的新动力。

表 2-2　2013—2017 年中国同六大洲进出口总额　　　　（单位:亿美元）

| 指标 | 2013 年 | 2014 年 | 2015 年 | 2016 年 | 2017 年 |
|---|---|---|---|---|---|
| 亚洲同中国 | 22240.1 | 22734.8 | 20944.1 | 19469.1 | 21265.2 |
| 非洲同中国 | 2102.5 | 2216.7 | 1788.0 | 1489.6 | 1706.4 |
| 欧洲同中国 | 7299.2 | 7749.6 | 6963.1 | 6777.6 | 7561.1 |
| 南美洲同中国 | 2613.9 | 2632.8 | 2358.9 | 2170.1 | 2585.9 |
| 北美洲同中国 | 5754.7 | 6105.6 | 6131.1 | 5657.2 | 6357.4 |
| 大洋洲同中国 | 1533.1 | 1560.4 | 1333.5 | 1281.6 | 1591.6 |

数据来源:中国海关总署,2014—2018 年《中国海关统计年鉴》数据库,2019 年 3 月 5 日。

### 2.1.2.2 双边贸易总额变化

根据中国海关数据统计,2018 年,中国与美国、日本、韩国、德国、澳大利亚、马来西亚等贸易伙伴的双边贸易总额均达到千亿美元规模,上述国家和地区也成为中国 2018 年前十大贸易伙伴,其中与巴西、俄罗斯的双边贸易增长最为显著,增长率在 25%以上,具体如表 2-3 所示。通过分析可以看出,在考察期内美国是中国最重要的贸易伙伴之一,且 2018年中国同美国的进出口总额高达 6335.2 亿美元。而随着近年来,中美贸易复杂局势的不断演进,双边进出口贸易受到一定程度的不利影响,双边贸易额增长速度有放缓趋势。同时,2014 年至 2018 年中国内地同中国香港的进出口总额呈下降趋势,中国香港逐渐由第二大贸易伙伴下降到第四大贸易伙伴,但日韩两国则在 2018 年分别成为中国的第二大、第三大贸易伙伴。因此,从双边贸易总额来看,在考察期内,前十大贸易伙伴发生了一定程度的调整,但整体上中国主要的贸易伙伴基本稳定,这也彰显了中国着力推进全方位对外开放的决心和成效。

表2-3　2014—2018 年中国主要贸易伙伴(含国家和地区)进出口总额变化

(单位:亿美元)

| 指标 | 2014 年 | 2015 年 | 2016 年 | 2017 年 | 2018 年 |
|---|---|---|---|---|---|
| 中国同美国 | 5551.2 | 5570.2 | 5197.2 | 5836.8 | 6335.2 |
| 中国内地同中国香港 | 3757.0 | 3432.1 | 3039.5 | 2865.3 | 3105.6 |
| 中国同日本 | 3123.1 | 2785.2 | 2750.8 | 3030.5 | 3276.6 |
| 中国同韩国 | 2904.4 | 2757.9 | 2527.0 | 2802.6 | 3134.3 |
| 中国大陆同中国台湾 | 1982.8 | 1881.0 | 1790.9 | 1999.4 | 2262.4 |
| 中国同德国 | 1777.2 | 1567.8 | 1513.7 | 1680.7 | 1838.1 |
| 中国同澳大利亚 | 1367.8 | 1138.2 | 1082.2 | 1364.5 | 1527.9 |
| 中国同俄罗斯 | 952.7 | 680.2 | 696.2 | 842.2 | 1070.6 |
| 中国同巴西 | 865.4 | 715.0 | 678.3 | 878.1 | 1111.8 |
| 中国同越南 | 836.4 | 958.5 | 982.8 | 1219.9 | 1478.3 |
| 中国同马来西亚 | 1020.1 | 972.6 | 869.4 | 961.4 | 1085.8 |
| 中国同印度 | 705.8 | 716.0 | 701.8 | 843.9 | 955.4 |
| 中国同南非 | 602.7 | 460.1 | 350.8 | 392.0 | 435.5 |

数据来源:中国海关总署,2014—2018 年《中国海关统计年鉴》数据库,2019 年 3 月 5 日。

### 2.1.2.3　进口来源地地域结构变化

如表 2-4 所示,在 2014—2017 年中国进口额排前五位的贸易伙伴(含国家和地区)分别为:韩国、日本、中国台湾、美国、澳大利亚。韩国成为中国最大的进口来源地,这与中韩自贸区的建立密不可分,随着中韩贸易合作深化,更多商品的零关税进一步实施,中韩贸易额也将会有更大的提升空间。2015 年中国从日本进口总额出现五年中最低值 1429.0 亿美元,日本在十大进口来源地进口总额中排名下滑至第四位,这也显示出中日关系波动前行的态势。此后,日本政府对中国"一带一路"倡议的态度发生积极变化,双方外交及贸易关系不断改善。据日本海关统计,2018 年,中日双边货物进出口总额为 3276.6 亿美元,同比增长了 8.12%,中国已成为日本的第一大出口国和进口国。那么,随着中日关系正常化及《区域全面经济伙伴关系协定》的逐步推进,中日双边贸易合作的广度和深度有望得到进一步拓展。来自美国的进口统计也显示,2014 年中国从美国进口总额达到五年中的峰值 1590.6 亿美元,位列十大进口来源地第三名,但是中美贸易争端频发及美国对中国采取限制措施等,都对中国从美国进口产生一定程度的不利影响。

表 2-4　2013—2017 年中国十大进口来源地进口总额　　　（单位:亿美元）

| 指标 | 2013 年 | 2014 年 | 2015 年 | 2016 年 | 2017 年 |
| --- | --- | --- | --- | --- | --- |
| 中国从韩国进口 | 1830.7 | 1901.1 | 1745.1 | 1589.7 | 1775.5 |
| 中国从日本进口 | 1622.5 | 1629.2 | 1429.0 | 1456.7 | 1657.9 |
| 中国大陆从中国台湾进口 | 1564.0 | 1520.1 | 1432.0 | 1388.5 | 1559.6 |
| 中国从美国进口 | 1523.4 | 1590.6 | 1478.1 | 1344.5 | 1539.5 |
| 中国从澳大利亚进口 | 989.5 | 976.3 | 735.1 | 709.0 | 950.1 |
| 中国从德国进口 | 941.6 | 1050.1 | 876.2 | 861.1 | 969.4 |
| 中国从瑞士进口 | 560.8 | 404.4 | 411.0 | 398.3 | 328.9 |
| 中国从巴西进口 | 543.0 | 516.5 | 440.9 | 458.6 | 588.6 |
| 中国从南非进口 | 483.9 | 445.7 | 301.5 | 222.3 | 243.9 |
| 中国从俄罗斯进口 | 396.7 | 415.9 | 332.6 | 322.6 | 413.9 |

数据来源:中国海关总署,2014—2018 年《中国海关统计年鉴》数据库,2019 年 3 月 20 日。

#### 2.1.2.4　出口目的地地域结构变化

如表 2-5 所示,2013 年至 2017 年中国内地出口目的地前五位的分别是:中国香港、美国、日本、韩国、德国。其中中国内地对中国香港的出口总额呈现下降趋势,这与中国香港经济增长放缓、居民消费水平下降及需求减少有关。中国对美国的出口总体呈现上升趋势,并从 2014 年开始成为中国第一大出口目的地,2017 年中国对美国的出口总额约是 2013 年的 1.17 倍。2018 年中国对美国出口 4784.2 亿美元,同比增长 11.3%。中美贸易顺差扩大,连续两年刷新 2006 年有统计以来的最高纪录。日本作为中国第三大出口目的地,其进口总额在 2013 年至 2016 年持续下降,共下降 207.2 亿美元。2018 年德国从中国进口的商品总额约为 1838.14 亿美元,中国连续四年成为德国最大进口来源地。[①]

表 2-5　2013—2017 年中国十大出口目的地出口总额　　　（单位:亿美元）

| 指标 | 2013 年 | 2014 年 | 2015 年 | 2016 年 | 2017 年 |
| --- | --- | --- | --- | --- | --- |
| 中国内地向中国香港出口 | 3844.9 | 3630.8 | 3304.6 | 2872.5 | 2792.1 |
| 中国向美国出口 | 3684.1 | 3960.6 | 4092.1 | 3852.7 | 4297.3 |

---

① 中国海关总署,2019 年《中国海关统计年鉴》数据库,2019 年 3 月 5 日。

续表

| 指标 | 2013 年 | 2014 年 | 2015 年 | 2016 年 | 2017 年 |
|---|---|---|---|---|---|
| 中国向日本出口 | 1501.3 | 1493.9 | 1356.2 | 1294.1 | 1372.6 |
| 中国向韩国出口 | 911.6 | 1003.3 | 1012.9 | 937.3 | 1027.0 |
| 中国向德国出口 | 673.4 | 727.0 | 691.5 | 652.6 | 711.3 |
| 中国向荷兰出口 | 603.1 | 649.3 | 594.5 | 574.6 | 671.3 |
| 中国向英国出口 | 509.4 | 571.4 | 595.7 | 557.2 | 567.1 |
| 中国向俄罗斯出口 | 495.9 | 536.8 | 347.6 | 373.6 | 428.3 |
| 中国向印度出口 | 484.3 | 542.2 | 582.3 | 584.2 | 680.4 |
| 中国向巴西出口 | 359.0 | 348.9 | 274.1 | 219.8 | 289.5 |

数据来源:中国海关总署,2014—2018 年《中国海关统计年鉴》数据库,2019 年 3 月 5 日。

如表 2-6 所示,2017 年中国对外出口增长率前十位的贸易伙伴分别为:荷兰、哈萨克斯坦、尼日利亚、安哥拉、印度、波兰、越南、巴西、巴基斯坦、印度尼西亚。其中,亚洲五个,平均增速为 19.24%,这反映出中国企业对亚洲贸易伙伴的出口增长迅速。同时,在"一带一路"倡议的推动下,尼日利亚成为中国对外出口增长最快的非洲国家。中国对印度、越南的出口总体上保持高速增长态势。这也表明,中国的出口目的地日益多元化。

表 2-6   2017 年中国对外出口增长率排名前十位贸易伙伴出口情况

| 国别 | 出口额/亿美元 | 增长率/% |
|---|---|---|
| 荷兰 | 938.6 | 32.8 |
| 哈萨克斯坦 | 46.9 | 28.0 |
| 尼日利亚 | 121.6 | 25.1 |
| 安哥拉 | 22.6 | 24.3 |
| 印度 | 720.2 | 18.7 |
| 波兰 | 184.6 | 18.6 |
| 越南 | 585.0 | 16.9 |
| 巴西 | 273.2 | 16.9 |
| 巴基斯坦 | 141.3 | 16.5 |
| 印度尼西亚 | 357.6 | 16.1 |

数据来源:中国海关总署,2018 年《中国海关统计年鉴》数据库,2019 年 3 月 20 日。

## 2.1.3 中国对外贸易商品结构变化

进出口商品结构指的是一国或一地区,在一定时期内,按各种标志分组,反映各类进出口商品在进出口贸易总额中所占的比重。进出口商品结构是由社会经济制度、经济发展水平、资源状况及外贸政策等决定的。基于国际贸易标准分类(SITC),按加工程度进行分类,可以将进出口商品分为初级产品和工业制成品。其中在工业制成品中,按产品对不同生产要素的依赖程度,又可以将商品分为劳动密集型产品、资本技术密集型产品和资源密集型产品。一般认为,纺织、橡胶及矿冶产品和杂项制品为劳动密集型产品,化学品和机械及运输设备为资本技术密集型产品。随着中国贸易商品结构的优化,中国进出口的商品种类已经逐渐发生变化,但是距离多样化的目标还有很长的一段路要走。

### 2.1.3.1 中国出口商品结构变化

基于高质量发展的战略指引,中国在对产业结构进行升级调整的同时,资源禀赋结构也一直在发生变动。自改革开放以来,中国利用自身丰富的自然资源,一直出口以石油等矿物燃料及原料类为主的资源密集型产品。直至以轻纺产品为代表的国际劳动密集型产业向发展中国家转移,中国抓住历史机遇,大力发展轻纺、小家电等轻工产业,实现了轻重工业的结构调整。此后,纺织类商品的出口取代石油,成为中国对外贸易中的第一大出口品类,实现了出口商品由以资源密集型为主向以劳动密集型为主的重大转变。20 世纪 90 年代,国际制造业发生转移,中国开始着力发展电子产品、计算机装配等,推动了机电产业的迅速发展。截止到 1995 年,机电产品取代纺织品成为中国第一大出口品类,实现了出口商品由劳动密集型为主向以资本技术密集型为主的转变。21 世纪以来,中国抓住进入世界贸易组织新机遇,以更为开放的优势承接高端产业转移,通过实施各项积极有力的措施,进一步调整和优化了出口商品结构。

从表 2-7 可以看出,2010 年至 2018 年,中国初级产品和工业制成品一直是处于增长态势,工业制成品仍然占据着出口商品的主导地位,且二者的比例保持稳定。改革开放以来,中国同许多发展中国家类似,推行了实质上的出口导向战略,极大地促进了中国工业制成品的出口,工业制成品出口与初级产品出口之比也在 95∶5 左右,这一比值不仅远远高于发展中国家的平均值 60∶40,也超过了发达国家的平均值 80∶20。工业制成品出口占出口商品总额的比重达到 90% 以上,这说明随着中国经济和对外贸易的发展,中国早已经改变以初级产品出口为主的状况,对外贸易结构日渐趋于优化,这和西方发达国家的对外贸易结构变动规律是相一致的。

表 2-7  2010—2018 年中国出口商品总额及结构

| 年份 | 出口商品总额/亿美元 | 初级产品出口额/亿美元 | 初级产品出口额占出口商品总额比重/% | 工业制成品出口额/亿美元 | 工业制成品出口额占出口商品总额比重/% |
|------|------|------|------|------|------|
| 2010 | 15777.54 | 816.86 | 5.18 | 1496.06 | 94.82 |
| 2011 | 18983.81 | 1005.45 | 5.30 | 17978.36 | 94.70 |
| 2012 | 20487.14 | 1005.58 | 4.91 | 19481.56 | 95.09 |
| 2013 | 22090.04 | 1072.68 | 4.86 | 21017.36 | 95.14 |
| 2014 | 23422.93 | 1126.92 | 4.81 | 22296.01 | 95.19 |
| 2015 | 22734.68 | 1039.27 | 4.57 | 21695.41 | 95.43 |
| 2016 | 20976.31 | 1051.87 | 5.01 | 19924.44 | 94.99 |
| 2017 | 22633.71 | 1177.33 | 5.20 | 21456.38 | 94.80 |
| 2018 | 24874.01 | 1350.86 | 5.43 | 23520.21 | 94.56 |

数据来源:中国海关总署,2011—2019 年《中国海关统计年鉴》数据库,2020 年 8 月 20 日。

如图 2-2 所示,在 2010 年至 2018 年间,中国劳动密集型产品出口比例先上升后下降,且劳动密集型产品出口比例低于资本技术密集型产品出口比例,二者基本保持在 4:6 的水平。虽然劳动密集型产品出口比例略小于资本技术密集型产品出口比例,但它仍然是中国

图 2-2  2010—2018 年中国各要素密集型产品出口比例
数据来源:中国海关总署,2011—2019 年《中国海关统计年鉴》数据库,2020 年 8 月 20 日。

出口产品中的主力军,为中国出口创汇作出了重要贡献。中国近六成工业制成品属于资本技术密集型产品,但不可否认的是这些商品的结构层次仍然较低,商品的科技含量也较低。如果将经历劳动密集型生产环节的高新技术考虑在内,则劳动密集型产品的出口占出口商品总额的比重甚至会高达80%以上。

当然,随着国际经济形势不确定性加剧及科技飞速发展,劳动密集型和资源密集型产品在世界市场重要地位开始动摇,它们受到各方条件的限制也越来越多,竞争优势正在逐渐消失。这表明中国需要尽早实现传统出口商品的优化升级,在传统比较优势不断弱化的背景下着力培育外贸竞争新优势。

如图2-3所示,在中国各类初级产品出口中,2011年至2018年,食品及主要供食用的活动物出口占比最大,其次是矿物燃料出口、润滑油及有关原料出口;这两者占据了初级产品出口的80%以上,如表2-8所示;而饮料及烟类出口和动、植物油脂及蜡出口占比较小。值得注意的是,食品及主要供食用的活动物的出口额由2010年的411.4826亿美元增长至2018年的654.7262亿美元(如表2-8),但它们占初级产品出口的比重在2011—2014年及2016—2018年呈下降趋势,这与初级产品占出口商品总额的比重变化趋势基本一致,进一步表明食品及主要供食用的活动物出口在初级产品出口中占据重要地位。

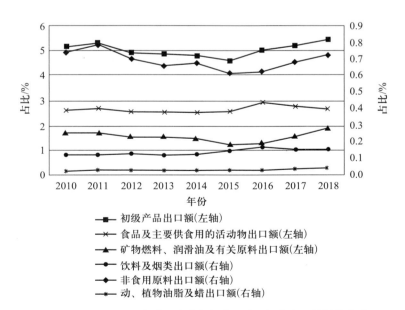

图2-3　2010—2018年中国各类初级产品出口额占出口总额的比重

数据来源:中国海关总署,2011—2019年《中国海关统计年鉴》数据库,2020年8月20日。

表 2-8  2010—2018 年中国各类初级产品出口额

| 年份 | 初级产品/亿美元 | 食品及主要供食用的活动物/亿美元 | 饮料及烟类/亿美元 | 非食用原料/亿美元 | 矿物燃料、润滑油及有关原料/亿美元 | 动、植物油脂及蜡/亿美元 |
|---|---|---|---|---|---|---|
| 2010 | 816.8576 | 411.4826 | 19.0591 | 116.0303 | 266.7309 | 3.5547 |
| 2011 | 1005.4500 | 504.9300 | 22.7600 | 149.7700 | 322.7400 | 5.2600 |
| 2012 | 1005.5820 | 520.7491 | 25.9041 | 143.4147 | 310.0696 | 5.4447 |
| 2013 | 1072.6760 | 557.2609 | 26.0887 | 145.6273 | 337.8610 | 5.8383 |
| 2014 | 1126.9210 | 589.1362 | 28.8301 | 158.2637 | 344.4601 | 6.2312 |
| 2015 | 1039.2710 | 581.5436 | 33.0929 | 139.1714 | 279.0151 | 6.4482 |
| 2016 | 1051.8680 | 610.9765 | 35.3915 | 131.0167 | 268.7319 | 5.7514 |
| 2017 | 1177.3320 | 626.2614 | 34.6829 | 154.3977 | 353.8910 | 8.0989 |
| 2018 | 1350.8580 | 654.7262 | 37.1168 | 180.2217 | 468.1413 | 10.6523 |

数据来源:中国海关总署,2011—2019 年《中国海关统计年鉴》数据库,2020 年 8 月 20 日。

如图 2-4 所示,在中国各类工业制成品出口中,机械及运输设备出口和杂项制品出口

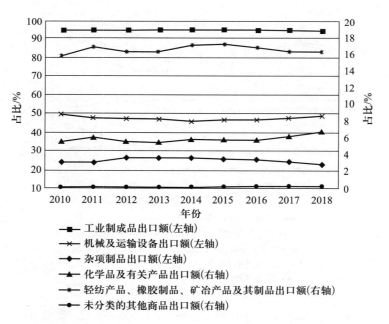

图 2-4  2010—2018 年中国各类工业制成品出口额占出口总额的比重

数据来源:中国海关总署,2011—2019 年《中国海关统计年鉴》数据库,2020 年 8 月 20 日。

占主要地位,化学品及有关产品出口和未分类的其他商品出口对工业制成品出口的贡献度则相对较低。但是中国在生产机械及运输设备的过程中仍然处于较低层次的环节,而发达国家利用自身先进的技术优势处于全球价值链中利润较高的环节。这也导致表面上中国是出口了大量的资本技术密集型产品,但贸易获利极为有限。进一步分析轻纺产品、橡胶制品、矿冶产品及其制品和杂项制品的产品类型,可发现轻纺产品、橡胶制品、矿冶产品及其制品归属于劳动密集型或资源密集型产品,且杂项制品是低技能劳动密集型产品的典型代表。虽然中国具有发展劳动密集型产业的优势,发展劳动密集型产业也确实有利于缓解国内的就业压力,但从长远来看,这种出口结构对中国培育国际竞争优势、提升国际分工地位极为不利。

### 2.1.3.2 中国进口商品结构变化

相较于出口的平稳发展,近年来中国进口波动则更为明显。如表 2-9 所示,中国2015 年、2016 年进口商品规模缩小,这也是改革开放以来所没有的。当然,导致这种现象的原因很多,主要有两方面,一方面是大宗商品价格下跌,另一方面是进口市场结构调整及国内投资速度放缓。大宗商品价格的下降最直接的体现便是初级产品进口额的大幅缩减,这也间接导致了初级产品进口和工业制成品进口的比例跌破 3∶7 的界限。此外,工业制成品在进口中处于优势地位,其进口额大于初级产品的进口额,这说明工业制成品对中国经济发展起着举足轻重的作用。此后,随着外贸利好信号的不断释放及"一带一路"倡议的实施,中国进口状况逐步好转并显示了进口市场未来广阔的发展潜力。

表 2-9　2010—2018 年中国进口商品总额及结构

| 年份 | 进口商品总额/亿美元 | 初级产品进口额/亿美元 | 初级产品进口额占进口商品总额比重/% | 工业制成品进口额/亿美元 | 工业制成品进口额占进口商品总额比重/% |
|---|---|---|---|---|---|
| 2010 | 13962.47 | 4338.4992 | 31.07 | 9623.9408 | 68.93 |
| 2011 | 17434.84 | 6042.6900 | 34.66 | 11392.1500 | 65.34 |
| 2012 | 18184.05 | 6349.3418 | 34.92 | 11834.7082 | 65.08 |
| 2013 | 19499.89 | 6580.8084 | 33.75 | 12919.0863 | 66.25 |
| 2014 | 19592.35 | 6469.3989 | 33.02 | 13122.9476 | 66.98 |
| 2015 | 16795.64 | 4720.5717 | 28.11 | 12075.0733 | 71.89 |

续表

| 年份 | 进口商品总额/亿美元 | 初级产品进口额/亿美元 | 初级产品进口额占进口商品总额比重/% | 工业制成品进口额/亿美元 | 工业制成品进口额占进口商品总额比重/% |
|------|------|------|------|------|------|
| 2016 | 15879.26 | 4410.5492 | 27.78 | 11468.7130 | 72.22 |
| 2017 | 18437.93 | 5796.3843 | 31.44 | 12641.5451 | 68.56 |
| 2018 | 21356.37 | 7016.1251 | 32.85 | 14340.2478 | 67.15 |

数据来源:中国海关总署,2011—2019 年《中国海关统计年鉴》数据库,2020 年 8 月 20 日。

如图 2-5 所示,在中国进口商品结构中,资本密集型产品进口远远高于劳动密集型产品进口,这也恰好印证了要素禀赋理论的基本观点,即一国进口其要素资源稀缺的产品,出口其要素资源丰富的产品。长期以来,中国是一个劳动力充裕的国家,经过产业转移后,劳动密集型产业一直占据中国优势产业的地位。丰富的劳动力资源促进了劳动密集型产业的崛起,进一步导致中国工业制成品中增加值低的劳动密集型产品占很大的比重,反而在技术含量高、增加值高的资本技术密集型产品方面发展相对不足,所以资本技术密集型产品一直占据中国产品进口额的绝大多数。这一方面会通过进口竞争的技术溢出效应使中国企业直面国际先进技术,并通过学习、吸收提升自身创新能力;另一方面有可能挤压国内企业的创新空间,进而加大中国对国外技术的依赖程度。

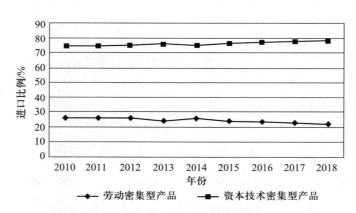

图 2-5 2010—2018 年中国各要素密集型产品进口比例
数据来源:中国海关总署,2011—2019 年《中国海关统计年鉴》数据库,2020 年 8 月 20 日。

随着工业化进程的加快,中国对能源尤其是对石油消耗加大,中国自身发掘的石油远远满足不了国内工业迅速发展的巨大需求,所以,在很大程度上依赖于国外进口石油。如图 2-6 所示,在中国各类初级产品进口中非食用原料进口和矿物燃料、润滑油及有关原料进口占比非常大,饮料及烟类进口和动、植物油脂及蜡的进口在初级产品进口中占比较小。

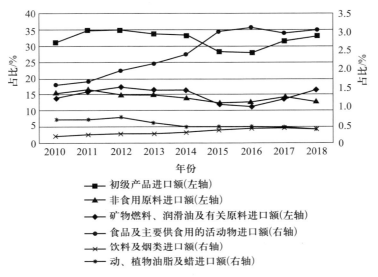

图 2-6    2010—2018 年中国各类初级产品进口额占进口总额的比重
数据来源:中国海关总署,2011—2019 年《中国海关统计年鉴》数据库,2020 年 8 月 20 日。

然而,伴随着产业结构的优化调整,中国产业结构从工业主导向服务业主导转型趋势明显,同时传统的加工制造业面临巨大的威胁。虽然大多数矿物燃料、润滑油及有关原料进口出现"量增价跌"的特征,但是其中煤炭和钢材的进口量都出现了大幅下降。此外中国粮食的生产近年来虽然连续增长,但随着人们对于高质量生活的追求及粮食供应的结构性问题持续存在,使得食品及主要供食用的活动物类商品的进口一直呈现增长态势。

如表 2-10 所示,在中国进口的工业制成品中,机械及运输设备进口占据五成以上,而从工业制成品的内部结构来看,机械及运输设备一般被归类为资本技术密集型产品。如图 2-7 所示,在工业制成品进口额增加的年份观察机械及运输设备的进口额,则可发现两者趋势表现相同,这也进一步证明了其优势地位的真实作用。比较此类产品的进出口,可发现中国对其出口的重视程度远大于进口,这种现象一方面可能会引发贸易摩擦,另一方面从侧面证明目前中国对外技术的依赖程度还处于较高水平。其余三类产品进口占比相差不多,都大致占到工业制成品进口总额的 10%~15%,进口比重表现相对平稳(如表 2-10)。

25

表 2-10　2010—2018 年中国各类工业制成品进口额

| 年份 | 工业制成品/亿美元 | 化学品及有关产品/亿美元 | 轻纺产品、橡胶制品、矿冶产品及其制品/亿美元 | 机械及运输设备/亿美元 | 杂项制品/亿美元 | 未分类的其他商品/亿美元 |
|---|---|---|---|---|---|---|
| 2010 | 9623.9408 | 1496.9977 | 1312.7815 | 5494.2065 | 1135.6049 | 184.3502 |
| 2011 | 11392.1500 | 1811.0600 | 1503.0400 | 6305.7000 | 1277.2200 | 495.1300 |
| 2012 | 11834.7082 | 1792.8681 | 1459.5255 | 6529.4068 | 1365.1876 | 687.7202 |
| 2013 | 12919.0863 | 1903.0446 | 1478.7207 | 7101.4120 | 1388.5454 | 1047.3636 |
| 2014 | 13122.9476 | 1932.5568 | 1723.6911 | 7241.9741 | 1397.0840 | 827.6416 |
| 2015 | 12075.0733 | 1712.6582 | 1330.1103 | 6824.1806 | 1346.9250 | 861.1992 |
| 2016 | 11468.7130 | 1641.1653 | 1219.1998 | 6578.2546 | 1261.4124 | 768.6810 |
| 2017 | 12641.5451 | 1937.3147 | 1351.4727 | 7348.6504 | 1343.3187 | 660.7886 |
| 2018 | 14340.2478 | 2236.8299 | 1514.5217 | 8395.2365 | 1437.5933 | 756.0664 |

数据来源:中国海关总署,2011—2019 年《中国海关统计年鉴》数据库,2020 年 8 月 20 日。

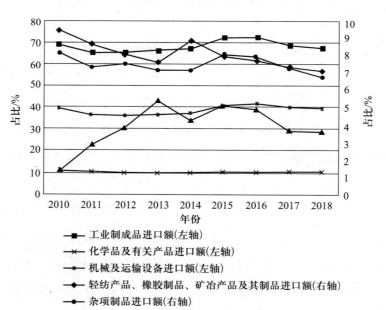

图 2-7　2010—2018 年中国各类工业制成品进口额占进口总额的比重
数据来源:中国海关总署,2011—2019 年《中国海关统计年鉴》数据库,2020 年 8 月 20 日。

## 2.2 中国出口持续时间的测度及统计性描述

在上述中国对外贸易商品结构变动分析的基础上，贸易持续时间所表征的稳定关系同样十分重要。尤其是在外需疲软的情况下，如何保持出口稳定增长成为目前中国政府和学界共同关心的重要问题。但中国对外贸易在"稳增长"的同时，还面临转变贸易发展方式、优化产品结构的压力。那么，以增加企业出口持续时间和质量升级为目标的稳增长措施对转变贸易发展方式有什么影响，中国能否同时实现外贸"稳增长"和"转方式"的双重目标，这些都是新常态下保持经济稳定增长的重大战略问题。但目前学术界对上述问题的讨论明显不足。按照黄静波的观点，企业生产率的提升是转变贸易发展方式的关键。[①] 因此，本章接下来以企业生产率提升作为中国转变贸易发展方式的重要反映，从企业出口动态的视角研究出口持续时间对企业生产率的影响，并进一步考察中国出口产品质量变化趋势。

### 2.2.1 企业出口的生存分析

企业出口持续时间是指一家企业进入出口市场并在随后的时间保持连续出口直到最终退出出口市场。企业退出出口市场可能是由国外市场转向国内销售，也可能是企业直接退出市场。生存分析能有效地描述经过上述处理后企业的出口持续时间。具体来说，通常用生存分析中的生存函数（生存率）和风险函数（危险率）来描述企业出口持续时间的分布特征。借鉴贝赛斯和普鲁萨[②]的做法，令 $T$ 表示企业持续出口的时间，相应的生存函数就是企业持续出口超过 $t$ 年的概率，$t$ 的取值为 $1,2,3,\cdots\cdots$，即：

$$S(t) = pr(T>t) \tag{2-1}$$

由卡普兰-迈耶乘积限给出生存函数的非参数估计形式：

$$\hat{S}(t) = \prod_{k=1}^{t} \frac{n_k - d_k}{n_k} \tag{2-2}$$

危险函数表示企业在第 $t-1$ 期出口的条件下，在第 $t$ 期停止出口的概率，即：

$$h(t) = pr(t-1<T\leq t \mid T>t-1) = \frac{pr(t-1<T\leq t)}{pr(T>t-1)} \tag{2-3}$$

---

① 黄静波：《技术创新、企业生产率与外贸发展方式转变》，《中山大学学报（社会科学版）》2008 年第 3 期，第 168~176,209 页。

② Besedeš, T. and Prusa, T. J. "Product Differentiation and Duration of US Import Trade", *Journal of International Economics*, vol. 70, no. 2( 2006 ), pp. 339-358.

危险函数的非参数形式为：

$$\hat{h}(t) = \frac{d_k}{n_k} \qquad (2-4)$$

式（2-2）和式（2-4）中的 $n_k$ 表示在 $k$ 期企业处于危险状态的时间段个数，$d_k$ 表示同期观察到的失败对象的个数。

图 2-8 按要素密集度、出口密集度和生产率水平分组报告了卡普兰-迈耶生存函数和

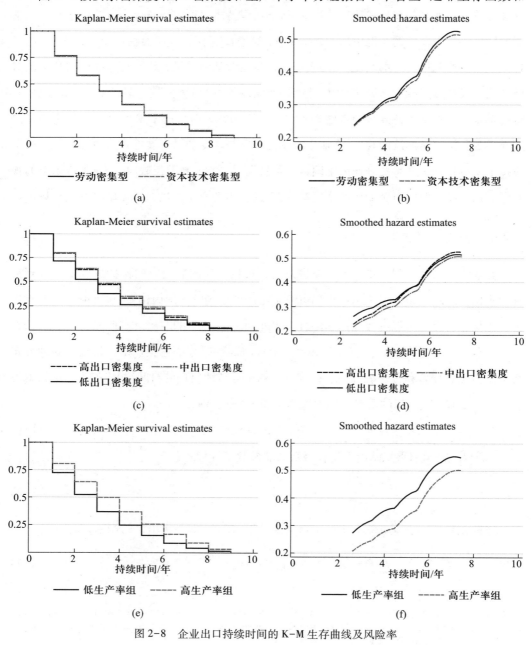

图 2-8　企业出口持续时间的 K-M 生存曲线及风险率

风险函数的估计结果。[1] 从中可以看出：① 随着出口时间延长，所有出口企业在国际市场的生存概率逐渐降低，且在企业出口初期下降速度较快；出口五年以后的企业，生存概率逐渐趋于稳定。这反映出企业出口行为具有显著的负向时间依赖特征，但在不同阶段会存在差异。风险曲线也显示出企业在出口市场上面临风险事件的概率随时间推移逐渐增大。② 对不同要素密集度企业而言，企业在出口市场上的生存率会随着出口持续时间发生改变，在出口前三年，资本技术密集型企业的生存率高于劳动密集型企业，但差距很小。从第六年开始，劳动密集型企业的生存率开始高于资本技术密集型企业。风险曲线也表明给定出口持续时间，劳动密集型企业的风险率总体上高于资本技术密集型企业。③ 对不同出口密集度的企业而言，生存曲线逐渐收敛。风险曲线也表明低出口密集度企业的风险概率高于中高出口密集度企业，且低出口密集度企业与高出口密集度企业风险率差距一直稳定在4%左右。④ 对不同生产率的企业而言，随着出口持续时间的增加，高生产率企业的生存率显著高于低生存率企业。风险曲线也显示高生产率企业在国际市场的风险概率显著低于低生产率企业，且二者差距较大，一直稳定在7%左右。上述结论说明，资本技术密集型、高出口密集度、高生产率企业在国际市场上有更强的竞争力，面临的风险较小，也更容易维持稳定的出口持续时间。

究其原因可能在于：首先，劳动密集型企业出口很大程度上基于中国的劳动力成本优势，大量中小型企业承接发达国家外包业务，进行贴牌生产，导致出口产品缺乏核心竞争力，当劳动力优势无法继续保持时，很容易被其他后起的发展中国家所替代；其次，出口密集度衡量了企业出口额在销售总额中的占比，高出口密集度说明出口业务在企业业务结构中的地位至关重要。根据梅利兹等的观点，企业出口需要支付部分沉没成本，用于办理通关手续、办理保险、了解国外市场及建立销售渠道等，高出口密集度企业在出口方面积累了大量经验，能有效利用自身的社会信息网络及先前建立的销售渠道等降低海外市场的不确定性，并减少出口沉没成本，从而有利于保持较长的出口持续时间[2]；再次，企业生产率在改变企业出口沉没成本方面发挥类似的作用；最后，特别需要强调的是，"出口中学"提高出口企业的生产率，更大幅度减小出口沉没成本，"自选择效应"和"出口学习效应"不断作用

① 资本密集度 = ln(年平均固定资产净值余额/平均从业人员)，分组时，将均值以上的视为资本技术密集型企业，均值以下的为劳动密集型企业；对生产率水平的分组与此类似；对出口密集度(出口额除以销售额)的分组按照刘晴等给出的标准，将所有企业划分为如下三种：低出口密集度(出口密集度介于 0~0.4)、中出口密集度(出口密集度介于 0.4~0.7)和高出口密集度(出口密集度介于 0.7~1)。刘晴、张燕、张先锋：《为何高出口密集度企业的生产率更低？——基于固定成本异质性视角的解释》，《管理世界》2014 年第 10 期，第 47~56 页。

② Melitz, M. J. "The Impact of Trade on Intra-Industry Reallocations and Aggregate Industry Productivity", *Econometrica*, vol. 71, no. 6(2003), pp. 1695–1725.

使得企业生产率和出口持续时间之间发挥正向的促进作用,这也就解释了为什么不同生产率的企业在出口持续时间方面存在显著差别。

### 2.2.2 模型设定及变量选取

根据西弗森(Syverson)、简泽和段永瑞的研究,企业间生产率的差异主要来自两方面,一是企业内部的因素,包括企业的利润、员工数量、工资水平等,管理者通过控制这些要素影响企业生产率;二是企业经营的外部环境,如准入制度、监管、市场分割等,这些外部因素多是先影响产业层面生产率进而对企业生产率产生影响。[1] 参照戴觅等的研究[2]和本章的研究目的,我们将计量模型设定为:

$$\ln tfp_{it} = \alpha + \beta time_{it} + X_{it} + \lambda_t + \varepsilon_{it} \tag{2-5}$$

其中,$i$ 代表企业,$t$ 代表年份。$\ln tfp$ 为企业全要素生产率的对数值,$time$ 为本章的核心解释变量——出口持续时间,$X$ 为其他控制变量。同时我们还在模型中加入时间固定效应 $\lambda_t$ 以控制宏观经济环境对企业生产率的影响,$\varepsilon_{it}$ 为残差项。

本章的重点是探讨出口持续时间对企业生产率的影响,因而精确测算生产率和企业持续出口时间对研究结论至关重要。对生产率,我们按照主流文献的做法,选择企业的全要素生产率(TFP)来表示。具体来说,本章利用列文森-彼得林半参法(LP 方法)[3]估计全要素生产率,与普通最小二乘法相比,LP 方法有以下优点:一是用中间投入品作为不可观测因素的代理变量,减少了内生性偏误。二是列文森和彼得林提供了几种检验代理变量合意度的方法,通过这些方法可以大大拓展代理变量的遴选范围。对企业出口持续时间的测算,需要特别注意多个时间段的问题,即企业在一段时期内保持连续出口,然后退出出口市场,一段时间后(至少一年)又重新进入出口市场。对多个时间段的问题,贝赛斯和普鲁萨证实将第一个持续时间段视为唯一时间段的做法,与将多个持续时间段视为相互独立的若干持续时间段的情形下,企业出口持续时间的分布状况类似。[4] 因此,本章将多个时间段视为相互独立的时间段。如果一个企业相邻两个持续时间段之间间隔一年,我们将其视为一

① Syverson, C. "What Determines Productivity?", NBER Working Paper, no. 15712(2010);简泽、段永瑞:《企业异质性、竞争与全要素生产率的收敛》,《管理世界》2012 年第 8 期,第 15~29 页。

② 戴觅、余淼杰、Madhura Maitra:《中国出口企业生产率之谜:加工贸易的作用》,《经济学(季刊)》2014 年第 2 期,第 675~698 页。

③ Levinsohn, J. and Petrin, A. "Estimating Production Functions Using Inputs to Control for Unobservables", NBER Working Paper, no. 7819(2000).

④ Besedeš, T. and Prusa, T. J. "Product Differentiation and Duration of US Import Trade", Journal of International Economics, vol. 70, no. 2(2006), pp. 339-358.

个连续的持续时间段①；若多个时间段间隔超过一年，我们将最近的持续时间段视为企业在该年的持续时间段。

为提高估计结果的可靠性，本章在实证分析中进一步加入出口持续时间（time）之外的其他控制变量。主要包括：① 企业规模（scale），规模指标是从规模经济方面反映企业生产率的核心指标，一般来说，企业规模越大，获取生产、研发、广告、营销费用等边际成本降低型规模经济的能力越强，生产率越高。本章用企业工业总产值与行业工业总产值的比值来衡量。② 资本密集度（lnkl），汤二子和刘海洋②证明了资本相对丰裕程度是导致中国出现"生产率悖论"的重要原因。本章用企业年平均固定资产净值余额与平均从业人员的比值来衡量。③ 融资约束（rzy），企业的融资约束和销售利润会对企业研发活动造成直接影响。高融资约束下的企业不得不依靠内部资金支持研发，导致无法通过固定资产、存货及研发等投资来提高自身的生产率。③ ④ 销售利润（lirun）和政府补贴（lnbutie），一方面，当企业生产率由于融资约束发生波动时，企业利润和政府补贴能冲抵融资约束，进而对投资活动起到平滑作用；④另一方面，政府补贴可能会对企业研发产生"挤出"效应，在政府补贴的刺激下，研发活动的要素市场需求增加，要素价格提升，从而提高企业的研发成本，导致企业减少研发支出。⑤ ⑤ 企业年龄（age）和员工工资（lnwage），前者反映了企业成立时间和企业运营经验，后者则近似反映企业雇佣劳动者的质量，因为通常高质量劳动力会要求更高的薪酬，低质量劳动力则对应较低的薪酬。

## 2.2.3　数据来源及变量描述

本章所用数据来自 1998 年至 2007 年中国工业企业数据库。该数据库包括了 31 个省份所有的国有企业及"规模以上"（即总产值超过 500 万元）的非国有企业。由于该套数据存在样本匹配混乱、变量大小异常、测度误差明显和变量定义模糊等统计问题，借鉴芬斯特

---

① 两个持续时间段间隔仅为一年很可能是企业对该年份的贸易交易没有进行及时记录，或者是在该年份企业的主营业务收入没有超过 500 万元而未被数据库收录，而实际上企业在该年仍然出口。

② 汤二子、刘海洋：《中国出口企业的"生产率悖论"与"生产率陷阱"——基于 2008 年中国制造业企业数据实证分析》，《国际贸易问题》2011 年第 9 期，第 34~47 页。

③ 鞠晓生、卢荻、虞义华：《融资约束、营运资本管理与企业创新可持续性》，《经济研究》2013 年第 1 期，第 4~16 页。

④ Abel, A. B. and Eberly, J. C. "How Q and Cash Flow Affect Investment Without Frictions: An Analytic Explanation", *The Review of Economic Studies*, vol. 78, no. 4 (2011), pp. 1179–1200.

⑤ 任曙明、吕镯：《融资约束、政府补贴与全要素生产率——来自中国装备制造企业的实证研究》，《管理世界》2014 年第 11 期，第 10~23,187 页。

拉等[1]和聂辉华等[2]的处理方法,我们对原始样本进行筛选,保留了在此期间持续经营的企业。对可能存在的数据删失问题,我们做以下说明:一是本章的研究区间是 1998 年至 2007 年,如果企业在 1998 年有出口,我们就无法确切知道企业的持续出口时间,即所谓的左删失(left censoring)问题,如果忽视这个问题,会低估企业的持续出口时间。为解决这个问题,本章仅保留在 1998 年没有出口,且在 1999 年至 2007 年有出口的企业。因此,本章中企业最长的出口持续时间为九年。二是如果企业在 2007 年有出口,我们就无法知晓企业停止出口的时间,即所谓的右删失(right censoring)问题。对于这个问题,我们一方面保留了 2007 年没有出口,而在 2006 年及以前有出口的企业。另一方面,贝赛斯和普鲁萨等均证实使用生存分析的方法能恰当的处理右删失的问题。[3]

表 2-11 报告了主要变量的定义及描述性统计。样本共包括 79811 家企业,其中外资企业占 43.87%(0.4387),国有企业占 8.67%(0.0867)。企业的出口持续时间均值为 2.5373(约两年半),方差为 2.4529。这与邵军的结论类似[4],再次印证了国际贸易领域一个普遍的事实:一方面,国际贸易的变化动态实际上比传统贸易理论所预期的要更为复杂,贸易联系持续期普遍较短。另一方面,不同企业的出口持续时间存在很大差异,这也进一步论证了前文关于中国出口企业生存率和风险率的讨论。图 2-9 和图 2-10 分别报告了企业出口持续时间与生产率相关关系的拟合结果。结果显示,无论行业生产率,还是企业生产率,出口持续时间均显著提升了全要素生产率水平。当然,这仅是对出口持续时间和全要素生产率关系的初步考察,并没有考虑相应控制变量及内生性问题,也难以准确反映变量间深层次的内在关联,更有意义的结论有待后文严谨的实证研究给出。

表 2-11  主要变量定义及描述性统计

| 变量名称 | 变量符号 | 变量定义 | 样本 | 均值 | 标准差 |
|---|---|---|---|---|---|
| 主要素生产率 | $lntfp$ | 根据 LP 方法测算的 ln(全要素生产率) | 79811 | 7.0107 | 1.0968 |
| 出口持续时间 | $time$ | 出口持续时间 | 79811 | 2.5373 | 2.4529 |
| 企业规模 | $scale$ | 企业相对规模=工业总产值/行业工业总产值 | 79811 | 0.0206 | 0.0629 |

[1] Feenstra,R. C.,Li,Z. and Yu,M. "Exports and Credit Constraints Under Incomplete Information:Theory and Evidence from China", *The Review of Economics and Statistics*, vol. 96,no. 4(2014),pp. 729-744.

[2] 聂辉华、江艇、杨汝岱:《中国工业企业数据库的使用现状和潜在问题》,《世界经济》2012 年第 5 期,第 142~158 页。

[3] Besedeš,T. and Prusa, T. J. "Product Differentiation and Duration of US Import Trade", *Journal of International Economics*,vol. 70,no. 2(2006),pp. 339-358.

[4] 邵军:《中国出口贸易联系持续期及影响因素分析——出口贸易稳定发展的新视角》,《管理世界》2011 年第 6 期,第 24~33, 187 页。

| 变量名称 | 变量符号 | 变量定义 | 样本 | 均值 | 标准差 |
|---|---|---|---|---|---|
| 资本密集度 | ln*kl* | 资本密集度=ln(年平均固定资产净值余额/平均从业人员) | 79811 | 3.8515 | 1.2237 |
| 融资约束 | *rzy* | 融资约束=企业利息支付/现金流 | 79811 | 0.0888 | 0.2295 |
| 企业年龄 | *age* | 企业年龄=考察年份-企业成立时间 | 79811 | 15.2133 | 13.1807 |
| 销售利润 | *lirun* | 利润销售比=企业营业利润/企业销售额 | 79811 | 0.0548 | 0.0740 |
| 员工工资 | ln*wage* | ln(企业应付人均工资) | 79811 | 2.5008 | 0.6337 |
| 政府补贴 | ln*butie* | 政府补贴=ln(企业政府补贴/企业销售额) | 79811 | 0.0027 | 0.0166 |
| 国有企业 | *syz*1 | 国有企业虚拟变量(1,0) | 79811 | 0.0867 | 0.2813 |
| 外资企业 | *syz*3 | 外资企业虚拟变量(1,0) | 79811 | 0.4387 | 0.4962 |

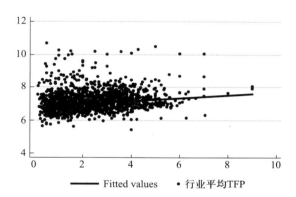

图 2-9 出口持续时间与行业生产率的散点图

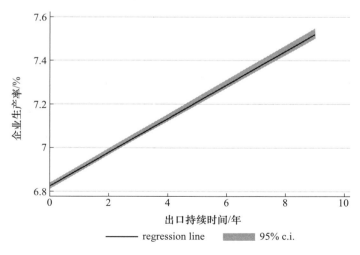

图 2-10 出口持续时间与企业生产率的相关关系

### 2.2.4　内生性问题的处理

　　企业的自选择效应说明生产率水平会对企业的出口决策产生影响。同时,出口学习效应进一步说明企业的出口决策通过出口竞争等路径反过来影响生产率水平。这说明企业的出口状态与生产率之间存在明显的双向因果关系,不可避免会产生内生性问题。此外,虽然本章在计量方程中加入了尽可能多的控制变量,但受制于数据的可得性,仍然可能因为遗漏变量产生内生性。例如,长三角和珠三角地区的企业在生产率上可能存在差异。这种差异除了与企业人力资本的差距有关,还与企业结构等因素造成的制度性差异有关。珠三角企业处理劳资关系的基本模式是"市场型",而长三角企业则是"人情型"和"法治型"。不同类型的劳资处理方式会对员工的劳动积极性产生影响,进而影响企业的生产率。但这种制度差异很难衡量,如此就加剧了内生性问题。

　　控制内生性通常的方法是寻找一个与企业出口持续时间关系密切但独立于全要素生产率的变量作为工具变量,进行两阶段最小二乘法估计。本章参照陈晓华和刘慧[1]的做法,选取各变量的一阶滞后项作为企业出口持续时间工具变量,并利用拉格朗日乘子检验(LM检验)和萨甘检验(Sargan检验)等方法解决工具变量的有效性和过度识别问题。选择一阶滞后项作为工具主要基于以下考虑:企业出口持续时间的一阶滞后项与当期出口持续时间有密切关系但又与残差项没有直接的联系。一方面,出口企业通过出口学习效应提升自身的技术水平,进而促进生产率水平提高。在贸易自由化的推动下,这些生产率水平提升的企业会选择继续进入出口市场。另一方面,进入国外市场需支付一定沉没成本,如对海外市场调研的费用、建立海外营销渠道的支出等,企业在出口过程中积累的学习经验有助于其在之后的出口中降低成本,如更熟悉海外市场,并能够利用现有的营销网络和销售渠道,增强企业继续进入海外市场的可能。易靖韬和傅佳莎也证实企业出口持续时间的一阶滞后项对企业当期出口参与决策有显著的正向影响[2],这从侧面反映出企业参与出口市场具有显著的沉没成本。

---

① 陈晓华、刘慧:《产品持续出口能促进出口技术复杂度持续升级吗?——基于出口贸易地理优势异质性的视角》,《财经研究》2015年第1期,第74~86页。

② 易靖韬、傅佳莎:《企业生产率与出口:浙江省企业层面的证据》,《世界经济》2011年第5期,第74~92页。

## 2.3 出口持续时间影响生产率进步的初步检验

### 2.3.1 基准估计

表 2-12 报告了基准回归结果。式(2-1)简单考察了出口持续时间与企业生产率的关系,式(2-2)加入了影响生产率的其他控制变量,显著提高了模型的拟合程度,说明企业内部的要素对企业生产率有影响。关于生产率的基本决定要素的研究结果与以往的文献研究类似,具体来说,企业出口持续时间与全要素生产率水平呈显著的正相关;企业规模、企业年龄、销售利润水平、员工工资水平与全要素生产率正相关;资本密集度、融资约束、政府补贴与全要素生产率负相关;外资企业的全要素生产率水平更高,国有企业相对较低。

表 2-12 基准估计结果

| 变量 | 考虑左删失 | | | 考虑左右删失 | | |
|---|---|---|---|---|---|---|
| | (1)<br>固定效应 | (2)<br>固定效应 | (3)<br>固定效应 | (4)<br>2SLS | (5)<br>固定效应 | (6)<br>2SLS |
| *time* | 0.1005*** | 0.0678*** | 0.0091*** | 0.1408*** | 0.0117*** | 0.1237*** |
| | (86.27) | (56.26) | (6.05) | (7.78) | (7.01) | (8.01) |
| *scale* | — | 1.1668*** | 1.3930*** | 1.6243*** | 1.3402*** | 1.5789*** |
| | | (21.87) | (26.89) | (21.55) | (25.80) | (21.49) |
| ln*kl* | — | −0.0786*** | −0.0929*** | −0.0694*** | −0.0964*** | −0.0778*** |
| | | (−19.48) | (−23.76) | (−13.68) | (−24.21) | (−15.25) |
| *rzy* | — | −0.3440*** | −0.3058*** | −0.4895*** | −0.3019*** | −0.4825*** |
| | | (−34.75) | (−31.87) | (−29.47) | (−31.34) | (−29.85) |
| *age* | — | 0.0067*** | 0.0006 | 0.0006 | 0.0005 | 0.0005 |
| | | (16.84) | (1.46) | (0.49) | (1.34) | (0.45) |
| *lirun* | — | 1.0988*** | 1.0717*** | 1.3434*** | 1.0333*** | 1.2180*** |
| | | (28.69) | (28.96) | (24.40) | (27.60) | (23.25) |
| ln*wage* | — | 0.3418*** | 0.2200*** | 0.2370*** | 0.2187*** | 0.2266*** |
| | | (65.84) | (40.94) | (10.46) | (40.24) | (10.31) |
| ln*butie* | — | −0.9673*** | −0.9959*** | −0.7162*** | −0.9954*** | −0.6785*** |
| | | (−6.80) | (−7.24) | (−4.51) | (−7.25) | (−4.39) |
| *syz*1 | — | −0.1294*** | −0.0074 | −0.0479 | −0.0065 | −0.0498* |
| | | (−7.29) | (−0.43) | (−1.61) | (−0.37) | (−1.71) |

35

续表

| 变量 | 考虑左删失 | | | 考虑左右删失 | | |
|---|---|---|---|---|---|---|
| | (1)<br>固定效应 | (2)<br>固定效应 | (3)<br>固定效应 | (4)<br>2SLS | (5)<br>固定效应 | (6)<br>2SLS |
| $syz3$ | — | 0.0909*** | 0.1177*** | 0.0447* | 0.1102*** | 0.0488** |
| | — | (4.46) | (5.97) | (1.81) | (5.54) | (2.03) |
| 年份效应 | 否 | 否 | 是 | 是 | 是 | 是 |
| Anderson canon. corr. LM 检验 | — | — | — | 301.788<br>[0.00] | — | 389.19<br>[0.00] |
| Cragg–Donald Wald $F$ 检验 | — | — | — | 151.808<br>{19.93} | — | 196.198<br>{19.93} |
| Sargan 检验 | — | — | — | 0.49 | — | 0.51 |
| 样本数 | 79811 | 79811 | 79811 | 58680 | 77489 | 56601 |
| $R^2$ | 0.10 | 0.20 | 0.25 | 0.14 | 0.24 | 0.16 |

注:Anderson canon. corr. LM 检验和 Cragg-Donald Wald $F$ 检验为工具变量有效性检验,Sargan 检验为过度识别检验,表中为 $P$ 值。[ ] 内数值为相应检验统计量的 $P$ 值,{ } 内数值为 Stock-Yogo 检验的临界值,( ) 内的数值为 $t$ 值,***、**、* 分别表示在 1%、5%、10% 的水平上显著。

鉴于宏观经济环境会对企业生产率产生影响,我们在模型(3)中继续引入时间固定效应,去掉不随时间变换的变量对企业生产率的影响。考虑到出口持续时间($time$)的内生性,我们在模型(4)中引入滞后一期的解释变量作为工具变量进行 2SLS 回归,虽然系数大小发生了变化,但显著性没有改变,且通过了工具变量的有效性和过度识别检验。模型(5)、模型(6)报告考虑左右删失下的稳健性检验结果,通过与模型(1)至(4)对比发现,左右删失的估计结果和仅考虑左删失的情形在预期符号与显著性上基本一致,说明左删失的基准回归是稳健的。同时,模型(5)、模型(6)还表明右删失的偏差效应可能远小于左删失,本章在左删失基础上增加右删失导致样本容量发生变化并没有改变估计结果。值得注意的是,控制时间趋势后,变量企业年龄($age$)、国有企业($syz1$)不再显著。对国有企业系数不显著,我们的解释是,国有企业因承担国计民生的重大责任,需要享受与之匹配的财政支持与稀缺资源匹配权;其兼具经济性和社会性的属性也客观上形成了中国国有企业与外资企业、民营企业之间生产率的差距。刘小玄也证实中国国企生产率较低。[①] 但我们也要看到,近年来随着国企改革

--------

① 刘小玄:《中国工业企业的所有制结构对效率差异的影响——1995 年全国工业企业普查数据的实证分析》,《经济研究》2000 年第 2 期,第 17~25,78~79 页。

政策效应带来国企内部治理结构的完善和代理成本的下降,国企对非国企形成了全要素生产率追赶(TFP 追赶)。[①] 此外,政府补贴对企业生产率有显著的负向影响,这表明目前中国政府补贴对企业研发的激励作用还没有完全释放出来,政企合作研发的创新效应还未充分显现。

上述回归结果均表明,出口持续时间显著提升了企业全要素生产率,企业持续出口年限每增加一年,其生产率水平约提高 14%[模型(4)]。对此,可以从以下几个方面进行解释。

首先是出口学习效应的存在。① 参与国际竞争能扩大企业规模,产生规模经济效益。② 国际市场激烈的竞争促使企业不断改善低效率的业务流程,淘汰落后环节。③ 企业参与国际市场能够提高创新的回报,从而激励企业进行技术创新。对出口企业而言,掌握完整的学习过程是一件有价值且富有挑战的工作,因此,为了更好地提升学习能力,企业内部必须配套相应的资源,如研发的机械设备、资金投入、完善的创新激励制度、行之有效的管理制度等。企业利用合理的制度安排,有计划、分步骤学习吸收出口市场上面临的多维度知识技能,在内化的过程中提升自身的产品创新能力和组织生产能力。

其次是出口的质量提升效应。发展中国家的出口企业从发达国家的买家那里免费获得了产品设计及能够提高或改善生产工艺过程的技术支持与转移。同时,为了满足发达国家消费者对进口低价格、高质量产品的要求,发达国家的买家通常会把顾客对产品样式、质量、设计等意见反馈给发展中国家的出口企业,从而提升了发展中国家企业出口产品的质量,而约翰逊(Johnson)、樊海潮和郭光远已经证实了出口产品质量与生产率的正相关关系。[②]

最后是出口的人力资本积累效应。企业通过知识吸收、技术溢出等提升一国技术水平,增加对高技能劳动者的需求,促使一国人力资本的积累和提升。此外,李(Rhee)等研究发现,发达国家的买家或发包商对关系较为紧密的发展中国家外包出口企业,不仅会对外包企业的工程师进行技术培训、技术指导,而且经常会委派自己的工程师到发展中国家外包企业的生产流水线指导工人生产。[③]

---

① 孔东民、代昀昊、李阳:《政策冲击、市场环境与国企生产效率:现状、趋势与发展》,《管理世界》2014 年第 8 期,第4~17,187 页。

② Johnson, R. C. "Trade and Prices with Heterogeneous Firms", *Journal of International Economics*, vol. 86, no. 1 ( 2012 ), pp. 43~56;樊海潮、郭光远:《出口价格、出口质量与生产率间的关系:中国的证据》,《世界经济》2015 年第 2 期,第58~85 页。

③ Rhee, Y. W. "A Framework for Export Policy and Administration: Lessons from the East Asian Experience", *World Bank Industry and Finance Series*, no. IAF 10( 1984 ), Washington, D. C. : World Bank Group, pp. 1~94.

### 2.3.2 分行业估计

表 2-13 报告了分行业 2SLS 估计的结果,模型(1)、模型(2)考虑了左删失的情况,模型(3)、模型(4)是在考虑左右删失的情况下对模型(1)、模型(2)所做的稳健性检验。从回归结果来看,总体上来说,企业出口持续时间显著提升了企业生产率,但对资本技术密集型和劳动力密集型两类企业的影响幅度并不一致,出口持续时间每增加一年,能使前者的生产率增幅达 20.68%,后者只有 10.18%。对此,可以从如下两个方面进行解释。

表 2-13  分行业的 2SLS 估计结果

| 变量 | 考虑左删失 | | 考虑左右删失 | |
|---|---|---|---|---|
| | (1)<br>资本技术密集型 | (2)<br>劳动密集型 | (3)<br>资本技术密集型 | (4)<br>劳动密集型 |
| time | 0.2068*** | 0.1018*** | 0.1782*** | 0.0975*** |
| | (6.14) | (5.04) | (5.99) | (5.53) |
| scale | 1.2771*** | 1.7581*** | 1.2437*** | 1.6640*** |
| | (10.49) | (17.39) | (10.47) | (16.78) |
| ln$kl$ | 0.0082 | −0.1022*** | 0.0186 | −0.1071*** |
| | (0.47) | (−15.46) | (1.08) | (−16.33) |
| rzy | −0.5316*** | −0.4911*** | −0.5314*** | −0.4777*** |
| | (−17.29) | (−24.63) | (−17.71) | (−24.34) |
| age | −0.0048 | 0.0026** | −0.0039 | 0.0021* |
| | (−1.60) | (2.07) | (−1.37) | (1.72) |
| lirun | 1.0520*** | 1.4989*** | 0.9718*** | 1.3955*** |
| | (10.25) | (22.95) | (10.03) | (21.52) |
| ln$wage$ | 0.1264*** | 0.2821*** | 0.1278*** | 0.2582*** |
| | (3.32) | (10.70) | (3.42) | (9.90) |
| ln$butie$ | −0.7752 | −0.4509*** | −0.7735* | −0.4018** |
| | (−1.64) | (−2.68) | (−1.69) | (−2.43) |
| syz1 | −0.0903 | −0.0488 | −0.0989* | −0.0323 |
| | (−1.64) | (−1.38) | (−1.83) | (−0.93) |
| syz3 | −0.0174 | 0.0788*** | 0.0114 | 0.0759*** |
| | (−0.34) | (2.76) | (0.23) | (2.68) |
| 年份效应 | 是 | 是 | 是 | 是 |
| Anderson canon. corr.<br>LM 检验 | 104.657<br>[0.00] | 227.531<br>[0.00] | 123.093<br>[0.00] | 288.746<br>[0.00] |

| 变量 | 考虑左删失 | | 考虑左右删失 | |
| --- | --- | --- | --- | --- |
| | （1） | （2） | （3） | （4） |
| | 资本技术密集型 | 劳动密集型 | 资本技术密集型 | 劳动密集型 |
| Cragg-Donald Wald $F$ 检验 | 52.784 | 114.478 | 62.22 | 145.582 |
| | ｛19.93｝ | ｛19.93｝ | ｛19.93｝ | ｛19.93｝ |
| Sargan 检验 | 0.13 | 0.79 | 0.11 | 0.83 |
| 样本数 | 14141 | 43128 | 13539 | 41672 |
| $R^2$ | 0.07 | 0.16 | 0.14 | 0.17 |

注：Anderson canon. corr. LM 检验和 Cragg-Donald Wald $F$ 检验为工具变量有效性检验，Sargan 检验为过度识别检验，表中为 $P$ 值。［］内数值为相应检验统计量的 $P$ 值，｛｝内数值为 Stock-Yogo 检验的临界值，（）内的数值为 $t$ 值，***、**、*分别表示在 1%、5%、10% 的水平上显著。

一是两种类型企业内部结构不同导致学习能力有差异。根据异质性企业模型的分析，企业的出口学习效应应该侧重于组织学习能力的提升和知识的有效转移，而不应该只关注出口行为本身，即出口企业如何提升自身的知识技能学习能力，使知识技能在企业内部得到有效流动、吸收和转移，进而提升企业的创新性。资本技术密集型企业往往需要投入大量的资金，同时要依靠一些复杂先进的技术才能维持正常运转，还兼有技术装备多、投资量大、容纳劳动力较少但科技人员比重大等特点。这些企业不仅拥有更加完善的技术设备和创新激励体制，人力资本积累的优势也使这类企业能更好地学习吸收国外企业的先进技术和管理理念。与之相反，劳动密集型企业主要依靠大量廉价劳动力，对技术和设备的依赖程度低。这些企业内部缺少组织有效学习的框架制度，面对技术溢出的人力资本积累不够，导致其学习过程也充满挑战。

二是加工贸易的影响。戴觅等认为，加工贸易是中国存在出口企业生产率悖论的重要原因。[①] 我们认为，加工贸易同样可以解释为什么中国劳动密集型企业通过"出口学习"获取的生产率提升较小。为了发挥中国的劳动力优势，很多劳动密集型企业都从事"两头在外，中间在内"的加工贸易。与一般贸易相比，加工贸易通常技术含量更低、固定成本更低，但相应的利润率也更低。这一方面造成企业容易形成低生产率依赖，即企业不需要太高的生产率也能通过从事加工贸易进入出口市场，进而获取利润，最终导致企业对技术创新重视不足。另一方面，企业在出口市场上的微薄利润不足以支撑其后续研发，使得企业一直停留在低层次竞争上。

---

① 戴觅、余淼杰、Madhura Maitra：《中国出口企业生产率之谜：加工贸易的作用》，《经济学（季刊）》2014 年第 2 期，第 675~698 页。

### 2.3.3　分出口密集度的估计

大量经验研究证实,出口可以通过自选择效应和出口学习效应两种机制促进企业或行业的生产率增长。按照这种观点,高出口密集度的企业应该具有更高的生产率和更低的内生退出概率。[①] 但现有事实表明,某些行业出口企业的生产率比非出口企业更低,并且高出口密集度企业的生产率比低出口密集度企业更低。这些都说明出口密集度是影响企业生产率的重要因素,研究企业出口状态与生产率的关系,不能绕开出口密集度。该部分分别利用左删失和左右删失后变更的样本容量考察不同出口密集度下企业的出口持续时间与生产率的关系。

表 2-14 中,模型(1)至(3)是左删失的情况,模型(4)至(6)是左右删失下所做的稳健性检验。所得结论与范剑勇和冯猛[②]的研究基本一致:对所有企业而言,出口持续时间都显著提升了其生产率,但不同密集度企业的提升幅度有差异。出口持续时间每增加一年,低出口密集度企业生产率增幅为 20.69%,高出口密集度企业增幅只有 8.86%。

表 2-14　分出口密集度的 2SLS 估计结果

| 变量 | 考虑左删失 | | | 考虑左右删失 | | |
|---|---|---|---|---|---|---|
| | (1) | (2) | (3) | (4) | (5) | (6) |
| | 高出口密集度 | 中出口密集度 | 低出口密集度 | 高出口密集度 | 中出口密集度 | 低出口密集度 |
| $time$ | 0.0886*** | 0.2423*** | 0.2069*** | 0.0886*** | 0.2423*** | 0.1605*** |
| | (6.82) | (3.59) | (3.84) | (6.82) | (3.59) | (3.93) |
| $scale$ | 1.9226*** | 0.6616** | 1.4429*** | 1.9226*** | 0.6616** | 1.3957*** |
| | (10.70) | (2.05) | (14.07) | (10.70) | (2.05) | (14.85) |
| ln$kl$ | −0.1342*** | −0.1343*** | −0.0405*** | −0.1342*** | −0.1343*** | −0.0449*** |
| | (−16.13) | (−5.00) | (−4.13) | (−16.13) | (−5.00) | (−4.80) |
| $rzy$ | −0.6315*** | −0.4789*** | −0.4140*** | −0.6315*** | −0.4789*** | −0.4077*** |
| | (−18.31) | (−4.33) | (−16.11) | (−18.31) | (−4.33) | (−17.82) |
| $age$ | −0.0006 | −0.0071 | 0.0013 | −0.0006 | −0.0071 | 0.0013 |
| | (−0.21) | (−1.57) | (0.83) | (−0.21) | (−1.57) | (0.89) |
| $lirun$ | 2.2700*** | 0.6862*** | 1.2022*** | 2.2700*** | 0.6862*** | 1.0142*** |
| | (17.15) | (3.61) | (15.58) | (17.15) | (3.61) | (15.11) |

---

[①] 刘晴、张燕、张先锋:《为何高出口密集度企业的生产率更低? ——基于固定成本异质性视角的解释》,《管理世界》2014 年第 10 期,第 47~56 页。

[②] 范剑勇、冯猛:《中国制造业出口企业生产率悖论之谜:基于出口密度差别上的检验》,《管理世界》2013 年第 8 期,第 16~29 页。

| 变量 | 考虑左删失 | | | 考虑左右删失 | | |
|---|---|---|---|---|---|---|
| | （1） | （2） | （3） | （4） | （5） | （6） |
| | 高出口密集度 | 中出口密集度 | 低出口密集度 | 高出口密集度 | 中出口密集度 | 低出口密集度 |
| lnwage | 0.1773*** | −0.1044 | 0.2777*** | 0.1773*** | −0.1044 | 0.2657*** |
| | (8.11) | (−0.80) | (6.40) | (8.11) | (−0.80) | (6.43) |
| lnbutie | −1.8574*** | 0.4994 | −0.6098*** | −1.8574*** | 0.4994 | −0.5850*** |
| | (−3.22) | (0.59) | (−3.33) | (−3.22) | (0.59) | (−3.38) |
| syz1 | 0.0586 | 0.4297*** | −0.0068 | 0.0586 | 0.4297*** | −0.0415 |
| | (0.66) | (2.81) | (−0.11) | (0.66) | (2.81) | (−0.81) |
| syz3 | 0.0494 | −0.0059 | 0.0351 | 0.0494 | −0.0059 | 0.0443 |
| | (1.06) | (−0.07) | (0.94) | (1.06) | (−0.07) | (1.29) |
| 年份效应 | 是 | 是 | 是 | 是 | 是 | 是 |
| Anderson canon. corr. LM 检验 | 494.246 [0.00] | 21.354 [0.00] | 50.33 [0.00] | 494.246 [0.00] | 21.354 [0.00] | 74.709 [0.00] |
| Cragg−Donald Wald $F$ 检验 | 256.005 {19.93} | 10.71 {19.93} | 25.202 {19.93} | 256.005 {19.93} | 10.71 {19.93} | 37.45 {19.93} |
| Sargan 检验 | 0.38 | 0.47 | 0.44 | 0.38 | 0.47 | 0.57 |
| 样本数 | 17918 | 4811 | 33285 | 17918 | 4811 | 31232 |
| $R^2$ | 0.18 | 0.11 | 0.06 | 0.18 | 0.11 | 0.15 |

注：Anderson canon. corr. LM 检验和 Cragg−Donald Wald $F$ 检验为工具变量有效性检验，Sargan 检验为过度识别检验，表中为 $P$ 值。[ ]内数值为相应检验统计量的 $P$ 值，{ }内数值为 Stock−Yogo 检验的临界值，( )内的数值为 $t$ 值，***、** 分别表示在 1%、5% 的水平上显著。

对上述结果，我们认为主要与两个因素有关，一是中国出口贸易的技术结构，二是政府的鼓励扶持性政策。对前者，杜修立和王维国认为，中国出口贸易的技术结构长期没有得到提高，呈现出"两头收缩，中间扩张"的特征，即处于技术含量高、低两端的产品出口份额显著下降，而处于中等与中下等技术含量的产品出口份额大幅度上升。[①] 出口技术结构上的劣势，导致中国出口密集度高的企业多通过贴牌或代工的方式参与到全球价值链中劳动密集型、技术含量低的低端生产制造与组装环节。受制于发达国家消费者对进口产品质量、性能的要求，中国出口企业也普遍购买国外关键生产设备，这就形成了对发达国家先进生产设备的引进依赖和成本降低型生产效率的提升，而不是其自身自主创新能力或技术创新型生产效率的提升，最终导致出口密集度高的企业通过出口更多的商品获得了低生产率水平的规模扩张，落入"扩张陷阱"，使得企业生产率增长速度下降。另一方面，政府对出

① 杜修立、王维国：《中国出口贸易的技术结构及其变迁：1980—2003》，《经济研究》2007 年第 7 期，第 137~151 页。

41

口密集度高的企业提供诸多鼓励和扶持政策有助于减少企业的可变成本,使企业获取超额销利润,这可能会导致企业缺乏动力去改善经营和寻求节约成本的方法。同时,当高出口密集度企业获得的补贴收入很高时,企业可能更有兴趣进行"寻补贴"投资,而不是将资源用于提高生产率。

## 2.4　本章小结

大量企业层面的国际贸易经验研究显示,出口企业比非出口企业有更高的生产率水平,但对出口是否能够提升企业生产率没有达成一致的结论。即使在部分支持出口学习效应的文献中,对出口企业的生产率优势来源也众说纷纭。鉴于此,本章从企业出口动态的角度出发,首先梳理分析了中国对外贸易商品结构及出口持续时间的变化,发现工业制成品出口占据着出口商品的主导地位,劳动密集型产品出口占总出口的比重先升后降且整体占比低于资本技术密集型产品占比。从进口方面看,资本技术密集型产品和工业制成品进口所占比重较高。从国别结构看,中国贸易伙伴遍布六大洲,辐射全球229个国家(地区),且与"一带一路"沿线地区的贸易关系在逐步强化。

其次,在探讨出口决策对生产率影响的基础上更进一步,研究出口持续时间如何影响企业的生产率。利用1998年至2007年的中国工业企业数据库,我们发现不同类型的出口企业在国际市场上的表现有很大差异,资本技术密集型、高出口密集度、高生产率的企业出口持续时间更长,面临失败事件的风险也更低。利用多种实证方法,我们均得出了出口持续时间有利于提高企业生产率水平,企业出口时间每增加一年,生产率增幅约为14%。通过增加控制变量、考虑左右删失的情形及利用生产率分解进行再检验等一系列稳健性检验,发现该结论是稳健的。

最后,企业生产率对出口持续时间的异质性反应主要体现在:① 出口持续时间对资本技术密集型企业生产率的影响大于对劳动密集型企业生产率的影响;② 出口持续时间对低出口密集度企业生产率的提升效果大于对中高出口密集度企业生产率的提升效果。对上述结论,我们重点从出口学习效应的角度进行解释,出口学习效应注重的不是出口行为本身,而是企业通过出口提升了知识学习能力和自主创新能力。显然,不同类型的企业在促进外部知识的有效流动、吸收和转移,使之逐渐内生化的能力上是有差异的,这也导致它们通过出口获取生产率提升的幅度有很大差异。

# 3 中国进口产品质量与企业持续出口

改革开放40多年来,引进先进技术、鼓励核心设备和关键零部件等中间品进口,生产符合国际出口市场要求的产品来提升出口产品的国际竞争力,成为中国对外贸易"出口奇迹"的重要保障;但不可否认,由此引致的"为出口而进口"现象,也正成为困扰中国对外贸易持续稳定发展的重要掣肘。据海关数据统计,2017年中国中间品进口占总进口比重超过75%,在此带动下出口规模达到22635亿美元,成为世界第一大出口国;但同期中国全球竞争力仅列第28位,且企业的出口持续时间均值不足两年。[①] 对上述出口稳定性与贸易(规模)地位的现实背离,无论赫克歇尔-俄林(H-O)理论基于要素禀赋差异稳定性的阐述,还是贸易搜寻成本模型认为进口方基于搜寻成本的考虑不会轻易终止贸易关系的论断,都没有对该问题给出明确的解释。因此,在外部贸易政策不确定性加剧和国内"优进优出"的外贸改革压力下,透彻分析上述现象并提出有效的应对之策,对缓解中国出口企业"国际市场竞争力低、生存时间短、出口市场不稳定"的窘境、加快对外贸易转型升级具有重要理论价值和政策意义。

与本章密切相关的一类文献是针对进口中间品质量与出口贸易问题的相关研究,且主要集中在中间品贸易对企业生产率、出口技术复杂度、出口规模、出口产品质量及国际分工收益等方面的影响。此后,巴斯和施特劳斯-卡恩(Bas & Strauss-Kahn)的研究认为,较高

---

① 数据来源:世界经济论坛,《2018年全球竞争力报告》,2020年3月5日。

的中间品质量能够促进企业出口增加和出口产品升级。[①] 在余淼杰和李乐融测算进口中间品质量的基础上,诸竹君等认为进口中间品质量在静态下对企业出口国内增加值率(DVAR)起到抑制作用,动态下与加工贸易显著负相关,与一般贸易相关性不显著。[②] 此外,有学者从中间品进口价格、出口结构等角度,基于进口中间品技术外溢效应和多样化效应探究中间品进口与出口的关系,而对窥探企业持续出口极为重要的中间品进口质量视角的研究并不多见。耿晔强和史瑞祯初步探讨了进口中间品质量升级对企业出口绩效的积极作用。[③] 但已有研究很少考察进口中间品质量在企业出口贸易持续时间上的作用,也并未就进口中间品质量对企业持续出口的异质性影响和作用渠道进行深入细致的探讨。

与本章相关的另一类文献是关于贸易持续时间及其影响因素的研究。已有研究表明,无论发达国家还是发展中国家,均存在贸易关系较为短暂且存在负时间依赖性,即随着贸易持续时间的延长,贸易关系失败的危险率会下降。基于以上事实,学者就贸易持续时间的影响因素进行了探讨,如萨布霍罗(Sabuhoro)等从企业视角发现企业出口持续时间与出口目的国数量及目的国新出口商占比等因素显著相关。有学者基于英国企业数据研究发现,企业生产率等能力改善将显著延长企业的出口持续时间。此后,罗胜强和鲍晓华基于反倾销,何文韬基于知识产权保护,周定根等基于贸易政策不确定性等外部因素解释了其对出口持续时间的影响。除此之外,学者发现企业核心产品的出口持续时间明显较长,并认为企业融资约束加剧会降低持续出口概率;而刘海洋等则指出进口中间品会延长企业生存时间。上述研究从多个方面对企业出口持续时间问题进行了解释,但大多强调外部因素和企业特征的影响,对中间品进口质量及其影响出口持续时间机制的探讨依然较为匮乏。[④]

---

① Bas, M. and Strauss-Kahn, V. "Input-Trade Liberalization, Export Prices and Quality Upgrading", *Journal of International Economics*, vol. 95, no. 2(2015), pp. 250–262.

② 余淼杰、李乐融:《贸易自由化与进口中间品质量升级——来自中国海关产品层面的证据》,《经济学(季刊)》2016 年第 3 期,第 1011~1028 页;诸竹君、黄先海、余骁:《进口中间品质量、自主创新与企业出口国内增加值率》,《中国工业经济》2018 年第 8 期,第 116~134 页。

③ 耿晔强、史瑞祯:《进口中间品质量与企业出口绩效》,《经济评论》2018 年第 5 期,第 90~105 页。

④ Sabuhoro, J. B., Larue, B. and Gervais, Y. "Factors Determining the Success or Failure of Canadian Establishments on Foreign Markets: A Survival Analysis Approach", *The International Trade Journal*, vol. 20, no. 1(2006), pp. 33–73; Harris, R. and Li, Q. C. "Participation in Export Markets and the Role of R&D: Establishment-Level Evidence from the UK Community Innovation Survey 2005", *Applied Economics*, vol. 43, no. 23(2011), pp. 3007–3020;罗胜强、鲍晓华:《企业会因为遭遇反倾销而增加出口吗》,《国际贸易问题》2018 年第 3 期,第 124~137 页;何文韬:《中国知识产权海关保护、企业生产率与出口动态研究》,《国际贸易问题》2019 年第 6 期,第 46~64 页;周定根、杨晶晶、赖明勇:《贸易政策不确定性、关税约束承诺与出口稳定性》,《世界经济》2019 年第 1 期,第 51~75 页;刘海洋、林令涛、李侨婷:《进口中间品与中国企业生存扩延》,《数量经济技术经济研究》2017 年第 12 期,第 58~75 页。

当然,除上述两类文献外,关于贸易与企业成本加成的相关研究仍值得关注。自梅利兹和奥塔维亚诺开创性地将企业成本加成率内生化纳入异质性企业模型后,学者开始从经验分析角度围绕贸易与企业加成率开展了诸多研究。[①] 德洛克和瓦尔任斯基(De Loecker & Warzynski)基于法国企业数据,研究发现出口企业具有更高的加成率,且竞争政策和贸易政策都能作用于加成率。[②] 库格勒和维胡根(Kugler & Verhoogen)利用哥伦比亚制造业数据,发现产品质量通过"竞争逃离效应"提升加成率。[③] 与上述文献不同,国内研究发现,出口企业加成率低于非出口企业,并认为贸易政策、国内市场分割、融资约束和出口产品质量是导致上述"低价出口之谜"的重要原因。此外,黄先海等认为较低的全球价值链地位和融资约束导致中间品进口企业加成率较低。[④] 毛其淋和许家云进一步分析了中间品贸易自由化对企业成本加成定价能力的提升作用,且其影响程度在时间趋势上呈现"倒 U 形"特征。[⑤] 在此基础上,樊海潮等发现进口中间品关税下降会使多产品出口企业的成本加成率提高,且对非核心产品的调整幅度较大。[⑥]

与已有研究不同,本章拟从成本加成角度考察进口中间品质量是否能有效促进企业在出口市场的稳定性,这种促进作用的内在传导机制是什么,成本加成扮演了何种角色?回答上述问题,我们需要厘清的是,对传导机制的研究是从微观角度检验企业进口中间品"由量到质"的贸易方式转变是否有利于企业持续出口的重要依据;对成本加成作用的研究则可以明确在利用进口高质量中间品延长企业出口持续时间中政府相关政策的侧重点。因此,本章基于匹配后的 1999 年至 2011 年中国工业企业数据和海关数据,利用 Logit 模型、Probit 模型和离散 Cloglog 生存分析方法等多种计量方法,在构造工具变量的条件下,基于企业异质性分析(所有制、企业规模和要素密集度等)实证检验进口中间品质量、成本加成对企业持续出口的影响。本章的创新点体现在如下方面。第一,基于成本加成视角,考察进口中间品质量影响中国企业持续出口的理论机制与影响效应,推进了已有的将进口中间品质量与企业出口持续时间的决定因素相互独立的研究;有利于解释"为出口而进口"的现状背后中国企业出口持续时间短暂的现象。第二,研究设计上,利用离散时间 Cloglog

① Melitz, M. J. , Ottaviano, G. I. P. "Market Size, Trade, and Productivity", *The Review of Economic Studies*, vol. 75, no. 1 (2008), pp. 295–316.
② De Loecker, J. , Warzynski, F. "Markups and Firm-Level Export Status", *American Economic Review*, vol. 102, no. 6(2012), pp. 2437–2471.
③ Kugler, M. and Verhoogen, E. "Prices, Plant Size, and Product Quality", *The Review of Economic Studies*, vol. 79, no. 1 (2012), pp. 307–339.
④ 黄先海、诸竹君、宋学印:《中国中间品进口企业"低加成率之谜"》,《管理世界》2016 年第 7 期,第 23~35 页。
⑤ 毛其淋、许家云:《中间品贸易自由化的生产率效应——以中国加入 WTO 为背景的经验研究》,《财经研究》2015 年第 4 期,第 42~53 页。
⑥ 樊海潮、李亚波、张丽娜:《进口产品种类、质量与企业出口产品价格》,《世界经济》2020 年第 5 期,第 97~121 页。

生存分析方法全面考察了进口中间品质量对中国企业出口持续时间的影响,并且构造了企业层面进口来源国专利数量和企业层面进口中间品关税等工具变量来更为准确地识别上述影响效应。同时,采用多种进口中间品质量指标和考虑 WTO 冲击等多重稳健性检验和异质性分析,进一步识别了上述影响。第三,更有意义的是,本章深入剖析了企业出口产品专业化和多元化选择策略问题,揭示了出口产品范围调整在进口中间品质量与企业持续出口时间之间的作用机理。一方面,对企业出口产品专业化和多元化选择策略的深入剖析,使得本研究更加逼近贸易现实;另一方面,对企业出口产品选择策略的关注,有助于更深入地理解出口企业在进口中间品质量影响下的出口策略调整,从而为中国企业实现稳定持续的出口提供政策参考。

## 3.1 理论分析与研究假设

自梅利兹提出异质性企业贸易理论以来[1],学者将产品质量差异纳入异质性研究框架,进一步探讨了进口中间品质量对出口国内增加值率、出口绩效及企业生产率等的影响。[2] 对进口中间品质量影响企业出口的路径,从理论上看,一方面是基于生产率提升的技术溢出路径。内生经济增长理论和新贸易理论均认为进口贸易是知识溢出的渠道之一,主要原因在于企业进口中间品物化了出口国企业较多的专业技术知识和相应的研发成果,代表着更高的质量水平。而进口先进的和更高质量的中间投入品可以帮助企业摆脱自身生产技术约束和国内中间投入的资源限制,通过技术溢出促进企业生产率的提升。随着生产率的提升,企业支付跨越出口市场门槛的沉没成本能力增强,进而通过出口决策中的"自选择"机制提升企业的持续出口能力。因此,对大多数发展中国家企业而言,当高质量产品的需求难以在国内得到满足,进口高质量中间品就成为获得国外技术的重要渠道,并基于此提升企业出口国际竞争力和出口持续时间。另一方面是基于中间品进口的成本节约路径。高质量中间投入品的进口,可以有效节约企业生产成本,并帮助企业更为轻松地跨过出口门槛,提升企业出口概率。同时,就贸易成本而言,进口固定成本和出口固定成本之间具有很强的替代性,即企业在支付进口固定成本后,出口的固定成本会有效降低。那么,基于此

[1] Melitz, M. J. "The Impact of Trade on Intra-Industry Reallocations and Aggregate Industry Productivity", *Econometrica*, vol. 71, no. 6(2003), pp. 1695–1725.

[2] Bellone, F., Kiyota, K. and Matsuura, T., et al. "International Productivity Gaps and the Export Status of Firms: Evidence from France and Japan", *European Economic Review*, vol. 70(2014), pp. 56–74.

逻辑,高质量中间品进口将会促进企业持续出口。因此,本章提出假说1。

假说1:在控制其他因素的情况下,进口中间品质量的提升促进了企业持续出口。

对进口中间品质量如何促进企业持续出口,已有研究主要从企业生产率出发,认为一国进口高质量中间品会通过进口学习和与本土企业研发的互补作用影响企业生产率。其中,凭借生产优势,高生产率企业通常生产高质量产品,并以较高的产品价格销售。而企业生产率通常作为成本加成中边际成本的替代变量,企业生产率越高,单位产出的投入成本越低,其成本加成率就越高。对此,安东尼迪斯(Antoniades)基于异质性企业贸易框架,发现高生产率企业通过提升产品质量应对进口竞争并提升了企业成本加成。[1] 来自中国的经验事实,同样证实中间品贸易自由化通过产品质量升级效应会提高多产品出口企业的产品加成率,尤其是对核心产品的影响尤为显著。[2] 樊海潮和张丽娜同样利用德洛克的方法,发现进口中间品关税下降会通过提升出口产品成本加成,进而优化企业内资源配置和出口产品排序。[3] 不仅如此,成本加成率的提高一方面会提升产品定价能力并抬高出口产品价格,进一步使得企业利润率上升,直接促进企业持续出口并延长出口时间;另一方面会带来生产效率改进并降低边际成本,进而通过影响企业支付跨越出口市场门槛的沉没成本能力来影响企业出口持续时间。因此,通过出口产品价格的提升和边际成本的下降,成本加成会延长企业的出口持续时间。

基于上述分析,为了规避出口市场的竞争压力和替代威胁,企业进行异质性资源投资,加大与同类企业的差异化程度,如研发全新的技术和产品等。相比于模仿学习,异质性资源投资在提升企业生产率的同时,可以通过差异化提高市场势力。祝树金等[4]的研究,就证实了进口竞争通过"成本效应"和"质量效应"会显著改善企业产品出口加成率,尤其是异质性产品进口质量的提升有利于促进企业出口加成率提高。因此,企业进口中间品质量的提高有助于企业掌握先进的国外技术,激励企业加大研发创新,使产品差异化程度提升,进而提升了企业自身产品质量和企业市场势力。而市场势力的上升会提高产品价格,降低边际成本并提升成本加成率,进而延长企业出口持续时间。所以,进口中间品质量的提升通过生产率提升的技术溢出效应和成本节约机制及竞争引致的价格效应等,会提高企业成本

---

[1] Antoniades, A. "Heterogeneous Firms, Quality, and Trade", *Journal of International Economics*, vol. 95, no. 2 (2015), pp. 263–273.

[2] 祝树金、钟腾龙、李仁宇:《中间品贸易自由化与多产品出口企业的产品加成率》,《中国工业经济》2018年第1期,第41~59页。

[3] 樊海潮、张丽娜:《贸易自由化、成本加成与企业内资源配置》,《财经研究》2019年第5期,第139~152页。

[4] 祝树金、钟腾龙、李仁宇:《中间品贸易自由化与多产品出口企业的产品加成率》,《中国工业经济》2018年第1期,第41~59页。

加成率,并延长企业的出口持续时间。基于上述分析,本章提出假说2。

假说2:进口中间品质量提升,通过成本加成机制,延长企业出口持续时间。

出口产品多元化和专业化问题是企业出口贸易进程中面临的重要决策,也是异质性企业贸易理论优化资源配置的核心逻辑。已有研究表明,出口集约边际会受到外部冲击并引致贸易条件恶化,而企业采取产品多元化策略可以使其取得竞争优势和贸易福利,并以此获得生存和发展。来自美国(出口多元化企业占比58%)、中国(出口多元化企业占比75%)等贸易大国的贸易实践也证实,[1]国际贸易中出口产品多元化企业普遍存在,且占据着绝大多数的出口份额。当然,企业出口产品过度多元化,也会导致企业资源利用过于分散而削弱核心竞争力并不利于其持续出口。部分研究也分析了出口产品多元化给企业持续出口带来的负面影响。一方面,贸易自由化通过出口竞争和门槛效应,将生产率较低的企业和低质量产品淘汰;且激烈的市场竞争也会降低企业利润并缩小产品范围。另一方面,出口贸易成本效应的存在,也使得企业生产的边际成本会随着产品种类的增加而上升,基于此考虑企业的出口决策会由产品多元化向专业化过渡。

那么,进口中间品质量对企业持续出口的影响效应是否因出口产品范围调整而存在差异。对此,学者初步研究认为,中间品贸易自由化有利于提升多产品出口企业的成本加成率,而企业加成率的提高会显著延长出口持续时间。进一步来看,当面临贸易自由化竞争时,企业可以选择出口产品专业化和集中资源生产核心产品来实现生产率和成本加成率的提升,并形成出口竞争优势。但出口产品专业化在应对外部贸易政策不确定性冲击时,也会面临产生较大损失的风险。而适度的出口产品多元化则会有效化解上述风险并延长企业出口持续时间。同时,持续出口的企业也会在贸易自由化进程中实现出口产品多元化,而非出口企业及由非出口转向出口的企业则倾向于出口产品专业化。[2] 综上来看,当进口中间品质量提升时,适度的出口产品多元化比出口产品专业化,更能促进企业持续出口。所以,我们提出假说3。

假说3:进口中间品质量的提升,对适度出口产品多元化企业在持续出口方面的促进作用强于出口产品专业化企业。

① Bernard, A. B., Jensen, J. B. and Redding, S. J., et al. "Wholesalers and Retailers in US Trade", *American Economic Review*, vol. 100, no. 2(2010), pp. 408–413.

② Nocke, V. and Yeaple, S. R. "Globalization and Multiproduct Firms", *International Economic Review*, vol. 55, no. 4(2014), pp. 993–1018.

## 3.2 中国企业出口持续时间的分布特征

### 3.2.1 数据说明

本章样本期间为 1999 年至 2011 年,在实证研究中共采用了两套数据:第一套数据是中国海关进出口企业交易信息,包括产品 HS 八位码编码、进口来源地、进口数量和金额等,用于测算企业进口中间品质量、出口产品多样化指数等。此外,我们将 HS 编码与广泛经济类别分类 BEC( Broad Economic Categories)代码匹配,将 BEC 代码为"111""121""21""22""31""32""42""53"的产品视为中间品[①];第二套数据是中国工业企业数据库,由于该套数据存在统计指标变更、企业代码重复、数据缺失等问题,本章借鉴聂辉华等[②]的方法对原样本进行初步处理。最后,我们参照毛其淋和许家云[③]的做法对两套数据库进行匹配和处理。

由于本章使用离散时间 Cloglog 生存分析模型,对可能存在的数据删失问题做以下说明。一是研究区间为 1999 年至 2011 年,如果企业在 1999 年有出口,就无法确切知道企业的持续出口时间,即存在左删失问题。我们仅保留在 2000 年至 2011 年有出口的企业,并且在 1999 年没有出口的企业,以此来解决左删失问题。二是如果企业在 2011 年有出口,就无法得知企业退出出口市场的确切时间,即存在右删失问题。陈勇兵等证实了离散时间 Cloglog 生存分析模型可以恰当地处理右删失问题。[④] 此外,在测算企业出口持续时间时,还应注意多个持续时间段问题。本章借鉴陈勇兵等的做法,将多个持续时间段视为相互独立的时间段。

### 3.2.2 进口中间品质量计算与特征性事实

#### 3.2.2.1 进口中间品质量测算

本章对进口中间品质量( quality)的度量方法参考戈德贝里( Godberg)等及余淼杰和李

---

① 借鉴:Feng,L.,Li,Z. and Swenson,D. L. " The Connection Between Imported Intermediate Inputs and Exports:Evidence from Chinese Firms", *Journal of International Economics*, vol. 101( 2016),pp. 86~101。

② 聂辉华、江艇、杨汝岱:《中国工业企业数据库的使用现状和潜在问题》,《世界经济》2012 年第 5 期,第 142~158 页。

③ 毛其淋、许家云:《中间品贸易自由化的生产率效应——以中国加入 WTO 为背景的经验研究》,《财经研究》2015 年第 4 期,第 42~53 页。

④ 陈勇兵、李燕、周世民:《中国企业出口持续时间及其决定因素》,《经济研究》2012 年第 7 期,第 48~61 页。

乐融的研究。[1] 其背后的经济逻辑是对同一进口国(以中国为例)而言,当两个国家出口同等数量和价格的同一中间品到中国时,却在中国占有不同的市场份额,则来自不同出口国的中间品质量必然具有较大的差异性。从市场份额的角度来看,中间品的市场份额越大,意味着这种产品的质量越高。因此,进口中间品质量是进口中间品市场份额中不能被价格和进口份额所解释的部分。其具体估计方程如式(3-1)。

$$\log(s_{cht}) = \lambda_{1,ch} + \lambda_{2,t} + \alpha\log(p_{cht}) + \beta\log(ns_{cht}) + \lambda_{3,cht} \tag{3-1}$$

其中,$s_{cht}$ 为中间品 $ch$ 的市场份额,即中间品在 $t$ 年进口数量与中间品所属整个行业 $k$ 的市场规模的比值。市场规模采用行业层面进口数量除以行业层面的进口渗透率来表示。进口渗透率借鉴钱学锋等[2]的研究,以行业进口额与行业产出额之比衡量。$ns_{cht}$ 是同一产品类别 $h$(HS 八位码)中中间品 $ch$ 的进口份额。$p_{cht}$ 为 $t$ 年中间品 $ch$ 的单位价值,即价格。$\lambda_{1,ch}$ 和 $\lambda_{2,t}$ 分别是中间品 $ch$ 的固定效应和年份固定效应。通过式(3-1)所得系数计算出进口中间品质量如式(3-2)所示。

$$\hat{\lambda}_{cht} = \hat{\lambda}_{1,ch} + \hat{\lambda}_{2,t} + \hat{\lambda}_{3,cht} \tag{3-2}$$

$\hat{\lambda}_{cht}$ 为本章估计出的进口中间品质量,是中间品固定效应、年份固定效应和残差项($\hat{\lambda}_{3,cht}$)之和,$\hat{\lambda}_{3,cht}$ 即进口中间品市场份额中不能被价格和进口份额所解释的部分。本章以中间品 $ch$ 进口额($m_{chit}$)占企业进口中间品总额的比值为权重将产品层面的进口中间品质量加总到企业层面($quality_{it}$),具体见公式(3-3)。

$$quality_{it} = \sum_{chi \in i} \frac{m_{chit}}{\sum_{chi \in i} m_{chit}} \hat{\lambda}_{cht} \tag{3-3}$$

### 3.2.2.2　特征性事实

基于海关数据库测算得到的中国进口中间品质量,进口中间品质量大多介于 0.65~0.79。在整个样本期间中国企业的进口中间品质量在 2000 年至 2005 年有小幅度波动,在 2006 年至 2009 年呈现持续下滑态势,而 2009 年至 2011 年则出现了先升后降的变化。总体来看,进口中间品质量在 2000 年至 2011 年间下降了约 17.1%,表明随着中国全球价值链地位的提升,企业进口中间品质量在样本期内有所下降,具体变化趋势如图 3-1 所示。

---

① Goldberg, P. K., Khandelwal, A. K. and Pavcnik, N., et al. "Imported Intermediate Inputs and Domestic Product Growth: Evidence from India", *The Quarterly Journal of Economics*, vol. 125, no. 4(2010), pp. 1727-1767; 余淼杰、李乐融:《贸易自由化与进口中间品质量升级——来自中国海关产品层面的证据》,《经济学(季刊)》2016 年第 3 期,第 1011~1028 页。
② 钱学锋、范冬梅、黄汉民:《进口竞争与中国制造业企业的成本加成》,《世界经济》2016 年第 3 期,第 71~94 页。

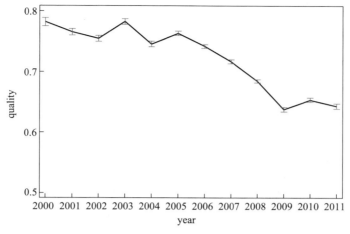

图 3-1　企业进口中间品质量趋势图

### 3.2.3　企业持续出口函数的卡普兰-迈耶估计

#### 3.2.3.1　整体估计及区分进口中间品质量的估计

本章通过对前述中国工业企业数据库和中国海关进出口数据的匹配,得到了68251个观测值。其中,出口持续时间为一年的企业占总企业数比为14.06%,出口持续时间为三年的企业占总企业数比为15.19%,但出口持续时间前三年的累计百分比为47.37%,如表3-1所示。这表明近半数企业出口持续时间在三年及以下,且大多数企业在出口市场的存活时间较短,出口持续时间低于五年,与已有文献基本一致。

表 3-1　企业首个出口持续时间分布

| 出口持续时间/年 | 观测值 | 百分比/% | 累计百分比/% |
| --- | --- | --- | --- |
| 1 | 9593 | 14.06 | 14.06 |
| 2 | 12368 | 18.12 | 32.18 |
| 3 | 10367 | 15.19 | 47.37 |
| 4 | 9953 | 14.58 | 61.95 |
| 5 | 8556 | 12.54 | 74.49 |
| 6 | 6439 | 9.43 | 83.92 |
| 7 | 4599 | 6.74 | 90.66 |
| 8 | 3032 | 4.44 | 95.10 |
| 9 | 1709 | 2.50 | 97.60 |
| 10 | 983 | 1.44 | 99.04 |
| 11 | 515 | 0.76 | 99.79 |
| 12 | 137 | 0.20 | 100 |
| 总企业数目 | 68251 | 100 | — |

本章以进口中间品质量的均值作为划分标准,将企业进口中间品质量分为高进口中间品质量组和低进口中间品质量组,以观察进口中间品质量对企业出口持续时间的影响,生存函数卡普兰-迈耶估计见图3-2(a)。从中可以看出,第一,两组企业的卡普兰-迈耶生存曲线呈下降趋势,且生存曲线在企业出口的第一年后下降幅度最大,即贸易关系在贸易初期的失败概率最大;第二,与低进口中间品质量组相比,高进口中间品质量组的生存概率在各持续时间分布上均明显高于低进口中间品质量组,说明高进口中间品质量组的企业生存时间相对较长。上述结论符合前文的理论预期。

### 3.2.3.2 不同特征变量下的对比分析

第一,分所有权估计。本章在区分高进口中间品质量和低进口中间品质量的基础上,按照内资企业[①]和外资企业进行分组,图3-2(b)为不同所有权企业的卡普兰-迈耶生存曲线。图3-2(b)显示,无论内资企业还是外资企业,在整个持续时间段,进口中间品质量较高组别的生存曲线均位于进口中间品质量较低的组别之上,说明进口中间品质量提高使得企业的生存概率上升。与此同时,在前五年,内资企业的生存概率大于外资企业,可能原因在于外资企业以占领中国市场为目的、减少出口的市场定位有关。而在之后的时间段,部分出口外资企业先进的管理体制、品牌知名度高等竞争优势逐渐显现,其在出口市场的生存概率逐渐高于内资企业。

第二,分行业要素密集度估计。对不同要素密集度行业的企业而言,其在出口市场上的生存率会随着出口持续时间发生改变。在出口前五年,进口中间品质量相同的条件下,技术密集型企业的生存率明显高于资本和劳动密集型企业,从第六年开始差距逐渐变小[如图3-2(d)、图3-2(e)和图3-2(f)]。同时,对劳动密集型企业而言,高进口中间品质量组与低进口中间品质量组的生存概率差距较大,说明对劳动密集型企业,进口中间品质量对企业生存起到的促进作用较大。

第三,分市场分割程度估计。如图3-2(c)所示,对不同市场分割程度地区的企业而言,在同一出口持续时间段,进口中间品质量相同的情况下,高市场分割地区的企业生存概率显著高于低市场分割地区的企业,且二者差距较大。此外,无论高市场分割地区还是低市场分割地区,高进口中间品质量组的企业将面临更高的生存概率。

综上所述,以上结果说明进口中间品质量相同时,资本技术密集型企业、内资企业及高市场分割地区的企业在出口市场上的生存概率更大,出口持续时间更长。

---

① 内资企业包括国有企业和民营企业。

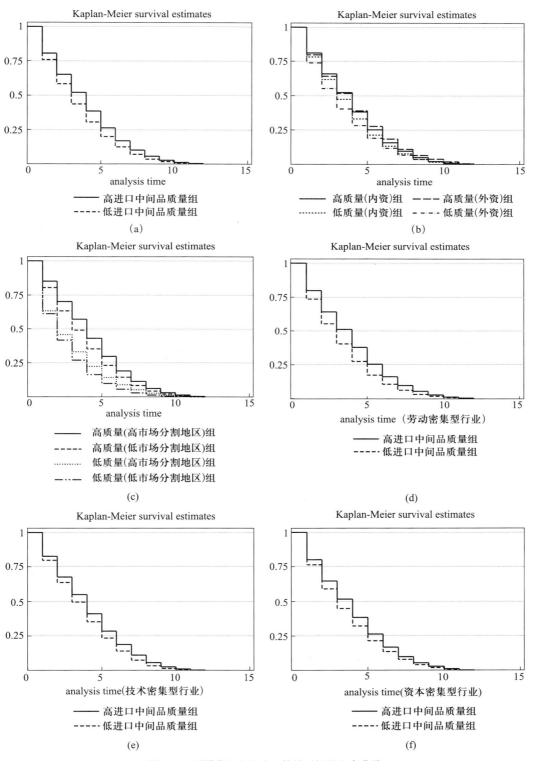

图 3-2 不同分组企业出口持续时间的生存曲线

### 3.3 模型设定与计量分析

#### 3.3.1 模型设定

本章应用高尔格（Gorg）的方法[①]，构建离散时间 Cloglog 生存分析模型如式（3-4）。

$$\ln[h_v(t,X)]=\gamma_t+X'\beta+\mu \tag{3-4}$$

其中，$i$ 表示企业，$t$ 表示时间，协变量 $X'$ 为解释变量的集合；$h_v(t,X)$ 是 $t$ 年给定协变量 $X$ 的企业危险率；$v$ 表示企业不可观测的异质性；$\gamma_t$ 是非给定的随时间变化的基准危险函数，$\beta$ 为系数；此外，本章假设误差项 $\mu=\ln(v)$ 服从正态分布。

在式（3-4）的基础上，加入本章的解释变量，进而得到离散时间 Cloglog 生存分析模型如式（3-5）。

$$\ln[h_v(t,X)]=\alpha_0+\alpha_1 quality_{it}+\alpha_2 P+\gamma_t+v_j+v_d+\mu \tag{3-5}$$

其中，$quality_{it}$ 为 $t$ 时期企业 $i$ 的进口中间品质量；协变量 $P$ 为企业层面其他特征变量，包括企业的生产率、规模、年龄、年龄平方项、融资约束能力，以及初始出口贸易额；$v_j$ 和 $v_d$ 分别表示行业和地区固定效应；$\alpha_0$、$\alpha_1$、$\alpha_2$ 为系数，其他变量与式（3-4）相同。由于因变量为出口风险率的对数，当自变量的系数为正，表明其会导致企业持续出口概率下降；反之，如果系数为负，则表明其会使得企业持续出口概率上升，有利于延长企业出口持续时间。

#### 3.3.2 变量选取

本章被解释变量记为 $Fail$。就持续出口来说，当企业的失败变量 $Fail$ 为 1 时，表明该企业从出口市场退出，即出口交货值为 0，否则 $Fail$ 为 0。如果企业在 2011 年仍未退出市场，则该企业 $Fail$ 每一年都赋值为 0。

本章主要考察进口中间品质量对企业持续出口的影响，除企业进口中间品质量外，本章加入以下控制变量：① 企业规模（$lnscale$）：企业平均从业人数的对数。阿加瓦尔（Agarwal）也发现企业规模越大，越可能抵御外部冲击进而保持较长的出口持续时间；[②]

---

① 借鉴：Alessandria, G., Kaboski, J. P. and Midrigan, V. "Inventories, Lumpy Trade, and Large Devaluations", *American Economic Review*, vol. 100, no. 5 (2010), pp. 2304-2339.

② Agarwal, R. N. "Indian Engineering Firms: Globalization, Technical Efficiency and Export Behaviour", *Productivity* vol. 42 (2001), pp. 106-114.

② 企业生产率(lntfp):由 LP 方法测算,做法与李宏兵等一致。[①] 通常生产率越高的企业,出口持续时间越长;③ 企业年龄(age):以(企业年份-企业成立年份+1)来衡量,同时考虑到企业年龄容易产生非线性影响,本章也引入年龄平方项;④ 企业初始出口额(lnex):出口企业第一年出口额的对数;现有研究表明初始出口额与贸易持续时间存在显著的正相关;⑤ 融资约束(debt):本章采用企业利息与现金流之比来表示融资约束,该值越大证明融资约束越大。一些学者也证实了融资约束的加剧缩短了企业的出口持续时间。[②]

考虑到经济发展呈现的区域不平衡及行业技术差异等因素对企业持续出口状况的影响,本章加入了企业所在行业和地区的固定效应。表 3-2 为具体变量描述性统计。

表 3-2　变量描述性统计

| 变量 | 含义 | 观测值 | 均值 | 标准差 | 最小值 | 最大值 |
|---|---|---|---|---|---|---|
| fail | 企业是否退出出口市场 | 89329 | 0.0514 | 0.2209 | 0 | 1 |
| quality | 企业进口中间品质量 | 89329 | 0.6736 | 0.2266 | 0 | 1 |
| lnscale | 企业规模对数 | 89329 | 5.4513 | 1.2101 | 2.0794 | 12.2009 |
| lntfp | 企业全要素生产率对数 | 89329 | 6.8217 | 1.1725 | -2.6292 | 13.0035 |
| age | 企业年龄 | 89329 | 8.4352 | 6.6485 | 0 | 62 |
| $age^2$ | 企业年龄平方 | 89329 | 115.3550 | 279.5968 | 0 | 3844 |
| lnex | 企业初始出口额对数 | 89329 | 9.3538 | 2.0311 | 0 | 18.8393 |
| debt | 企业融资约束 | 89329 | 0.2188 | 0.2614 | 0 | 4.1311 |

### 3.3.3　计量结果

#### 3.3.3.1　基准估计

表 3-3 报告了离散时间 Cloglog 生存分析模型下进口中间品质量对企业出口持续时间影响效应的估计结果。其中,列(1)在控制了地区固定效应和行业固定效应的基础上,只加入企业进口中间品质量这一核心解释变量,结果显示企业进口中间品质量的估计系数显著为负。列(2)进一步加入了企业层面的特征变量,企业进口中间品质量的估计系数仍然为负并通过了 5% 水平的显著性检验。这表明在控制了其他影响因素之后,进口中间品质量的提高会显著提升企业持续出口概率。此外,本章分别估计首个持续时间段和唯一持续时间段样本来检验回归结果的稳健性,发现在首个持续时间段的估计结果仍然显著为负,

① 李宏兵、蔡宏波、胡翔斌:《融资约束如何影响中国企业的出口持续时间》,《统计研究》2016 年第 6 期,第 30~41 页。
② Harris, R. and Li, Q. C. "Participation in Export Markets and the Role of R&D: Establishment-Level Evidence from the UK Community Innovation Survey 2005", *Applied Economics*, vol. 43, no. 23(2011), pp. 3007-3020.

且进口中间品质量提高所引起的出口风险概率的降低幅度大于总体样本,这可能是因为在企业刚开始出口时,进口中间品质量提高带来的知识技术外溢对企业持续出口的促进效应更强,空间更大,进口中间品质量所带来的促进作用随着企业出口时间的增加而逐渐降低,导致总体样本的系数绝对值下降。除唯一持续时间段外,本章结果总体上是稳健的,验证了假说1。

表3-3 基准估计结果

| 变量 | （1）总体样本 | （2）总体样本 | （3）首个持续时间段 | （4）唯一持续时间段 |
|---|---|---|---|---|
| quality | −0.189*** | −0.163** | −0.236*** | −0.156 |
| | (0.0672) | (0.0677) | (0.0908) | (0.1280) |
| lnscale | — | −0.1150*** | −0.0988*** | −0.1120*** |
| | — | (0.0162) | (0.0226) | (0.0305) |
| lntfp | — | −0.0320** | −0.0898*** | −0.0828*** |
| | — | (0.0159) | (0.0226) | (0.0312) |
| age | — | 0.00787 | 0.04030*** | 0.01970** |
| | — | (0.00496) | (0.00696) | (0.00907) |
| $age^2$ | — | −0.000212 | −0.000816*** | −0.000341 |
| | — | (0.000129) | (0.000194) | (0.000232) |
| lnex | — | −0.155*** | −0.143*** | −0.192*** |
| | — | (0.00747) | (0.01120) | (0.01520) |
| debt | — | 0.628*** | 0.494*** | 0.348*** |
| | — | (0.0504) | (0.0783) | (0.1150) |
| 常数项 | −2.8740*** | 0.0345 | 0.3520 | 0.3420 |
| | (0.712) | (0.732) | (0.740) | (1.044) |
| 地区固定效应 | 是 | 是 | 是 | 是 |
| 行业固定效应 | 是 | 是 | 是 | 是 |
| 对数似然值 | −18026.2600 | −17621.1470 | −10511.5430 | −6262.0188 |
| 样本数 | 89255 | 89255 | 72551 | 65193 |

注:***、**分别表示参数的估计值在1%、5%的统计水平上显著,()内为 $t$ 统计值。

控制变量的回归结果显示,企业规模、生产率及初始出口额的估计系数均显著为负,说明企业规模的扩张、生产率的提升及初始出口额的增加均有利于延长企业的出口持续时间;融资约束的系数显著为正,表明企业的融资约束越大,出口持续时间越短。此外,由企业年龄的估计系数呈正向显著和年龄平方项的估计系数为负向显著可以看出,企业年龄对企业出口风险概率的影响存在倒U形非线性特征,即存在一个企业年龄的门槛值,当出口企业成立时间小于门槛值时,企业出口风险概率随着企业年龄的增加不断上升;当出口企业成立时间大于门槛值时,企业出口风险概率随着企业年龄的增加不断下降。当出口企业成立时间小于门槛值时,企业年龄与出口风险概率的正相关关系可能与企业的调整速度有关,由于企业成立时间较短,规避风险的经验较少,在出口市场中的生存概率较小。此时,成立时间越短,企业根据出口市场环境的变化进行战略调整的速度越快;成立时间越长,企业的组织僵化程度越高,越不利于持续出口。当出口企业成立时间大于门槛值后,企业已经具有一定的品牌知名度、市场认知度,以及规避风险的经验和能力,进而降低了企业的出口风险概率。此时,企业成立时间越长,越了解出口市场,规避风险的能力越强,企业的出口持续时间越长。

### 3.3.3.2 内生性问题的讨论

考虑到企业自身面临的出口市场需求会对企业持续出口产生直接影响,而企业面临的出口市场需求很大程度上影响企业的进口决策,因此,可能存在进口中间品质量与企业持续出口之间的反向因果关系,导致内生性。本章参考茜恩和达(Shin & Tae)[1]及芬斯特拉等[2]的研究思路,采用企业层面进口来源国专利数量和企业层面进口中间品关税作为企业进口中间品质量的工具变量。在方法上,由于离散时间 Cloglog 生存分析模型的特殊性,本章进一步借鉴叶宁华等[3]在生存分析中的处理思路,采用工具变量两步估计法来解决内生性问题。首先,用工具变量对进口中间品质量进行估计,进而得到进口中间品质量的预测值;其次,把基于工具变量法构造的进口中间品质量预测值代入离散时间 Cloglog 生存分析模型中进行重新估计。

专利数量越多的国家出口的产品质量越高,但进口中间品来源国的专利数量变化所带来的冲击,并不会对企业产品出口国的消费需求造成直接影响,从而不会直接影响到中国企业的出口持续时间,满足工具变量的要求。本章根据茜恩和达[4]的方法,将中间品进口来源国的专利申请数目按中间品 $ch$ 进口额占企业进口中间品总额在样本期内的平均比重(固定权重)加权到企业层面,以企业层面中间品进口来源国的专利数量作为工具变量。我们在此部分采用的是固定权重,以避免贸易权重与进口来源国专利数量之间存在内生

① Shin,D. and Tae,J. "Expert System Development Through the Decision-Making Process and Optimization for Classifying Strategic Items", *International Journal of Machine Learning and Computing*, vol. 5, no. 4(2015), pp. 271–276.
② Feenstra, R. C., Li, Z. and Yu, M. "Exports and Credit Constraints Under Incomplete Information: Theory and Evidence from China", *The Review of Economics and Statistics*, vol. 96, no. 4(2014), pp. 729–744.
③ 叶宁华、包群、张伯伟:《进入、退出与中国企业出口的动态序贯决策》,《世界经济》2015 年第 2 期,第 86~111 页。
④ Shin,D. and Tae,J. "Expert System Development Through the Decision-Making Process and Optimization for Classifying Strategic Items", *International Journal of Machine Learning and Computing*, vol. 5, no. 4(2015), pp. 271–276.

性,具体估计结果见表3-4列(1)至列(3)。此外,本章进一步采用芬斯特拉等[①]的方法,以企业层面的中间品进口关税作为工具变量,进口中间品关税的变化会影响进口来源国企业的产品成本,进而影响其出口的中间品质量,但进口中间品关税变化与企业产品出口国的消费需求无关,因此满足工具变量的要求。本章将产品层面的中间品进口关税按中间品 $ch$ 进口额占企业进口中间品总额在样本期内的平均比重(固定权重)加权得到企业层面的进口中间品关税,具体估计结果见表3-4中列(4)至列(6)。

表3-4　内生性问题检验

| 工具变量 | 企业层面进口来源国专利数量 | | | 企业层面进口中间品关税 | | |
|---|---|---|---|---|---|---|
| | (1) | (2) | (3) | (4) | (5) | (6) |
| | 总体样本 | 首个持续时间段 | 唯一持续时间段 | 总体样本 | 首个持续时间段 | 唯一持续时间段 |
| *quality* | −1.339*** | −1.696*** | −1.774* | −3.067*** | −3.393*** | −2.893** |
| | (0.486) | (0.639) | (0.910) | (0.725) | (0.966) | (1.314) |
| ln*scale* | −0.1030*** | −0.0814*** | −0.0912*** | −0.1070*** | −0.0956*** | −0.1080*** |
| | (0.0168) | (0.0233) | (0.0317) | (0.0167) | (0.0231) | (0.0312) |
| ln*tfp* | −0.0170 | −0.0756*** | −0.0724** | 0.0170 | −0.0355 | −0.0380 |
| | (0.0181) | (0.0254) | (0.0351) | (0.0196) | (0.0272) | (0.0376) |
| *age* | −9.66e−05 | 0.02950*** | 0.00638 | −0.00339 | 0.02800*** | 0.00984 |
| | (0.00547) | (0.00754) | (0.01000) | (0.00586) | (0.00821) | (0.01100) |
| $age^2$ | −5.88e−05 | −0.0006*** | −8.49e−05 | −2.44e−05 | −0.0006*** | −0.000202 |
| | (0.000133) | (0.000196) | (0.000236) | (0.000142) | (0.000216) | (0.000268) |
| ln*ex* | −0.159*** | −0.144*** | −0.193*** | −0.161*** | −0.148*** | −0.195*** |
| | (0.00784) | (0.01180) | (0.01610) | (0.00778) | (0.01160) | (0.01570) |
| *debt* | 0.618*** | 0.486*** | 0.333*** | 0.615*** | 0.499*** | 0.362*** |
| | (0.0527) | (0.0822) | (0.1220) | (0.0513) | (0.0786) | (0.1150) |
| 常数项 | 0.691 | 1.138 | 1.246 | 1.196 | 1.652 | 1.938 |
| | (0.778) | (0.820) | (1.156) | (1.093) | (1.157) | (1.271) |
| 第一阶段 F检验 | 1589.40*** | 1320.93*** | 1857.64*** | 1626.39*** | 1381.99*** | 1857.64*** |
| | (0.000) | (0.000) | (0.000) | (0.000) | (0.000) | (0.000) |
| 地区固定效应 | 是 | 是 | 是 | 是 | 是 | 是 |
| 行业固定效应 | 是 | 是 | 是 | 是 | 是 | 是 |
| 对数似然值 | −16326.4020 | −9784.2346 | −5798.3019 | −16976.2410 | −10170.1550 | −6037.4016 |
| 样本数 | 83395 | 68006 | 61144 | 86532 | 70441 | 63323 |

注:***、**、*分别表示参数的估计值在1%、5%、10%的统计水平上显著,()内为 $t$ 统计值。

---

① Feenstra,R. C. ,Li,Z. and Yu,M. "Exports and Credit Constraints Under Incomplete Information:Theory and Evidence from China", *The Review of Economics and Statistics*,vol. 96,no. 4(2014),pp. 729–744.

从表 3-4 的第一阶段 $F$ 检验显著性可见,本章所选的企业层面进口来源国专利数量和企业层面进口中间品关税作为工具变量与内生变量是相关的。从表 3-4 的回归结果可以看出,采用工具变量法后,进口中间品质量的估计系数仍然显著为负,且唯一持续时间段系数由基准回归中的不显著变为负向显著,表明估计结果总体较为稳健。

### 3.3.3.3 稳健性检验

第一,模型设定问题讨论。本章使用 Logit 模型和 Probit 模型替代离散时间 Cloglog 生存分析模型,对模型设定问题进行了检验。如表 3-5 中列(1)和列(2)结果显示,在控制了企业特征变量及行业固定效应和地区固定效应之后,进口中间品质量的估计系数仍然为负且在 5% 水平上显著。因此,本章的估计结果是稳健的,企业进口中间品质量提升会显著降低企业的出口风险,有利于企业持续出口。

第二,使用不同进口中间品质量衡量指标。基准回归中进口中间品质量是参照余淼杰和李乐融[1]的方法计算而来,本章进一步使用施炳展和曾祥菲[2]的方法,重新计算企业进口中间品质量($quality\_s$)。具体测算方法如下:

假定消费者的效用函数满足 CES 形式,即式(3-6)。

$$U = \left\{ \int \left[ \lambda(ch) q(ch) \right]^{\frac{\sigma-1}{\sigma}} dch \right\}^{\frac{\sigma}{\sigma-1}} \tag{3-6}$$

其中,$q(ch)$ 和 $\lambda(ch)$ 分别为产品 $ch$ 的数量和质量,$\sigma > 1$ 是差异化产品之间的替代弹性。假设经济体总支出水平为 1,由代表性消费者效用最大化和公式(3-6)得出产品 $ch$ 对应的消费量为式(3-7)。

$$q(ch) = P^{\sigma-1} \lambda(ch)^{\sigma-1} p(ch)^{-\sigma} \tag{3-7}$$

其中,$P = \left\{ \int \left[ \frac{p(ch)}{\lambda(ch)} \right]^{1-\sigma} di \right\}^{\frac{1}{1-\sigma}}$ 是消费者效用函数对应的价格指数。针对某一产品而言,企业进口产品数量为式(3-8)。

$$q_{ift} = P_t^{\sigma-1} \lambda_{ift}^{\sigma-1} p_{ift}^{-\sigma} \tag{3-8}$$

其中,$i$ 代表企业,$f$ 代表进口产品来源国,$t$ 代表年份,$P$ 表示某一产品在中国市场上的综合价格指数,$\lambda$ 为企业进口产品质量,$p$ 是产品的进口价格。进一步对公式(3-8)两边取对数,并对其回归后,通过公式(3-9)定义企业进口产品质量。

$$quality_{ift} = \ln \hat{\lambda}_{ift} = \frac{\ln q_{ift} - \ln \hat{q}_{ift}}{\sigma - 1} \tag{3-9}$$

---

① 余淼杰、李乐融:《贸易自由化与进口中间品质量升级——来自中国海关产品层面的证据》,《经济学(季刊)》2016 年第 3 期,第 1011~1028 页。

② 施炳展、曾祥菲:《中国企业进口产品质量测算与事实》,《世界经济》2015 年第 3 期,第 57~77 页。

进一步将企业进口产品质量标准化为$[0,1]$之间,使得企业进口产品质量跨期、跨截面可以比较,具体见公式(3-10)。

$$rquality_{ift} = \frac{quality_{ift} - minquality_{ift}}{maxquality_{ift} - minquality_{ift}} \qquad (3-10)$$

本章参照上述方法测算出企业进口中间品质量($quality\_s$),并进一步依据贸易方式的不同,使用上述方法测算出加工企业进口中间品质量($quality\_sz$)和加工企业进口商品质量(包括中间品和资本品,$quality\_sa$)。

表3-5第(3)列展示了基于施炳展和曾祥菲[①]方法测算出的企业进口中间品质量与出口风险概率的估计结果。结果表明,进口中间品质量的系数依然显著为负,即本章的核心结论并不会随着进口中间品质量测算方法的不同而改变。在表3-5列(4)和列(5)中,我们以加工企业进口中间品质量($quality\_sz$)和加工企业进口商品质量(包括中间品和资本品,$quality\_sa$)为核心解释变量。回归结果显示,加工企业进口中间品质量及加工企业进口商品质量的提升缩短了企业出口持续时间。这可能是因为加工企业进口商品大多以占领中国市场为目的而非进一步出口,更不会寻求持续出口。例如,苹果公司的代加工厂每年进口大量的高质量中间品,但生产出的产品大都被中国本土市场消化。

第三,样本考察期(1999年至2009年)。出于对中国工业企业数据库准确性的考虑,本章删除2009年以后的样本,将样本考察期更改为1999年至2009年。如表3-5列(6)结果显示,更改样本考察期后,企业进口中间品质量提升仍有利于企业出口风险概率的降低,表明本章的核心结论并不会随着样本考察期的改变而改变,证明了结果的稳健性。

第四,考虑WTO冲击。本章的样本期内包含中国加入WTO这一事件,而这一事件可能导致企业进口中间品的质量发生结构性变化,同时可能引起企业出口决策发生转变。因此,本章引入WTO冲击的虚拟变量($wto$)及WTO冲击和进口中间品质量的交互项($quality * wto$),研究中国加入WTO这一冲击对企业持续出口的影响。本章将2001年以前(包括2001年)视为WTO冲击前,$wto$虚拟变量为0,将2001年以后视为冲击期间,$wto$虚拟变量为1,回归结果见表3-5列(7)。本章重点关注进口中间品质量与WTO冲击的交互项,回归结果显示,交互项的系数显著为负,说明相对于中国加入WTO前,加入WTO后进口中间品质量的提升更有利于延长企业出口持续时间。其可能的原因是中国加入WTO后,贸易壁垒弱化,出口市场环境更有利于中国企业生存。

---

① 施炳展、曾祥菲:《中国企业进口产品质量测算与事实》,《世界经济》2015年第3期,第57~77页。

表3-5　稳健性检验

| 变量 | Logit 模型 (1) 总体样本 | Probit 模型 (2) 总体样本 | 进口中间品质量 (3) 总体样本 | 加工企业进口中间品质量 (4) 总体样本 | 加工企业进口商品质量 (5) 总体样本 | 样本考察期至2009年 (6) 总体样本 | 考虑 WTO 冲击 (7) 总体样本 |
|---|---|---|---|---|---|---|---|
| quality | -0.1680** (0.0699) | -0.0785** (0.0327) | — | — | — | -0.275*** (0.0764) | 1.243* (0.7400) |
| quality_s | — | — | -0.302*** (0.0668) | — | — | — | — |
| quality_sz | — | — | — | 0.333*** (0.117) | — | — | — |
| quality_sa | — | — | — | — | 0.303*** (0.102) | — | — |
| quality×wto | — | — | — | — | — | — | -1.388* (0.743) |
| wto | — | — | — | — | — | — | 1.807*** (0.595) |
| lnscale | -0.118 0*** (0.01670) | -0.0537*** (0.00772) | -0.1180*** (0.01650) | -0.1180*** (0.02250) | -0.1210*** (0.02160) | -0.1030*** (0.01880) | -0.1160*** (0.01620) |
| lntfp | -0.0328** (0.01640) | -0.0150** (0.00752) | -0.0326** (0.01620) | -0.0284 (0.02160) | -0.0197 (0.02060) | 0.0242 (0.01760) | -0.0286* (0.01590) |

续表

| 变量 | Logit 模型 | Probit 模型 | 进口中间品质量 | 加工企业进口中间品质量 | 加工企业进口商品质量 | 样本考察期至 2009 年 | 考虑 WTO 冲击 |
|---|---|---|---|---|---|---|---|
| | (1) | (2) | (3) | (4) | (5) | (6) | (7) |
| | 总体样本 | 总体样本 | 总体样本 | 总体样本 | 总体样本 | 总体样本 | 总体样本 |
| $age$ | 0.00814 | 0.00386 | 0.00567 | 0.01080 | 0.01630** | 0.03530*** | 0.00492 |
| | (0.00514) | (0.00243) | (0.00507) | (0.00713) | (0.00693) | (0.00576) | (0.00495) |
| $age^2$ | -0.000219* | -0.000103* | -0.000159 | -0.000351* | -0.000473** | -0.000726*** | -0.000150 |
| | (0.000133) | (6.10e-05) | (0.000131) | (0.000203) | (0.000207) | (0.000154) | (0.000127) |
| $\ln ex$ | -0.1610*** | -0.0760*** | -0.1550*** | -0.1440*** | -0.1410*** | -0.1660*** | -0.1560*** |
| | (0.00786) | (0.00383) | (0.00758) | (0.0115) | (0.0107) | (0.00810) | (0.00745) |
| $debt$ | 0.655*** | 0.314*** | 0.630*** | 0.593*** | 0.607*** | 0.418*** | 0.659*** |
| | (0.0535) | (0.0268) | (0.0516) | (0.0674) | (0.0638) | (0.0596) | (0.0502) |
| 常数项 | 0.1820 | -0.1680 | 0.2740 | 0.0335 | -0.0457 | -1.0350 | -1.7690* |
| | (0.775) | (0.369) | (0.737) | (1.016) | (1.013) | (1.032) | (0.945) |
| 地区固定效应 | 是 | 是 | 是 | 是 | 是 | 是 | 是 |
| 行业固定效应 | 是 | 是 | 是 | 是 | 是 | 是 | 是 |
| 对数似然值 | -17620.367 | -17619.552 | -16829.794 | -9503.425 | -10493.913 | -13707.453 | -17590.900 |
| 样本数 | 89255 | 89255 | 84652 | 54738 | 59713 | 67306 | 89255 |

注：***、**、* 分别表示参数的估计值在 1%、5%、10% 的统计水平上显著，( ) 内为 $t$ 统计值。

### 3.3.3.4 异质性分析

**1. 企业层面异质性**

一是区分不同所有权。本章进一步将总样本按企业所有制分组,检验不同所有权下进口中间品质量对企业出口风险的影响,回归结果见表3-6中列(1)和列(2)。从表3-6的回归结果来看,内资企业的进口中间品质量系数为−0.1790,外资企业的系数为0.1750。这意味着进口中间品质量的提升有利于内资企业的持续出口,对外资企业的影响不显著,原因可能在于外资企业进入中国大多以占领中国市场为目的而非进一步加强出口。这说明对不同所有权的企业来说,进口中间品质量对企业持续出口的影响是具有显著差异的。

表 3-6　企业层面异质性检验

| 变量 | (1)<br>内资企业 | (2)<br>外资企业 | (3)<br>大中规模企业 | (4)<br>小规模企业 |
|---|---|---|---|---|
| $quality$ | −0.1790** | 0.1750 | −0.2510*** | 0.0528 |
| | (0.0820) | (0.1230) | (0.0844) | (0.1150) |
| ln$scale$ | −0.135*** | −0.131*** | −0.184*** | −0.119*** |
| | (0.0210) | (0.0255) | (0.0204) | (0.0342) |
| ln$tfp$ | −0.0479** | 0.0508** | −0.0133 | −0.0164 |
| | (0.0220) | (0.0247) | (0.0206) | (0.0264) |
| $age$ | −0.00560 | 0.09970*** | 0.00885 | 0.01150 |
| | (0.00630) | (0.02650) | (0.00619) | (0.01080) |
| $age^2$ | 4.06e−05 | −0.005280*** | −0.000194 | −0.000483 |
| | (0.000141) | (0.00156) | (0.000146) | (0.000472) |
| ln$ex$ | −0.136*** | −0.172*** | −0.145*** | −0.175*** |
| | (0.00975) | (0.01160) | (0.00945) | (0.01200) |
| $debt$ | 0.830*** | 0.550*** | 0.620*** | 0.846*** |
| | (0.0616) | (0.0787) | (0.0631) | (0.0811) |
| 常数项 | 0.609 | 0.275 | 0.633 | 0.793 |
| | (0.741) | (0.714) | (0.745) | (0.996) |
| 地区固定效应 | 是 | 是 | 是 | 是 |
| 行业固定效应 | 是 | 是 | 是 | 是 |
| 对数似然值 | −9970.69 | −7512.65 | −10739.5 | −6805.72 |
| 样本数 | 45082 | 44160 | 54864 | 34369 |

注:***、**分别表示参数的估计值在1%、5%的统计水平上显著,( )内为 $t$ 统计值。

二是区分不同企业规模。本章进一步依据2003年《中小企业标准暂行规定》对总样本进行分组,将企业平均从业人员数大于300人视为大中规模企业,其余视为小规模企业,回归结果见表3-6中列(3)和列(4)。从表3-6的回归结果来看,大中规模企业的进口中间品质量估计系数显著为负,意味着大中规模企业随着进口中间品质量的提升,企业出口风险概率显著下降,而小规模企业进口中间品质量的系数并不显著。对此,可能的原因在于小规模企业受到企业自身条件的限制,进口中间品质量带来的积极作用难以发挥。企业进口中间品并非生产环节的结束,而是进口中间品要和企业自身的劳动力、资本相结合进行生产,这就要求企业必须具有能与进口中间品相匹配的吸收能力,否则进口中间品中所物化的先进技术、人力资本及物质资本投入将无法被企业吸收。因此,对不同规模的企业来说,企业进口中间品质量对持续出口的影响是截然不同的。

2. 行业层面异质性

一是区分不同行业要素密集度。本章为了考察不同行业要素密集度下的企业进口中间品质量对出口持续时间的影响,参照毛其淋和许家云[1]的做法,依据行业代码将企业分为资本密集型、技术密集型、劳动密集型三类,回归结果报告在表3-7列(1)至列(3)中。结果发现,在技术密集型行业中进口中间品质量与企业出口风险之间存在显著负相关,在资本密集型行业和劳动密集型行业中两者之间存在负相关但不显著。原因可能在于技术密集型行业中的企业更偏向于技术导向,而非市场导向,企业通过进口高质量的中间品吸收知识技术溢出以提升企业生产效率和出口产品质量,进而降低企业的出口风险概率,延长企业出口持续时间。

二是区分不同行业集中度。本章采用赫芬达尔指数(HHI)作为行业集中度的代理指标,HHI越大说明行业集中度越高,垄断程度越高。企业垄断程度越高,越具备资金从事研发和累积人力资本,越可以提升企业的市场竞争能力,从而避开低端竞争,降低出口企业的风险概率。但是,具有垄断地位的企业也可能因为存在垄断优势而降低了主动提高生产力的激励。本章以HHI的中位数作为划分标准,将样本分为高行业集中度企业和低行业集中度企业,回归结果见表3-7列(4)和列(5)。结果显示,高行业集中度的企业进口中间品质量提升将显著地延长其出口持续时间,而行业市场集中度较低时,进口中间品质量对企业持续出口没有显著影响,这可能与国内同行业的企业竞争程度大,进口中间品质量提升

---

① 毛其淋、许家云:《中间品贸易自由化的生产率效应——以中国加入WTO为背景的经验研究》,《财经研究》2015年第4期,第42~53页。

带来的作用不明显有关,该结论与蒋灵多和陈勇兵[1]的研究结论相一致。

表 3-7  行业层面异质性检验

| 变量 | (1)<br>资本密集型 | (2)<br>技术密集型 | (3)<br>劳动密集型 | (4)<br>高行业集中度 | (5)<br>低行业集中度 |
|---|---|---|---|---|---|
| $quality$ | $-0.0905$ | $-0.2040^{*}$ | $-0.2000$ | $-0.2490^{***}$ | $-0.0304$ |
| | $(0.1160)$ | $(0.1100)$ | $(0.1280)$ | $(0.0860)$ | $(0.1100)$ |
| $lnscale$ | $-0.1040^{***}$ | $-0.1430^{***}$ | $-0.0652^{*}$ | $-0.0871^{***}$ | $-0.1400^{***}$ |
| | $(0.0281)$ | $(0.0238)$ | $(0.0363)$ | $(0.0239)$ | $(0.0222)$ |
| $lntfp$ | $-0.06820^{**}$ | $-0.01680$ | $-0.00633$ | $-0.01650$ | $-0.04590^{**}$ |
| | $(0.0270)$ | $(0.0238)$ | $(0.0348)$ | $(0.0232)$ | $(0.0219)$ |
| $age$ | $0.01150$ | $0.00842$ | $0.00843$ | $0.00859$ | $0.01110^{*}$ |
| | $(0.00819)$ | $(0.00730)$ | $(0.01540)$ | $(0.00835)$ | $(0.00647)$ |
| $age^2$ | $-0.000323$ | $-0.000123$ | $-0.000615$ | $-0.000431$ | $-0.000184$ |
| | $(0.000199)$ | $(0.000183)$ | $(0.000606)$ | $(0.000274)$ | $(0.000152)$ |
| $lnex$ | $-0.152^{***}$ | $-0.147^{***}$ | $-0.171^{***}$ | $-0.159^{***}$ | $-0.151^{***}$ |
| | $(0.01240)$ | $(0.01120)$ | $(0.01670)$ | $(0.01140)$ | $(0.00993)$ |
| $debt$ | $0.859^{***}$ | $0.517^{***}$ | $1.436^{***}$ | $0.710^{***}$ | $0.623^{***}$ |
| | $(0.1030)$ | $(0.0611)$ | $(0.2370)$ | $(0.1160)$ | $(0.0565)$ |
| 常数项 | $0.170$ | $-0.693^{***}$ | $-0.844^{***}$ | $-0.151$ | $-0.554^{***}$ |
| | $(0.755)$ | $(0.206)$ | $(0.280)$ | $(0.749)$ | $(0.171)$ |
| 地区固定效应 | 是 | 是 | 是 | 是 | 是 |
| 行业固定效应 | 是 | 是 | 是 | 是 | 是 |
| 对数似然值 | $-6235.0633$ | $-7847.2236$ | $-3524.6600$ | $-8143.2616$ | $-9470.1600$ |
| 样本数 | 30512 | 41521 | 17222 | 40853 | 48402 |

注:***、**、*分别表示参数的估计值在 1%、5%、10%的统计水平上显著,( )内为 $t$ 统计值。

### 3. 地区层面异质性

区分不同市场分割程度。本章根据陆铭和陈钊[2]的价格指数法计算地区的市场分割程度,同时,以中位数为划分标准,将样本分为高市场分割程度地区和低市场分割程度地区,具体估计结果如表 3-8 所示。结果显示,进口中间品质量对不同市场分割程度地区的企业持续出口的影响具有显著差异。高市场分割程度地区进口中间品质量的系数显著为负,而低市场分割地区的系数为负,但不显著;同时高市场分割程度地区的系数绝对值远大于低

---

① 蒋灵多、陈勇兵:《出口企业的产品异质性与出口持续时间》,《世界经济》2015 年第 7 期,第 3~26 页。

② 陆铭、陈钊:《分割市场的经济增长——为什么经济开放可能加剧地方保护?》,《经济研究》2009 年第 3 期,第 42~52 页。

市场分割程度地区。可能原因在于高市场分割程度地区之间的交易成本上升,导致国内贸易成本提高,甚至高于国际贸易成本,进而使得企业无法依赖于本国市场需求,转而通过出口进入国外市场。因此,在高市场分割地区,由于企业主要依赖于国外市场,进口中间品质量对企业持续出口的提升作用更大。

表 3-8　地区层面异质性检验

| 变量 | (1)<br>高市场分割程度地区 | (2)<br>低市场分割程度地区 |
|---|---|---|
| *quality* | −0.4130*** | −0.0629 |
|  | (0.1350) | (0.0783) |
| ln*scale* | −0.0730** | −0.1300*** |
|  | (0.0316) | (0.0189) |
| ln*tfp* | 0.0196 | −0.0579*** |
|  | (0.0321) | (0.0184) |
| *age* | 0.02240** | 0.00187 |
|  | (0.00969) | (0.00588) |
| *age*$^2$ | −0.000665*** | −2.95×10$^{-6}$ |
|  | (0.000245) | (0.000156) |
| ln*ex* | −0.145*** | −0.158*** |
|  | (0.01610) | (0.00845) |
| *debt* | 0.703*** | 0.613*** |
|  | (0.1060) | (0.0585) |
| 常数项 | −0.1960 | −0.0596 |
|  | (1.049) | (1.029) |
| 地区固定效应 | 是 | 是 |
| 行业固定效应 | 是 | 是 |
| 对数似然值 | −4149.78 | −13421.62 |
| 样本数 | 20354 | 68768 |

注:***、**分别表示参数的估计值在1%、5%的统计水平上显著,( )内为 *t* 统计值。

## 3.4　机制检验及拓展分析

### 3.4.1　机制检验

本章在理论部分提出了企业进口中间品质量影响持续出口的作用机制:成本加成路

径。进口中间品质量通过企业模仿学习先进技术和提高市场势力,影响了企业成本加成率,进而有助于延长企业生存时间。

本章利用生产函数法测算企业成本加成率,借鉴德洛克和瓦尔任斯基[1]的方法,构建超越对数生产函数形式,如式(3-11)。

$$y_{it} = \beta_l l_{it} + \beta_k k_{it} + \beta_m m_{it} + \beta_{ll} l_{it}^2 + \beta_{kk} k_{it}^2 + \beta_{mm} m_{it}^2 + \beta_{lk} l_{it} k_{it} + \beta_{lm} l_{it} m_{it} + \beta_{km} k_{it} m_{it} +$$
$$\beta_{lkm} l_{it} k_{it} m_{it} + \omega_{it} + \varepsilon_{it} \tag{3-11}$$

在式(3-11)中,$y$ 为工业总产值,$k$、$l$ 和 $m$ 分别表示资本、劳动和中间要素投入,$\omega$ 为生产率,$\beta$ 为系数,$i$ 和 $t$ 为企业代码和年份,$\varepsilon$ 为随机误差项。本章依照阿克伯格(Ackerberg)等[2]的方法进行两步估计,通过非参数方法得到产出和随机冲击的拟合值($\hat{y}_{it}$ 和 $\hat{\varepsilon}_{it}$)。借助随机的生产率冲击与当期劳动、资本和中间要素投入的滞后一期无关的矩条件,进行广义矩估计得到所有参数的估计值,进而得到行业层面中间要素投入 $m$ 的产出弹性如式(3-12)。

$$\hat{\beta}_m + 2\hat{\beta}_{mm} m_{it} + \hat{\beta}_{lm} l_{it} + \hat{\beta}_{km} k_{it} + \hat{\beta}_{lkm} l_{it} k_{it} \tag{3-12}$$

最后,利用德洛克和瓦尔任斯基[3]对成本加成率的定义公式计算出企业 $i$ 在 $t$ 年的成本加成率如式(3-13)。

$$markup_{it} = \mu_{it} = \theta_{it}^m (\alpha_{it}^m)^{-1} \tag{3-13}$$

其中,$\theta_{it}^m$ 为中间要素投入 $m$ 的产出弹性,$\alpha_{it}^m$ 是中间要素投入支出份额,为中间要素投入成本与企业工业总产值的比值。

为了考察进口中间品质量是否通过成本加成路径影响企业持续出口,本章借鉴中介效应分析方法建立模型如式(3-14)、式(3-15)。

$$markup_{it} = \alpha_0 + \alpha_1 quality_{it} + \alpha P + r_t + v_j + v_d + \mu \tag{3-14}$$

$$\ln[h_v(t, X)] = \alpha_0 + \alpha_1 quality_{it} + \alpha_2 markup_{it} + \alpha P + r_t + v_j + v_d + \mu \tag{3-15}$$

其中,协变量 $P$ 集合与式(3-5)相同;$v_j$ 和 $v_d$ 分别表示行业和地区固定效应。式(3-14)分析了进口中间品质量对企业成本加成的影响;式(3-15)考察了企业成本加成和进口中间品质量对企业持续出口的影响。式(3-14)和式(3-15)相结合,论证了进口中间品质量是否通过成本加成路径对企业出口持续产生了影响。

① De Loecker, J. , Warzynski, F. "Markups and Firm-Level Export Status", *American Economic Review*, vol. 102, no. 6(2012), pp. 2437-2471.

② Ackerberg, D. A. , Caves, K. and Frazer, G. "Identification Properties of Recent Production Function Estimators", *Econometrica*, vol. 83, no. 6(2015), pp. 2411-2451.

③ De Loecker, J. , Warzynski, F. "Markups and Firm-Level Export Status", *American Economic Review*, vol. 102, no. 6(2012), pp. 2437-2471.

表3-9报告了成本加成路径的机制检验结果。第(1)列为稳健标准差下的OLS回归,以企业成本加成率的对数值为因变量,进口中间品质量的估计系数为正且通过了1%显著性水平检验,说明企业进口中间品质量提升会使企业成本加成率显著提高。进一步地,本章在基准回归中加入了企业成本加成率,以控制成本加成渠道的影响。如果进口中间品质量的确会通过成本加成渠道影响企业持续出口,那么我们预期在控制成本加成后,进口中间品质量的估计系数将显著变小或不再显著。表3-9列(2)显示,在控制了企业成本加成后,进口中间品质量的估计系数依然为负,且不显著,这进一步说明成本加成确实是重要的影响渠道,验证了假说2。上述结果的经济学逻辑为企业通过进口高质量中间投入品,提升了企业成本加成率,进而降低了企业出口风险。

表3-9　影响机制检验

| 变量 | (1)<br>总体样本 OLS<br>*markup* | (2)<br>总体样本<br>*fail* |
|---|---|---|
| *quality* | 0.0215*** <br> (0.000101) | −0.0514 <br> (0.086700) |
| *markup* | — <br> — | −5.196** <br> (2.496) |
| ln*scale* | −0.000275*** <br> ($2.59\times10^{-5}$) | −0.118000*** <br> (0.0162) |
| ln*tfp* | 0.0418*** <br> ($3.81\times10^{-5}$) | 0.1850* <br> (0.105) |
| *age* | 0.000284*** <br> ($8.15\times10^{-6}$) | 0.009360* <br> (0.00502) |
| *age*$^2$ | $-1.44\times10^{-6}$*** <br> ($2.24\times10^{-7}$) | −0.000221* <br> (0.000130) |
| ln*ex* | −0.00325*** <br> ($1.18\times10^{-5}$) | −0.17200*** <br> (0.0110) |
| *debt* | −0.000955*** <br> ($9.28\times10^{-5}$) | 0.623000*** <br> (0.0505) |
| 常数项 | 0.185*** <br> (0.00373) | 0.980 <br> (0.84300) |
| 地区固定效应 | 是 | 是 |
| 行业固定效应 | 是 | 是 |
| 对数似然值 | — | −17618.95 |
| 样本数 | 89263 | 89255 |

注:***、**、*分别表示参数的估计值在1%、5%、10%的统计水平上显著,()内为t统计值。

### 3.4.2 拓展分析

前文基准模型的回归结果显示,进口中间品质量的提升有利于延长企业出口持续时间,并且上述效应因企业所有权、行业要素密集度及要素市场扭曲程度等的不同而具有显著的异质性。但前文研究并未考虑出口企业产品范围调整的差异性。在现实中,实施出口产品多元化战略和产品专业化战略的企业有很多。部分学者认为企业采取产品多元化策略可以使其取得竞争优势,并以此获得生存和发展。然而,多产品异质企业贸易模型的基本假设是企业的生产具有规模经济效应。当企业处于规模不经济的状态时,增加产品种类不能降低平均成本,此时企业就会选择进行专业化生产,聚焦到核心产品。因此,本章在扩展性分析部分考虑了出口企业产品范围调整的异质性,以此来检验企业出口产品范围调整的不同是否会导致进口中间品质量对企业持续出口的影响效应存在差异。为回答这一问题,本章首先在基准模型的基础上引入企业出口产品范围虚拟变量($A$),得到模型(3-16)。

$$\ln\left[h_v(t,X)\right] = \alpha_0 + \alpha_1 quality_{it} + \alpha_1 quality \times A + \alpha P + r_t + v_j + v_d + \mu \qquad (3-16)$$

其中,$A$ 为企业出口产品范围的虚拟变量,出口产品种类依据海关数据库出口产品 HS8 位码进行划分。当 $t$ 年企业 $i$ 的出口产品种类大于 1 时,$A$ 取值为 1,否则取值为 0。本章认为当 $A$ 取值为 1 时,企业采取出口产品多元化策略;取值为 0 时,采取出口产品专业化策略。在模型(3-16)的基础上,本章进一步识别出持续出口产品多元化企业、持续出口产品专业化企业及在样本期内出口产品范围发生转变的企业,引入虚拟变量 $B$,持续出口产品多元化企业赋值为 1,持续出口产品专业化企业赋值为 0,发生转变的企业单独回归。

$$\ln\left[h_v(t,X)\right] = \alpha_0 + \alpha_1 quality_{it} + \alpha_1 quality \times B + \alpha P + r_t + v_j + v_d + \mu \qquad (3-17)$$

针对发生转变的企业样本,本章再次引入虚拟变量 $C$。在该分样本中,当企业 $i$ 在时间 $t$ 出口产品种类大于 1 时,$C$ 取值为 1,否则取值为 0,构建出模型(3-18)。

$$\ln\left[h_v(t,X)\right] = \alpha_0 + \alpha_1 quality_{it} + \alpha_1 quality \times C + \alpha P + r_t + v_j + v_d + \mu \qquad (3-18)$$

此外,为了验证扩展性分析估计结果的稳健性,本章在基准模型的基础上引入出口产品多元化指数($div$)和核心产品集中度指数($core$),得到模型(3-19)和模型(3-20)。

$$\ln\left[h_v(t,X)\right] = \alpha_0 + \alpha_1 quality_{it} + \alpha_1 quality \times div + \alpha_2 div + \alpha P + r_t + v_j + v_d + \mu \qquad (3-19)$$

$$\ln\left[h_v(t,X)\right] = \alpha_0 + \alpha_1 quality_{it} + \alpha_1 quality \times core + \alpha_2 core + \alpha P + r_t + v_j + v_d + \mu \qquad (3-20)$$

其中,$div$ 为出口产品多元化指数,该指数越大,企业出口产品越多元化。本章根据易靖韬和蒙双[①]的方法,使用下式来进行计算:$div_{it} = 1 - \sum_{k \in W_{it}} (s_{ikt})^2$,其中 $s_{ikt} = sale_{ikt} / \sum_{k \in W_{it}} sales_{ikt}$,$sale_{ikt}$ 是产品 $k$(对应于 HS8 位代码)于 $t$ 年在企业 $i$ 中的出口销量。本章借鉴查特吉(Chatterjee)等[②]的方法,测算核心产品集中度,核心产品集中度是当年企业产品层面的最大出口额占总出口额的比重。表 3-10 报告了进口中间品质量、出口产品范围调整与企业持续出口的回归结果。

表 3-10　扩展性分析

| 变量 | (1) 总体样本 | (2) 持续出口多元化企业和持续出口产品专业化企业 | (3) 发生转变企业 | (4) 总体样本 | (5) 总体样本 |
|---|---|---|---|---|---|
| *quality* | 0.0888 | 0.2100 | 0.0235 | −0.0477 | −0.3840 *** |
| | (0.0899) | (0.139) | (0.123) | (0.0915) | (0.128) |
| *quality×A* | −0.292 *** | — | — | — | — |
| | (0.0594) | | | | |
| *quality×B* | — | −0.469 *** | — | — | — |
| | | (0.105) | | | |
| *quality×C* | — | — | −0.173 ** | — | — |
| | | | (0.0741) | | |
| *quality×div* | — | — | — | −0.350 ** | — |
| | | | | (0.146) | |
| *div* | — | — | — | 0.498 *** | — |
| | | | | (0.105) | |
| *quality×core* | — | — | — | — | 0.317 ** |
| | | | | | (0.129) |
| *core* | — | — | — | — | −0.356 *** |
| | | | | | (0.103) |
| 常数项 | 1.030 | 2.414 ** | −2.291 ** | 0.941 | 1.377 |
| | (1.017) | (1.012) | (1.001) | (1.029) | (1.027) |
| 控制变量 | 是 | 是 | 是 | 是 | 是 |
| 对数似然值 | −13478.1020 | −6672.8487 | −6772.5912 | −13442.9670 | −13474.8910 |
| 样本数 | 74268 | 39149 | 35040 | 74268 | 74268 |

注:控制变量包括 lnscale、lntfp、age、age²、lnex、debt 及地区和行业固定效应,***、** 分别表示参数的估计值在 1%、5% 的统计水平上显著,( )内为 $t$ 统计值。

---

[①] 易靖韬、蒙双:《贸易自由化、企业异质性与产品范围调整》,《世界经济》2018 年第 11 期,第 74~97 页。

[②] Chatterjee, A. , Dix-Carneiro R. and Vichyanond, J. " Multi-Product Firms and Exchange Rate Fluctuations ", *American Economic Journal: Economic Policy*, vol. 5, no. 2(2013) , pp. 77-110.

从表 3-10 的总体样本检验结果发现,进口中间品质量与出口产品种类虚拟变量的交互项系数显著为负,说明相比于出口产品专业化的企业,进口中间品质量提升会使出口产品多元化企业的持续出口概率额外下降 29.2%。这表明如果出口企业是出口产品多元化企业,当其进口中间品质量与出口产品专业化企业的进口中间品质量相同时,其出口持续时间会显著较长,即出口企业采取产品多元化策略可以使其取得竞争优势,更有利于发挥进口中间品质量带来的积极作用,使企业获得生存和发展的空间。在总体样本上,本章进一步识别出持续出口产品多元化企业和持续出口产品专业化企业,估计结果见表 3-10 列(2)。在进口中间品质量相同的条件下,持续出口产品多元化企业相比于持续出口产品专业化企业的出口危险率会下降 46.9%,因此出口持续时间较长,说明在出口市场上持续多元化出口更易于生存。同时,持续多元化出口企业与虚拟变量的交互项系数显著大于总体样本的交互项系数,持续多元化出口对企业的长期生存具有显著影响。表 3-10 列(3)单独对出口产品范围(多元化与专业化之间转变)发生调整的企业进行回归,回归结果再次验证了出口产品多元化能够有效降低企业的出口失败风险概率,验证了假说 3。

基于上述回归结果,本章引入出口产品多元化指数和核心产品集中度指数来验证估计结果的稳健性,结果见表 3-10 列(4)和列(5)。估计结果表明,出口产品越多元化的企业,进口中间品质量对企业出口持续的提升作用越大,即出口产品多元化强化了进口中间品质量对企业持续出口的促进作用。对核心产品集中度越高的企业,进口中间品质量对企业出口危险率的抑制作用越小,即核心产品集中弱化了进口中间品质量对企业持续出口的促进作用。上述结论预示着企业通过实施适当的产品多元化策略提高企业竞争力,是提高企业长期持续出口概率的重要方式。

## 3.5 本章小结

进口中间品质量对中国企业出口持续的影响是国际经济学领域一个较易被忽视但又极为重要的问题。本章利用离散时间 Cloglog 生存分析模型,通过 1999 年至 2011 年海关贸易数据和中国工业企业数据匹配,实证检验了进口中间品质量对中国企业出口持续时间的影响,并得到以下结论。① 总体上,进口中间品质量有利于延长企业出口持续时间,且进一步采用不同模型设定及内生性讨论,均得到稳健的结果。② 基于异质性的研究结果表明,进口中间品质量的提升对内资企业、大中规模企业、技术密集型行业企业、高行业集中度企业、高市场分割地区企业的持续出口具有显著的促进作用,要明显强于其他对应类型的企业。加工企业由于以占领中国消费市场为目的而非进一步出口,导致加工企业进口中间品质量的提升并不利于企业持续出口。③ 进一步从影响机制看,进口中间品质量通过提升企业成本加成率,显著提高了企业持续出口概率。④ 对出口产品越多元化的企业,进口中间品质量对企业持续出口的促进作用越大,即出口产品多元化强化了进口中间品质量对企业持续出口的积极作用。

上述研究在当前中国全方位对外开放和促进"优进优出"的外贸转型背景下,具有重要政策内涵。首先,从战略高度重视高质量中间品的进口对中国对外贸易发展有重要意义,着力发挥"优进"对"优出"的促进作用,尤其是加强对高质量中间品进口的支持力度,积极促进出口升级,延长企业出口持续时间,保持出口稳定性。其次,贸易促进措施要分类施策;积极鼓励内资企业出口,重点保障技术密集型企业出口便利化,在扩大外资准入的同时着力引导外资企业稳定出口贸易关系的独特作用;充分利用高质量中间品进口对本国内资企业和技术密集型企业的带动作用,来维持出口市场的可持续性和稳定性。再次,进一步推进落实减费降税和贸易便利化措施等,使得企业进口高质量中间品的同时能提升出口企业的成本加成率和市场竞争力。最后,在外部贸易政策不确定性的冲击下,中国应继续实施出口多元化战略,加强与"一带一路"沿线及新兴市场国家的贸易联系。同时,更为重要的是,出口企业也应采取产品多元化策略,以分散类似于英国脱欧、中美贸易摩擦等不确定性冲击带来的出口风险。

# 4 中国对外贸易的"优进优出"与产品质量升级

改革开放 40 多年来,伴随着外贸经营权管理制度改革和对外开放的深入推进,中国的外贸门槛极大降低,贸易规模效应迅速释放,并实现了被外界称为"出口奇迹"的历史性跨越。但长期推行的"重出口轻进口、重规模轻质量"的贸易政策,也导致以中美贸易复杂局势为代表的对外贸易环境逐步恶化,源于 20 世纪 80 年代的"两头在外,大进大出"的外贸发展模式已难以为继,所以积极促成以"优进优出"战略为代表的开放型经济新格局成为我国外贸发展的必然选择。尤其是,进口紧缺先进技术、关键设备和重要零部件,出口高档次、高增加值产品,推动产品、技术、服务的"全产业链出口",成为中国对外贸易转型的有效路径。事实上,对近期贸易实践的观察也不难发现,与贸易规模膨胀相比,中国进出口产品质量的表现不容乐观,"优进优出"目标仍未实现。据估算,在 2000 年至 2006 年间,中国出口产品质量上升缓慢,总体幅度约为 15%,[1]贸易增加值率低位徘徊;当然也有测算表明,考察期内出口产品质量呈 U 形走势,甚至略有下降,而同期进口产品质量则由 0.482 缓慢降至 0.465。[2]

针对上述情况,更好地理解中国对外贸易"量"与"质"背离所塑造的贸易格局对当前贸易发展方式转变所带来的深刻影响,显然对实现贸易强国梦和转变经济发展方式具有重要战略意义。而在此进程中,解决好出口产品质量升级和全球价值链攀升则至关重要。一方面,出口产品质量是科技创新、资源配置、劳动者素质等因素的集成,是中国企业和产业

---

[1] 余淼杰、张睿:《人民币升值对出口质量的提升效应:来自中国的微观证据》,《管理世界》2017 年第 5 期,第 28~40,187 页。

[2] 李坤望、蒋为、宋立刚:《中国出口产品品质变动之谜:基于市场进入的微观解释》,《中国社会科学》2014 年第 3 期,第 80~103,206 页;Kee,H. L. and Tang,H. "Domestic Value Added in Exports:Theory and Firm Evidence from China", World Bank Policy Research Working Paper,no. 7491(2018).

核心竞争力提升的重要体现;另一方面,出口产品的国内增加值率也是刻画一国产品全球价值链地位的重要维度,尤其是在国际分工不断深化、产品全球生产日益普遍的背景下,从出口增加值的角度考察中国的出口贸易利益显然比单一关注贸易规模更有意义。相关研究也发现,进口产品质量提升("优进")也有利于出口产品质量升级和全球价值链攀升("优出"),尤其是对国内无法满足的高质量产品需求,通过进口可以获得企业出口质量提升的有效渠道。同时,新形势下"稳出口、扩进口"的政策导向对"优进优出"提出了新要求。2018 年 7 月 9 日,国务院办公厅转发《关于扩大进口促进对外贸易平衡发展的意见》,以提高发展质量和效益为中心,在稳定出口的同时,主动扩大进口,促进国内供给体系质量提升,满足人民群众消费升级需求,实现"优进优出"。

因此,在系统分析对外贸易"优进优出"理论内涵的基础上,本章利用 2000 年至 2007 年中国工业企业数据库与海关数据库匹配数据,测算了进口产品质量、出口产品质量及出口增加值率指标,实证检验了一般贸易和加工贸易进口产品质量对出口产品质量的影响,细致考察了区分企业异质性(区分企业创新程度和所有制)、来源地特征异质性[①]的影响差异,进一步探讨了基于进口产品质量梯度的调节效应和企业创新的中介机制的影响路径,并拓展分析了进口产品质量对出口国内增加值率的影响。本章的贡献在于以下四点:第一,系统考察了一般贸易和加工贸易进口产品质量对出口产品质量及出口国内增加值率的影响机制及其实证检验,并通过竞争性产品进口和中间品进口全面验证了"优进优出"的理论机理,丰富了现有的文献。第二,对进出口产品质量的测算,针对进口数量与进口价格之间可能的内生性问题,我们通过引入进口来源地人口控制了企业水平产品种类;在测算进出口产品质量时,引入运输成本和汇率作为工具变量,以更为准确地测量上述指标。第三,考虑到企业异质性和复杂的来源国特征,本章细致区分了企业异质性和来源国特征异质性,尤其是对"一带一路"沿线国家和是否有反倾销政策的国家的单独分析,更具有政策内涵。第四,考虑到出口质量与出口国内增加值率的不同维度,本章在验证进口产品质量梯度的调节效应和企业创新的中介机制基础上,更为深入地分析了进口质量对国内出口增加值率的影响。

## 4.1 对外贸易"优进优出"的理论分析

对进口产品质量影响出口产品质量的理论研究,现有文献多基于梅利兹提出的垄断竞

---

① 考查是否为经济合作与发展组织(OECD)成员,是否为"一带一路"沿线国家,是否有反倾销政策等。

争条件下的异质性企业框架，[1]拓展分析中间投入品进口对产品质量的影响。[2] 其中，库格勒和维胡根在梅利兹基础上构建了内生的投入产出质量选择模型（A Model of Endogenous Input and Output Quality Choice），认为企业对产成品质量的选择是内生的。[3] 假设企业生产率和中间投入品在生产最终品过程中是互补关系，那么，产成品质量由中间投入品质量和为获得高质量中间投入品支付的固定成本来决定。进口较高质量的中间品是其获得出口质量升级的重要途径，因此，进口质量的促进效应可以带动出口质量的提升。

关于竞争性产品进口对出口产品质量的影响，直接研究的文献并不多见，已有研究针对竞争性产品进口对出口产品的影响很大程度上取决于进口竞争对企业生产率、企业创新的影响及企业生产率、企业创新提升能否有效促进出口两方面。对后者，国内外学者有较统一的观点，认为生产率的提高会促进企业的出口，同时高生产率的企业通常出口高质量的产品。但对前者，现有文献有较大分歧。康诺利（Connolly）基于全球 75 个国家 1965 年至 1990 年的数据，研究了高科技产品进口对发展中国家创新的外溢效应，发现来自发达国家的具有高技术含量和高质量的产品进口对发展中国家的创新具有极强的促进作用。[4] 马丁-马科斯和焦曼德鲁（Martín-Marcos & Jaumandreu）利用西班牙 75 个制造业行业 1979 年至 1990 年的数据，证实进口带来的竞争压力对国内制造业各具体行业全要素生产率具有显著正向影响。[5] 此外，在企业层面，费尔南德斯（Fernandes）、法里纳斯和马丁-马科斯（Fariñas & Martín-Marcos）分别利用澳大利亚、智利、西班牙等国制造业企业数据证明进口竞争确实对企业生产效率有正向影响。[6] 但也有研究发现进口竞争对本国企业、行业生产率有负向影响，如特雷夫莱（Trefler）基于美国—加拿大自由贸易区企业数据的经验研究，发现随着关税的下降、进口竞争的增加，美国企业的全要素生产率并未显著提升。[7] 德米多娃（Demidova）通过放松梅利兹模型中企业进口的准入条件，发现进口竞争使得生产要素在

---

[1] Melitz, M. J. "The Impact of Trade on Intra-Industry Reallocations and Aggregate Industry Productivity", *Econometrica*, vol. 71, no. 6 (2003), pp. 1695–1725.

[2] Hallak, J. C. and Sivadasan, J. "Product and Process Productivity: Implications for Quality Choice and Conditional Exporter Premia", *Journal of International Economics*, vol. 91, no. 1 (2013), pp. 53–67.

[3] Kugler, M. and Verhoogen, E. "Prices, Plant Size, and Product Quality", *The Review of Economic Studies*, vol. 79, no. 1 (2012), pp. 307–339.

[4] Connolly, M. "The Dual Nature of Trade: Measuring Its Impact on Imitation and Growth", *Journal of Development Economics*, vol. 72, no. 1 (2003), pp. 31–55.

[5] Martín-Marcos, A. and Jaumandreu, J. "Entry, Exit and Productivity Growth: Spanish Manufacturing During the Eighties", *Spanish Economic Review*, vol. 6, no. 3 (2004), pp. 211–226.

[6] Fernandes, A. "Trade Policy, Trade Volumes and Plant-Level Productivity in Colombian Manufacturing Industries", *Journal of International Economics*, vol. 71, no. 1 (2003), pp. 52–71; Fariñas, J. C. and Martín-Marcos, A. "Foreign Sourcing and Productivity: Evidence at the Firm Level", *The World Economy*, vol. 33, no. 3 (2010), pp. 482–506.

[7] Trefler, D. "The Long and Short of the Canada-U. S. Free Trade Agreement", *American Economic Review*, vol. 94, no. 4 (2004), pp. 870–895.

行业内负向再配置,进而降低了企业生产率。[1] 高凌云和王洛林基于中国 2003 年至 2007 年三位编码工业行业的面板数据,发现进口竞争对全要素生产率和技术效率均产生了"负溢出效应"。[2]

根据上述文献,本章认为竞争性产品进口对出口产品质量的影响主要有竞争促进和竞争抑制两个方向。在竞争促进方面,主要有以下两个路径。① 企业内的促进效应。竞争性产品进口的增加压缩了国内企业销售市场规模和利润空间,使得国内企业面临激烈的外部竞争。面对竞争,企业会更注重创新,生产出更高质量的产品。而且,高质量竞争性产品进口的增加带来了相应的技术溢出效应,有利于国内企业通过向国外竞争对手学习,获得更多的产品技术信息,进而提升企业自身的产品质量。② 企业间的促进效应。根据梅利兹垄断竞争模型的分析,面对外部冲击带来的激烈竞争,国内异质性企业通过生产率高低的自我选择,一些低生产率的企业会退出市场,只有生产率水平足够高的企业,才能够负担出口固定成本从而选择出口。这导致生产资源在企业内、企业间和行业间重新配置,流向优势竞争行业、高生产率企业和高成本加成产品,国内存活下来的高生产率企业拥有更多资源进行创新,进而可以出口更高质量的产品。在竞争抑制方面,由于竞争性产品进口压缩了国内企业销售市场规模和利润空间,不利于国内企业资本积累、扩大投资、推动研发和创新,从而抑制了企业出口产品质量的升级。基于以上分析,在竞争性商品进口对出口产品的影响路径方面,企业创新是一个重要的中介机制及路径。

在机制调节方面,本章从国内企业吸收技术溢出及与贸易伙伴国的信息交流方面分析认为,进口产品的质量梯度会对进口竞争效应起到调节作用。当质量梯度较大,即进口产品的质量差别较大时,一方面不同质量的进口产品可以让国内不同技术水平的企业克服技术门槛获得技术溢出,进而促进出口产品质量的提升。另一方面,多质量层次竞争性产品的进口意味着对国内不同质量层面的细分市场均有冲击,压缩了国内所有相关产品企业的销售市场规模和利润空间,可能会抑制相关产品出口质量的提升。反之,当质量梯度较小,即进口产品的质量差别较小时,一方面同质的进口产品技术溢出只能让国内特定技术水平的企业获得技术溢出,对总体出口产品质量的促进作用较小。另一方面,同质量竞争性产品的进口仅对国内某一质量层面的细分市场造成冲击,不会压缩国内所有相关产品企业的销售市场规模和利润空间,所以,对相关产品的出口质量抑制作用也较小。因此,进口产品质量梯度的调节方向由

[1] Demidova, S. "Productivity Improvements and Falling Trade Costs: Boon or Bane?", *International Economic Review*, vol. 49, no. 4 (2008), pp. 1437–1462.

[2] 高凌云、王洛林:《进口贸易与工业行业全要素生产率》,《经济学(季刊)》2010 年第 2 期,第 391~414 页。

技术溢出和企业面临的市场空间压缩程度两个方面的综合影响决定。

## 4.2 模型构建与统计性描述

### 4.2.1 计量模型构建

根据前文对"优进优出"的分析,"优出"主要体现在两个方面,一是出口产品质量提升,二是出口国内增加值率提升。因此,本章的计量模型也围绕上述内容展开。为了考察进口产品质量对企业出口产品质量的影响,本章根据贸易方式将竞争性进口产品分为一般贸易进口和加工贸易进口两类,分别考察不同贸易方式下进口产品质量对出口产品质量的影响,如式(4-1)。与之类似,进口产品质量影响企业出口国内增加值率的计量模型也是将所有样本分成纯一般贸易、纯加工贸易和混合贸易。特别需要说明的是,标准化之后企业出口产品质量数值在(0,1)之间,在考虑受限变量的基础上,本章选取双约束 Tobit 模型进行回归,并给出了最小二乘(OLS)的回归对比结果。

$$expquality_{ijct} = \alpha_0 + \beta_1 genquality_{ijct} + \beta_2 proquality_{ijct} + \beta_c controls + \xi \qquad (4-1)$$

$$DVAR_{mnkt} = \gamma_0 + \gamma_1 genquality_{mnkt} + \gamma_2 proquality_{mnkt} + \gamma_c controls + \xi \qquad (4-2)$$

需要注意的是,式(4-1)中的 $i$、$j$、$c$、$t$ 分别代表产品、企业、国家和年份,式(4-2)中的 $m$、$n$、$k$、$t$ 则分别代表企业、行业、地区和年份;因变量 $expquality$ 和 $DVAR$ 表示出口产品的质量和企业的出口国内增加值率,核心自变量 $genquality$ 和 $proquality$ 分别代表一般贸易进口产品质量和加工贸易进口产品质量;$\xi = v_n + v_t + \varepsilon$,$v_n$、$v_t$ 代表行业、时间固定效应,$\varepsilon$ 为随机扰动项;在控制变量 $controls$ 的选择上,两式存在一定差异,根据毛其淋和许家云、余淼杰和张睿的研究,影响出口产品质量的主要包括中间品进口行业关税($intarf$)、企业生产率($\ln tfp$)、行业集中度($hhigb4$)、政府补贴($subr$)、企业融资能力($final$)、企业年龄($age$)、企业规模($\ln size$)和企业要素密集度($\ln labcap$)[①];就企业出口国内增加值率而言,我们还额外控制了加工贸易出口占比($proexpr$)、企业品牌优势($repu$)和企业所有制($dpub$、$dforg$、$dhk$、$dcoll$ 分别表示国企、外企、港澳台企业和集体企业)。

---

① 毛其淋、许家云:《中间品贸易自由化的生产率效应——以中国加入 WTO 为背景的经验研究》,《财经研究》2015 年第 4 期,第 42~53 页;余淼杰、张睿:《人民币升值对出口质量的提升效应:来自中国的微观证据》,《管理世界》2017 年第 5 期,第 28~40,187 页。

### 4.2.2　数据来源及变量描述

#### 4.2.2.1　数据来源

本章的相关数据主要来自中国海关进出口数据库和中国工业企业数据库。其中,中国海关进出口数据库提供了 2000 年至 2009 年间中国企业进出口记录,包括贸易方向、贸易伙伴国、贸易类型、贸易金额、产品价格、贸易数量等经济指标;中国工业企业数据库的样本为 2000 年至 2007 年所有国有工业企业和 500 万元以上主营业务收入的非国有企业,具体指标包括企业名称、企业属性、企业资产状况、负债状况、销售指标、利润指标等相关经济数据。

我们对原始工业企业数据进行筛选[①]:① 删除总产值规模小于 500 万的样本;② 删除总收入、就业人数、固定资产、总销售额、中间投入额至少一项为负或缺失值的样本;③ 删除成立年份早于 1949 年的企业样本,同时删除企业成立年份小于观测年份的样本;④ 由于 2004 年数据缺少企业"工业增加值"信息,本章依据会计准则进行了估算,即工业增加值=工业总产值−工业中间投入+增值税;⑤ 删除年末从业人数小于 8 的样本;⑥ 删除明显不合理的企业样本,如总资产小于流动资产、总销售额小于出口额或累计折旧小于当期折旧的样本。为了测算产品质量,我们需要从海关数据中提取产品出口价值量、出口数量指标,计算产品的出口价格,然后对相应的计量方程进行回归。由于海关数据中也存在样本确实、指标异常等问题,我们参照田巍和余淼杰[②]的方法进行了预处理。首先,根据企业的名称和年份进行第一轮匹配。其次,我们按照企业的邮政编码和电话号码后七位进行匹配,作为补充。为保证匹配得到更多的企业样本,我们同时利用两种方法进行匹配,只要企业通过任何一种方法匹配成功,我们就将其纳入合并数据中。

#### 4.2.2.2　变量描述

1. 产品质量

对进出口产品质量的测算,本章主要参照施炳展和邵文波[③]的做法。其中,出口产品质量的测算公式为式(4-3)。

$$\ln q_{fhct} = \alpha_h - \sigma \ln p_{fhct} + \alpha_{ct} + pgdp_{ft} + \varepsilon_{fcht} \tag{4-3}$$

---

① 参照:Feenstra,R. C. ,Kee,H. L. "Trade Liberalization and Export Variety:A Comparison of Mexico and China",World Bank Working Paper,no. 66617(2011).

② 田巍、余淼杰:《企业出口强度与进口中间品贸易自由化:来自中国企业的实证研究》,《管理世界》2013 年第 1 期,第 28~44 页。

③ 施炳展、邵文波:《中国企业出口产品质量测算及其决定因素——培育出口竞争新优势的微观视角》,《管理世界》2014 年第 9 期,第 90~106 页。

其中，$f$、$h$、$c$、$t$ 分别代表企业、产品、出口目的地和年份，$q$、$p$ 分别代表产品的出口数量与出口价格，$pgdp$ 代表企业所在省份的 GDP，$\alpha_h$ 和 $\alpha_{ct}$ 分别代表企业和国家-年份固定效应，$\varepsilon$ 为随机扰动项。

进口产品质量的测算与出口产品质量类似，计算公式为式（4-4）。

$$\ln q_{fhct} = -\sigma \ln p_{fhct} + \alpha_t + \varepsilon_{fhct} \tag{4-4}$$

由于进口产品数量与价格存在明显的内生性问题，本章借鉴坎德尔瓦尔[①]的做法，对上述问题进行了改进。首先，考虑到企业产品种类是市场规模的函数，本章通过加入进口来源地人口规模来控制企业的水平产品种类。相对于控制 GDP 的做法，一国人口与出口产品质量相关性较小，从而在一定程度上减弱了内生性问题的影响。其次，由于运输费用和产品价格相关但不直接影响消费者购买数量，出口国汇率变动对出口价格有影响但也不直接影响消费者购买数量，所以我们引入运输成本和汇率作为产品价格的工具变量，既能克服内生性问题，又能避免样本大量损失，保证测算结果的准确。考虑到可能存在的华盛顿苹果效应，即产品运输成本与质量可能相关，本章将各国首都到北京的距离与国际原油价格相乘作为各国产品到中国的运输费用。因而，最终的测算公式为式（4-5）。

$$\ln q_{fhct} = -\sigma \ln p_{fhct} + \alpha_h + \alpha_{ct} + \alpha_{ct} pop + \varepsilon_{fhct} \tag{4-5}$$

其中，$\sigma$ 表示价格弹性绝对值，其他变量的含义与式（4-4）相同，企业的进口产品质量被定义为 $ql_{ict} = \ln \hat{\lambda}_{ict} = \hat{\varepsilon}_{ict}/(\sigma-1)$，其中 $\hat{\varepsilon}$ 为式（4-5）的拟合残差。

通过式（4-3）和式（4-5），我们可以得到各个企业每年从每个国家出口/进口的每种产品的质量。为了得到整体层面的质量，我们进一步定义标准化质量指数如式（4-6）。

$$rq_{ict} = (ql_{ict} - \min ql_{ict})/(\max ql_{ict} - \min ql_{ict}) \tag{4-6}$$

其中，$\max ql_{ict} - \min ql_{ict}$ 表示某一行业的质量阶梯长度，并不随时间改变。式（4-6）定义的标准质量指数可以进行加总，加总后整体层面的质量位于 $[0,1]$ 之间，也可以进行跨行业、跨时期的比较。我们将整体质量指标定义为式（4-7）。

$$TQ = rq_{ict} v_{ict} \Big/ \sum_{ict \in \Omega} v_{ict} \tag{4-7}$$

$TQ$ 为对应样本整体的质量水平，$v_{ict}$ 代表贸易值量。为了得到企业层面的进口产品质量，我们进一步明确 $v_{ict} \Big/ \sum_{ict \in \Omega} v_{ict}$ 为企业 $i$ 第 $t$ 年从 $c$ 国进口的一个 HS6 位码产品占企业该年度所有进口产品的比重。

2. 出口国内增加值

当前文献关于出口贸易国内增加值率的测算主要集中在行业层面，依靠国际投入产出

① Khandelwal, A. K. "The Long and Short (of) Quality Ladders", NBER Working Paper, no. 15178(2009).

表收集国家间和国家内的投入产出和贸易数据来测算,但由于微观企业的异质性,可能会导致加总的行业数据出现显著性偏差,无法准确反映真实的出口国内增加值率。主要原因是:① 在样本选择方面,国际投入产出表的测算基础主要为各大企业的投入产出情况,忽略了小企业在投入产出方面与大企业的异质性,进而造成样本选择偏差;② 在进口概率方面,阿米蒂(Amiti)等的研究表明,企业规模越大,进口的可能性和比例也会越大,所以建立在大企业样本下的投入产出表会导致低估行业和一个国家的 DVAR。[1] 这种偏差性也得到了相关测算结果的证实,一些学者使用包含异质性企业的微观数据测算的出口国内增加值率显著高于使用国际行业投入产出表测算的结果。[2] 原因是如果大企业特别是跨国企业的出口国内增加值率较低,则可能会拉低整个行业的出口国内增加值率。基于上述情况,为准确测算出口国内增加值率数据,避免因上述问题造成的误差,本章利用中国海关进出口数据库和中国工业企业数据库的合并样本测算微观企业层面的出口国内增加值率。

当前,在企业层面主流的研究方法存在忽略混合贸易方式、考察样本范围偏小的缺陷,而且均忽视了加工贸易中资本品的进口行为,以 2000 年加工贸易企业为例,本章根据 BEC 分类中的 HS6 位码资本品对其识别,发现在 1277316 个样本中有 217260 个加工贸易企业。所以在进行企业出口增加值率计算时,忽视加工贸易中资本品的进口行为会导致较大的测算偏差。因此,本章基于吕越等[3]的测算框架,考虑进口资本品在贸易增加值中的份额,构建本章的测算方程。在具体测算方法上,本章参照单豪杰[4]测算的中国制造业固定资产折旧率(10.96%),根据联合国贸易和发展会议显示的资本品进口数据和世界银行发展指标数据库报告的资本形成数据,测算出 2000 年至 2007 年,进口资本占资本形成的比例为 36%~39%,将进口资本的出口增加值比重量化为折旧率与进口资本品占资本形成比重均值的乘积,即 10.96%×38.08%≈4.17%。本章的测算公式为式(4-8)。

$$DVAR = \frac{X - \{M_A^P + X^O[M_{AM}^O/(D+X^O)]\} - 0.05\{M^T - M_A^P - X^O[M_{AM}^O/(D+X^O)]\} - 0.0417RCAP}{X}$$

$$(4-8)$$

① Amiti, M., Itskhoki, O. and Konings, J. "Importers, Exporters, and Exchange Rate Disconnect", *American Economic Review*, vol. 104, no. 7(2014), pp. 1942-1978.

② Kee, H. L. and Tang, H. "Domestic Value Added in Exports: Theory and Firm Evidence from China", World Bank Policy Research Working Paper, no. 7491(2018).

③ 吕越、罗伟、刘斌:《异质性企业与全球价值链嵌入:基于效率和融资的视角》,《世界经济》2015 年第 8 期,第 29~55 页。

④ 单豪杰:《中国资本存量 K 的再估算:1952~2006 年》,《数量经济技术经济研究》2008 年第 10 期,第 17~31 页。

其中，$X^O$ 为企业一般贸易出口金额；$D+X^O$ 为企业出口的非加工贸易金额，等于总产出（销售额+存货）与加工贸易出口的差额；$M^T$ 为企业中间投入品总金额；$X$ 为企业出口金额；$RCAP$ 为企业固定资产净值平均余额。

$M_A^P = \sum_k \left[ M_k^P/(1 - m^k) \right]$ 为企业通过加总的加工贸易进口的真实金额。$k$ 为企业通过加工贸易方式进口的产品种类，$m^k$ 为中间贸易商进口额占总进口额的比重。$M_k^P$ 为企业通过加工贸易方式进口的第 $k$ 类产品金额。但这种做法会导致极值数据的出现。因为当中间贸易商进口额占总进口额的比重过大时，得到的企业真实进口金额变动过大，数据失真。而且大企业都具有自主进出口权，通过贸易公司进行进出口贸易的可行性较小。鉴于这个问题，本章使用中间贸易商进口额占总进口额的比值等于 0.2 对该比值大于 0.2 的样本进行平滑处理，以避免不合理的极值数据。同时这种做法对样本影响较小。

$M_{AM}^O = \sum_j \left[ M_{mj}^o/(1 - m^j) \right]$ 为企业通过一般贸易进口的中间品真实金额。$j$ 为企业通过一般贸易方式进口的产品种类，$m^j$ 为中间贸易商进口额占总进口额的比重。$M_{mj}^o$ 为企业通过一般贸易方式进口的第 $j$ 类中间品金额。

### 4.2.2.3　典型事实及描述性统计

根据式（4-3）和式（4-5）的测算结果，我们在图 4-1 中描绘了 2000 年至 2009 年中国进出口产品质量的变动趋势。从中可以看出，2000 年至 2009 年，中国出口产品质量指数不断上升，但上升相对有限，从 2000 年的 0.50 上升到 2009 年的 0.52，仅提高了 4%。这与施炳展[①]的结论较为接近，也说明入世以后中国对外贸易转型升级效果不断显现。区分贸易方式的结果表明，加工贸易的进口质量明显高于一般贸易，这是因为加工贸易主要是从国外进口零部件然后再加工出口到欧美等发达国家，进口零部件来源地大都是发达国家或者新兴经济体，并且其最终产品需求也集中在欧美等发达国家，所以进口产品质量高于一般贸易。就变化趋势而言，2000 年至 2009 年，加工进口和一般进口的产品质量呈下降趋势，尤其是 2007 年以后，下降的幅度不断加大。针对这一现象，有学者认为入世以后中国进口替代能力不断增强，逐渐减少了国外高质量产品的进口。[②] 2007 年金融危机以后，中国进口产品的质量梯度发生了明显变化，进口中等质量产品数量相对减少，进口低质量和高质量产品数量相对增加。

图 4-2 描绘了 2000 年和 2009 年区分贸易方式下进口产品质量的核密度分布，我们发

---

[①] 施炳展：《中国企业出口产品质量异质性：测度与事实》，《经济学（季刊）》2013 年第 1 期，第 263～284 页。

[②] Kee，H. L. and Tang，H. "Domestic Value Added in Exports：Theory and Firm Evidence from China"，World Bank Policy Research Working Paper，no. 7491（2018）.

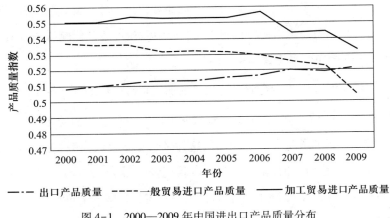

图 4-1　2000—2009 年中国进出口产品质量分布

现进口产品的质量阶梯发生了明显改变。2000 年进口产品以中等质量为主,到了 2009 年,进口产品的质量分布却出现了"极化"的趋势,即中等质量的进口产品逐渐减少,低质量和高质量的进口产品逐渐增多。这一现象对一般贸易和加工贸易都成立,尤其在一般贸易中更加明显。图 4-3 描绘了 2000 年和 2009 年出口产品质量和出口国内增加值率的核密度分布图,左图进一步印证了图 4-1 的结论,即 2009 年的出口产品质量较 2000 年有小幅上升。同时,与进口产品质量类似,我们发现出口质量出现了"极化"的趋势,这说明入世以后中国出口质量的提升主要是由高质量产品出口增加所拉动的。右图则表明,总体上中国出口产品国内增加值率的分布表现出右偏形态,其中 2000 年分布表现为右偏左厚尾形态,表明中国低出口增加值率企业数量较多。2007 年分布表现为右偏尖峰形态,密集区域从 1.8 增长到 4.2,表明 2000 年部分低出口国内增加值率的企业在 2007 年已经转变为高出口国内增加值率企业。

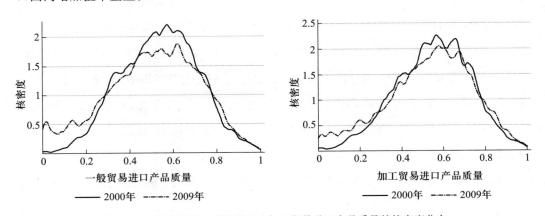

图 4-2　一般贸易进口产品质量和加工贸易进口产品质量的核密度分布

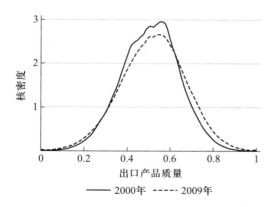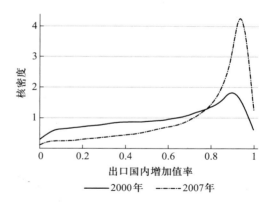

图4-3 出口产品质量和出口国内增加值率的核密度分布

此后,表4-1报告了主要变量的描述性统计,我们发现,出口产品的平均质量指数为0.515,且在不同类型的企业之间存在明显差异,资本密集型企业的平均出口质量明显高于劳动密集型,研发强度高的企业比研发强度低的企业平均出口质量要高4.27%。[①] 进口产品质量与之类似,但不同贸易方式的进口产品质量存在较大差异,即加工进口的产品质量明显高于一般进口,这一现象在资本/劳动密集型企业和研发强度高/低的企业间均存在。

表4-1 主要变量的描述性统计

| 变量 | 全体样本 | | 资本密集型 | | 劳动密集型 | | 研发强度高 | | 研发强度低 | |
|---|---|---|---|---|---|---|---|---|---|---|
| | 均值 | 标准差 | 均值 | 标准差 | 均值 | 标准差 | 均值 | 标准差 | 均值 | 标准差 |
| *expquality* | 0.515 | 0.142 | 0.528 | 0.141 | 0.514 | 0.142 | 0.515 | 0.142 | 0.493 | 0.151 |
| *genquality* | 0.530 | 0.187 | 0.536 | 0.196 | 0.526 | 0.184 | 0.530 | 0.187 | 0.532 | 0.187 |
| *proquality* | 0.551 | 0.185 | 0.554 | 0.196 | 0.542 | 0.175 | 0.551 | 0.185 | 0.550 | 0.187 |
| *intarf* | 9.552 | 1.883 | 9.645 | 1.648 | 10.021 | 2.208 | 9.484 | 1.805 | 9.582 | 1.914 |
| ln*tfp* | 7.202 | 1.114 | 7.371 | 1.190 | 7.101 | 1.004 | 7.386 | 1.210 | 7.125 | 1.061 |
| *hhigb4* | 0.025 | 0.050 | 0.031 | 0.060 | 0.016 | 0.019 | 0.030 | 0.054 | 0.022 | 0.048 |
| *subr* | 0.002 | 0.050 | 0.002 | 0.022 | 0.001 | 0.005 | 0.002 | 0.007 | 0.002 | 0.060 |
| *final* | 0.079 | 0.942 | 0.096 | 1.345 | 0.060 | 0.149 | 0.063 | 0.202 | 0.086 | 1.117 |
| *age* | 9.257 | 6.970 | 9.632 | 7.626 | 8.333 | 5.788 | 10.065 | 8.655 | 8.913 | 6.082 |
| ln*labcap* | 2.898 | 0.559 | 2.993 | 0.545 | 2.786 | 0.470 | 2.901 | 0.546 | 2.896 | 0.564 |
| ln*size* | 11.066 | 1.400 | 11.432 | 1.493 | 10.823 | 1.193 | 11.379 | 1.562 | 10.933 | 1.302 |
| *qfgendist* | 805.001 | 47304.090 | 80.984 | 522.358 | 54.819 | 122.468 | 820.774 | 47795.700 | 50.332 | 452.932 |
| *qfprodist* | 44.814 | 800.937 | 90.430 | 1517.551 | 22.362 | 54.687 | 44.711 | 802.248 | 49.699 | 736.280 |

---

[①] 对高低研发强度的划分与下文一致,以企业研发投入占总产值比重的均值为区分。

图4-4分别描绘了竞争性一般贸易进口产品质量和加工贸易进口产品质量与同类出口产品质量的关系。从中可以看出,随着进口产品质量提升,出口产品质量也逐渐提升,这意味着企业进口产品质量与性别工资差距是正相关的。当然这可能是由其他因素所导致的,如企业的生产率水平、企业规模、行业竞争状况、人力资本水平等,因此,更有意义的结论有待通过后文严谨的实证研究得出。

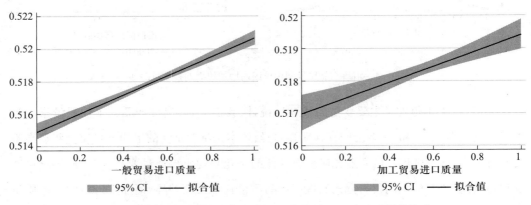

图4-4　一般贸易和加工贸易进口产品质量与出口产品质量的关系

## 4.3　实证结果及分析

### 4.3.1　基准回归

表4-2报告了竞争性产品进口质量对出口质量的基准回归结果。列(1)为HS6产品代码层面的回归结果。研究显示,无论一般贸易,还是加工贸易,进口产品质量均显著提高了同类出口产品的质量。列(2)为加入相关控制变量后,稳健标准误最小二乘回归结果。列(3)为Tobit模型回归结果,显示一般贸易下进口产品质量的提升,显著促进了同类产品出口质量的提升;但加工贸易下竞争性进口产品质量,对出口产品质量的促进作用不再显著。列(4)为引入滞后一期进口质量作为工具变量处理内生性的IVTobit回归,结果与列(2)和列(3)一致。列(5)和列(6)可以视为对前文回归的稳健性检验,其中,列(5)使用坎德尔瓦尔(KHW)方法重新测算进口产品质量,列(6)剔除了劳动密集型行业,结果都表明一般贸易进口产品质量显著提升了对应的出口产品质量,但加工贸易进口产品质量对出口产品质量的影响并不显著。其他变量的回归结果表明,企业生产率、资本密集度及企业所

在行业的集中度与出口产品质量呈显著的正相关;企业规模、进口中间品关税则与企业出口产品质量呈显著的负相关;政府补贴、企业融资能力、年龄与企业出口产品质量不相关。

表 4-2　基准回归结果

| 变量 | （1）OLS | （2）OLS | （3）Tobit | （4）IVTobit | （5）稳健性 1 | （6）稳健性 2 |
|---|---|---|---|---|---|---|
| *genquality* | 0.0099*** | 0.0180*** | 0.0180*** | 0.0153* | 0.0415*** | 0.0338*** |
|  | (16.67) | (4.64) | (4.65) | (1.91) | (12.27) | (6.59) |
| *proquality* | 0.0023*** | −0.0027 | −0.0027 | −0.0163* | −0.0017 | 0.0072 |
|  | (3.71) | (−0.74) | (−0.73) | (−1.83) | (−0.46) | (1.45) |
| *intarf* | — | −0.0022*** | −0.0022*** | −0.0020*** | −0.0022*** | −0.0030*** |
|  | — | (−5.21) | (−5.21) | (−4.47) | (−5.14) | (−5.37) |
| ln*tfp* | — | 0.0027** | 0.0027** | 0.0028** | 0.0026** | 0.0083*** |
|  | — | (2.31) | (2.32) | (2.43) | (2.27) | (5.44) |
| *hhigb*4 | — | 0.0886*** | 0.0885*** | 0.0871*** | 0.0772*** | 0.1017*** |
|  | — | (6.83) | (6.82) | (6.62) | (5.96) | (7.03) |
| *subr* | — | 0.0035 | 0.0034 | 0.0034 | 0.0043 | 0.0224 |
|  | — | (0.17) | (0.17) | (0.17) | (0.21) | (0.81) |
| *final* | — | 0.0015 | 0.0015 | 0.0009 | 0.0013 | 0.0039 |
|  | — | (0.64) | (0.65) | (0.41) | (0.59) | (1.55) |
| *age* | — | 0.0000 | 0.0000 | 0.0000 | 0.0000 | −0.0002* |
|  | — | (0.21) | (0.21) | (0.08) | (0.14) | (−1.87) |
| ln*labcap* | — | 0.0035** | 0.0035** | 0.0042*** | 0.0035** | −0.0035* |
|  | — | (2.52) | (2.51) | (2.98) | (2.55) | (−1.85) |
| ln*size* | — | −0.0032*** | −0.0032*** | −0.0035*** | −0.0031*** | −0.0074*** |
|  | — | (−3.33) | (−3.34) | (−3.61) | (−3.23) | (−6.03) |
| 行业控制 | 否 | 是 | 是 | 是 | 是 | 是 |
| 年份控制 | 否 | 是 | 是 | 是 | 是 | 是 |
| 常数项 | 0.5112*** | 0.6155*** | 0.6161*** | 0.6263*** | 0.5998*** | 0.4541*** |
|  | (1153.10) | (29.76) | (29.76) | (29.14) | (28.96) | (28.58) |
| Wald | — | — | — | 146.54 | — | — |
| 样本数 | 1928104 | 58653 | 58653 | 56901 | 58547 | 32218 |
| 调整后 $R^2$ | 0.0002 | 0.0648 | — | — | — | — |

注:Wald 检验为工具变量检验,***、**、* 分别表示在 1%、5%、10% 的水平上显著。

### 4.3.2　企业特征异质性的估计

表4-3分别报告了不同研发强度和不同所有制企业进口产品质量对同类出口产品质量的回归结果。列(1)和列(2)以企业研发投入占总产值比重的均值为区分,分别报告了高、低研发强度企业回归结果。实证发现,一般贸易下进口产品质量均显著提升了同类出口产品的质量,但加工贸易进口产品质量的影响在这两类企业之间产生了分化。其中,高研发强度企业的进口产品质量有助于提升其出口产品质量,低研发强度企业的进口质量反而降低了其同类出口产品质量。这个结论主要与两类企业的吸收能力差异有关,正如前文所述,进口产品的溢出效应必须与国内企业良好的吸收能力相配合,才能真正实现出口产品质量的提升。高研发强度企业通常具有高素质的人员构成、先进的机器设备及鼓励研发创新的资金分配方案和激励机制,因而进口高质量产品所蕴含的先进技术、知识和技能被快速吸收,并将这种内化的知识运用于出口产品的生产上,最终能够提高出口产品的质量;而低研发强度企业正好与之相反。列(3)至列(5)报告了不同所有制企业的回归结果,研究发现外资企业和民营企业一般贸易进口产品质量显著提升了同类出口产品质量,加工贸易进口产品质量对出口产品质量没有影响。这与全样本的回归结果一致。但特别的是,国有企业的回归结果出现了较大偏差,不仅加工贸易竞争性进口产品质量对出口产品质量没有显著影响,一般贸易下的影响也不再显著。对此,可能的原因在于,多数国有企业体量较大,具有较好的信用资质,更容易获得金融支持,获得资金、土地及部分原材料和零部件的成本更低,企业可以投入更多财力、物力用于提升出口产品质量。

**表4-3　区分研发程度和所有制的回归结果**

| 变量 | (1) 高研发强度 | (2) 低研发强度 | (3) 国有企业 | (4) 外资企业 | (5) 民营企业 |
|---|---|---|---|---|---|
| *genquality* | 0.0135* | 0.0194*** | 0.0230 | 0.0142** | 0.0220*** |
| | (1.88) | (4.23) | (1.19) | (2.44) | (4.12) |
| *proquality* | 0.0132* | −0.0089** | −0.0207 | −0.0071 | 0.0023 |
| | (1.93) | (−2.03) | (−1.16) | (−1.27) | (0.46) |
| *intarf* | −0.0014* | −0.0026*** | −0.0026 | −0.0020*** | −0.0024*** |
| | (−1.75) | (−5.20) | (−1.31) | (−3.17) | (−3.80) |
| ln*tfp* | 0.0065*** | 0.0009 | 0.0092* | −0.0025 | 0.0052*** |
| | (3.01) | (0.68) | (1.65) | (−1.49) | (3.11) |

| 变量 | （1）高研发强度 | （2）低研发强度 | （3）国有企业 | （4）外资企业 | （5）民营企业 |
|------|------|------|------|------|------|
| $hhigb4$ | 0.0962*** | 0.0851*** | 0.0647 | 0.1116*** | 0.0840*** |
| | (3.67) | (5.64) | (0.97) | (4.96) | (5.20) |
| $subr$ | −0.7368*** | 0.0107 | 0.3707 | 0.0636 | −0.0011 |
| | (−3.89) | (0.53) | (1.03) | (0.60) | (−0.06) |
| $final$ | 0.0087** | −0.0018 | −0.0063 | 0.0052* | 0.0006 |
| | (2.11) | (−0.65) | (−0.79) | (1.70) | (0.16) |
| $age$ | −0.0002* | 0.0002* | −0.0007*** | 0.0000 | 0.0003** |
| | (−1.75) | (1.68) | (−3.02) | (0.01) | (2.48) |
| $\ln labcap$ | 0.0007 | 0.0042*** | −0.0130* | 0.0033* | 0.0020 |
| | (0.26) | (2.58) | (−1.76) | (1.66) | (0.95) |
| $\ln size$ | −0.0022 | −0.0033*** | −0.0090* | 0.0005 | −0.0045*** |
| | (−1.28) | (−2.84) | (−1.87) | (0.35) | (−3.25) |
| 行业控制 | 是 | 是 | 是 | 是 | 是 |
| 年份控制 | 是 | 是 | 是 | 是 | 是 |
| 常数项 | 0.6169*** | 0.6245*** | 0.7471*** | 0.5878*** | 0.6286*** |
| | (12.63) | (27.15) | (7.42) | (19.87) | (20.60) |
| 样本数 | 17181 | 41472 | 2201 | 28060 | 28463 |

注：Wald 检验为工具变量检验，***、**、*分别表示在 1%、5%、10%的水平上显著。

### 4.3.3 来源地特征异质性的估计

考虑到不同进口来源地发展阶段、对外关系等特征差异，会对进口产品质量影响出口产品质量施加影响。本章将进口来源地按是否为 OECD 成员及是否为"一带一路"沿线国家进行区分，结果如表 4-4 所示。从中可以看出，无论基于 OECD 成员还是基于"一带一路"沿线国家分组，一般贸易下进口产品质量均显著提升了同类出口产品的质量，但加工贸易在不同的类型中则出现明显差异，即进口来源地为 OECD 成员或为非"一带一路"沿线国家时，加工贸易进口产品质量对同类出口产品质量影响不显著，但当进口来源国为非 OECD 成员或为"一带一路"沿线国家时，进口产品质量反而降低了出口产品质量。对此，这主要与中国对外贸易的市场结构及不同国家贸易品的产品结构有关。长期的贸易实践表明，美国、欧盟、日本一直是中国主要的贸易伙伴，也是中国加工进口最重要的来源地，这些OECD成员暂未实质性地参与我国的"一带一路"倡议[①];而众多非 OECD 成员和"一带一路"沿线国家,不仅在我国加工贸易中所占份额较少,且由于自身经济发展水平和技术水平的限制,出口到我国的产品质量相对较低,因而不仅没有发挥进口质量对出口质量的提升作用,反而在一定程度上降低了同类竞争性产品出口质量。

表 4-4　区分是否属于 OECD 成员和"一带一路"沿线国家的回归结果

| 变量 | (1) OECD 成员 | (2) 非 OECD 成员 | (3) "一带一路"沿线国家 | (4) 非"一带一路"沿线国家 |
|---|---|---|---|---|
| genquality | 0.0134*** | 0.0420*** | 0.0405*** | 0.0141*** |
| | (2.92) | (5.68) | (4.34) | (3.28) |
| proquality | 0.0039 | -0.0131* | -0.0230*** | 0.0026 |
| | (0.89) | (-1.94) | (-2.65) | (0.63) |
| intarf | -0.0023*** | -0.0021*** | -0.0024** | -0.0022*** |
| | (-4.48) | (-2.77) | (-2.57) | (-4.62) |
| lntfp | 0.0026* | 0.0033 | 0.0104*** | 0.0015 |
| | (1.88) | (1.56) | (3.91) | (1.18) |
| hhigb4 | 0.1094*** | 0.0216 | 0.0037 | 0.1043*** |
| | (7.17) | (0.88) | (0.13) | (7.23) |
| subr | -0.0077 | 0.0330 | 0.0154 | 0.0006 |
| | (-0.32) | (0.93) | (0.42) | (0.03) |
| final | 0.0029 | -0.0076 | -0.0084 | 0.0022 |
| | (1.17) | (-1.05) | (-0.93) | (0.90) |
| age | 0.0001 | -0.0003** | -0.0002 | 0.0000 |
| | (0.94) | (-1.99) | (-1.15) | (0.43) |
| lnlabcap | 0.0026 | 0.0041* | 0.0020 | 0.0034** |
| | (1.57) | (1.68) | (0.64) | (2.20) |
| lnsize | -0.0031*** | -0.0036** | -0.0084*** | -0.0025** |
| | (-2.71) | (-2.07) | (-4.00) | (-2.33) |
| 行业控制 | 是 | 是 | 是 | 是 |
| 年份控制 | 是 | 是 | 是 | 是 |
| 常数项 | 0.5838*** | 0.6419*** | 0.6660*** | 0.5983*** |
| | (20.18) | (22.02) | (18.19) | (24.18) |
| 样本数 | 43380 | 15273 | 9465 | 49188 |

注:Wald 检验为工具变量检验,***、**、* 分别表示在 1%、5%、10%的水平上显著。

[①] 欧盟有部分成员参与了"一带一路"倡议,但欧盟整体依然对"一带一路"倡议抱有一定的怀疑和不信任,如 2018 年 4 月,欧洲议会外委会就欧中关系报告进行首次审议,要求成员在"16+1""一带一路"倡议等问题上,不应损害欧盟对华共同立场。

表 4-5 报告了高、低收入地区和是否存在反倾销等分组的回归结果。依据世界银行的划分标准将产品的进口来源地分为高收入地区和低收入地区,并统计考察期内是否对中国发起过反倾销调查。分组回归结果显示,来自高收入地区的进口产品质量提升有利于改善中国出口产品质量。但当进口来源地为低收入地区时,无论一般贸易还是加工贸易,均没有显著影响。对此,可以用上文的部分结论进行解释,低收入地区在中国对外贸易中所占整体份额较低,且进口产品质量相对于高收入地区也存在较大差距,因而很难发挥进口产品质量对出口质量的促进效应。进一步从反倾销调查结果来看,对一般贸易而言,不管是否存在反倾销调查,进口产品质量均有利于出口质量提升,且当进口来源地对中国不存在反倾销调查时影响效应更大。而对加工贸易而言,当进口来源地对中国存在反倾销调查时,影响不显著,不存在反倾销调查时则呈现负向影响,与整体回归一致。这可能是因为存在反倾销调查时,会变相增加该地出口产品到中国的成本,因而反倾销调查一定程度上起到贸易壁垒的作用,并干扰了加工贸易进口质量对出口质量的影响效应。

表 4-5　区分不同收入水平和是否为反倾销来源地的回归结果

| 变量 | (1)<br>高收入地区 | (2)<br>低收入地区 | (3)<br>存在反倾销 | (4)<br>不存在反倾销 |
|---|---|---|---|---|
| *genquality* | 0.0206*** | 0.0004 | 0.0141*** | 0.0436*** |
|  | (4.92) | (0.04) | (3.34) | (4.32) |
| *proquality* | 0.0003 | −0.0097 | 0.0001 | −0.0267*** |
|  | (0.07) | (−1.03) | (0.03) | (−2.84) |
| *intarf* | −0.0022*** | −0.0028*** | −0.0021*** | −0.0024** |
|  | (−4.71) | (−2.62) | (−4.54) | (−2.54) |
| ln*tfp* | 0.0021* | 0.0073** | 0.0023* | 0.0051* |
|  | (1.67) | (2.44) | (1.86) | (1.88) |
| *hhigb*4 | 0.1077*** | −0.0412 | 0.0946*** | 0.0386 |
|  | (7.65) | (−1.24) | (6.73) | (1.15) |
| *subr* | −0.0138 | 0.0612* | 0.0053 | −0.0038 |
|  | (−0.59) | (1.69) | (0.25) | (−0.07) |
| *final* | 0.0019 | −0.0034 | 0.0020 | −0.0024 |
|  | (0.79) | (−0.34) | (0.83) | (−0.30) |
| *age* | 0.0000 | −0.0001 | 0.0000 | −0.0001 |
|  | (0.26) | (−0.70) | (0.37) | (−0.51) |

续表

| 变量 | （1）<br>高收入地区 | （2）<br>低收入地区 | （3）<br>存在反倾销 | （4）<br>不存在反倾销 |
|---|---|---|---|---|
| ln*labcap* | 0.0033 ** | 0.0039 | 0.0033 ** | 0.0018 |
| | （2.17） | （1.11） | （2.18） | （0.56） |
| ln*size* | −0.0028 *** | −0.0071 *** | −0.0030 *** | −0.0048 ** |
| | （−2.69） | （−3.00） | （−2.85） | （−2.13） |
| 行业控制 | 是 | 是 | 是 | 是 |
| 年份控制 | 是 | 是 | 是 | 是 |
| 常数项 | 0.6022 *** | 0.6563 *** | 0.6062 *** | 0.6538 *** |
| | （24.12） | （17.63） | （25.60） | （15.86） |
| 样本数 | 50979 | 7674 | 50075 | 8578 |

注：Wald 检验为工具变量检验，*** 、** 、* 分别表示在 1% 、5% 、10% 的水平上显著。

### 4.3.4 基于进口产品质量梯度的调节机制

根据前文理论分析,进口产品质量梯度所反映的技术溢出和多质量层次会对产品进口质量影响企业出口质量起着调节作用,本章通过引入进口产品质量与进口产品质量梯度的交互项进行考察。需要说明的是,考虑到进口产品质量梯度与其进口产品质量的交互项存在高度共线性,即使中心化变换后与一般贸易下和加工贸易下交互项的相关系数仍大于0.5,且在 1% 内显著。对此,本章为剔除共线性的影响,借鉴坎德尔瓦尔等[1]的做法,在调节效应方程中去除了进口产品质量梯度变量,只保留了交互项。[2] 表 4-6 报告了基于进口产品质量梯度的调节效应回归结果,列(1)和列(2)、列(3)和列(4)分别报告了一般贸易和加工贸易下进口产品质量梯度在进口产品质量影响同类产品出口质量中的调节效应。从中可以看出,进口产品质量梯度与进口产品质量的交互项系数显著为正,表明进口产品质量梯度越大,对进口产品质量影响同类出口产品质量的促进作用就越大,这一结论无论在一般贸易下还是加工贸易条件下均成立。这一结果进一步验证了本章在理论部分的分析,即进口产品的质量梯度越大,带来的技术溢出效应、示范效应、学习效应可以促进不同层次

---

[1] Khandelwal, A. K., Schott, P. K. and Wei, S. "Trade Liberalization and Embedded Institutional Reform: Evidence from Chinese Exporters", *American Economic Review*, vol. 103, no. 6(2013), pp. 2169-2195.

[2] 一些学者在考察相关调节效应时也使用了这种只包括核心自变量和调节交互项的分析方程,在一定程度上支持了本章的做法。Khandelwal, A. K., Schott, P. K. and Wei, S. "Trade Liberalization and Embedded Institutional Reform: Evidence from Chinese Exporters", *American Economic Review*, vol. 103, no. 6 (2013), pp. 2169-2195; Liu, R., Rosell, C. "Import Competition, Multi-product Firms, and Basic Innovation", *Journal of International Economics*, vol. 91, no. 2(2013), pp. 220-234.

的企业学习和吸收技术溢出,最终从整体上提升同类产品的出口质量。

表 4-6　基于进口产品质量梯度的调节机制

| 变量 | (1) | (2) | (3) | (4) |
|---|---|---|---|---|
| | Tobit | IVTobit | Tobit | IVTobit |
| genquality | 0.0190*** | 0.0188** | 0.0176*** | 0.0151* |
| | (4.93) | (2.35) | (4.55) | (1.89) |
| proquality | −0.0033 | −0.0206** | −0.0030 | −0.0200** |
| | (−0.89) | (−2.31) | (−0.80) | (−2.24) |
| qfgendist | 0.00002*** | 0.00002*** | — | — |
| | (14.17) | (14.07) | — | — |
| qfprodist | — | — | 0.000008*** | 0.000008*** |
| | — | — | (7.04) | (7.03) |
| intarf | −0.0021*** | −0.0019*** | −0.0022*** | −0.0019*** |
| | (−5.10) | (−4.34) | (−5.20) | (−4.44) |
| lntfp | 0.0030*** | 0.0032*** | 0.0027** | 0.0029** |
| | (2.62) | (2.74) | (2.37) | (2.49) |
| hhigb4 | 0.0600*** | 0.0582*** | 0.0886*** | 0.0869*** |
| | (4.58) | (4.38) | (6.83) | (6.61) |
| subr | 0.0039 | 0.0038 | 0.0034 | 0.0034 |
| | (0.19) | (0.19) | (0.17) | (0.17) |
| final | 0.0017 | 0.0011 | 0.0015 | 0.0010 |
| | (0.73) | (0.50) | (0.65) | (0.42) |
| age | 0.0000 | 0.0000 | 0.0000 | 0.0000 |
| | (0.32) | (0.19) | (0.19) | (0.07) |
| lnlabcap | 0.0037*** | 0.0045*** | 0.0035** | 0.0043*** |
| | (2.69) | (3.20) | (2.53) | (3.01) |
| lnsize | −0.0033*** | −0.0036*** | −0.0032*** | −0.0036*** |
| | (−3.44) | (−3.74) | (−3.40) | (−3.69) |
| 行业控制 | 是 | 是 | 是 | 是 |
| 年份控制 | 是 | 是 | 是 | 是 |
| 常数项 | 0.6131*** | 0.6246*** | 0.6164*** | 0.6285*** |
| | (29.66) | (29.10) | (29.79) | (29.25) |
| Wald | — | 4.85 | — | 4.83 |
| 样本数 | 58653 | 56901 | 58653 | 56901 |

注:Wald 检验为工具变量检验,***、**、*分别表示在 1%、5%、10%的水平上显著。

### 4.3.5 基于创新的中介机制

前文细致地探讨了进口产品质量对出口产品质量的影响,但我们更关心的是进口产品质量通过何种途径影响同类产品的出口质量。大量研究表明,企业出口产品质量提升很大程度上依靠企业创新能力。那么,一个显然的问题是进口产品质量是否会对企业创新能力产生影响。根据前文分析,进口产品质量至少会对企业创新产生如下方面的影响:一是进口高质量产品的技术溢出有助于企业跨越技术门槛,从而提升其创新能力;二是高质量进口投入品代替原有投入品可能会降低对应生产环节的使用成本,或者使得其他生产环节的生产成本下降,从而提高企业利润率,使企业更有能力和资源用于技术创新;三是进口高质量的产品也会使企业产生路径依赖,进而替代企业自主研发,并降低企业的创新能力。因为要实现产品和技术升级,企业既可以选择自主研发,也可以选择直接进口高质量中间品,但自主研发具有高投入、高风险和收益周期长的特性,因而很多企业会选择风险更小、周期更短的直接进口,这容易形成关键设备和零部件的进口依赖,降低企业自主研发能力。

表4-7报告了企业创新在竞争性产品进口质量影响出口产品质量中的中介作用。其中,列(1)是进口产品质量对企业创新的影响,结果表明一般贸易下的竞争性产品质量显著提高企业创新能力,加工贸易没有显著影响;列(2)报告了控制企业创新能力以后,进口产品质量对同类出口产品质量的影响,表明企业创新能力确实提高了出口产品质量;列(3)和列(4)则是以进口产品质量的滞后一期作为工具变量的实证结果,结论基本稳健。上述结果进一步表明,一般贸易下进口产品质量的提升,确实通过企业创新路径,显著提升了出口产品质量。但加工贸易下竞争性产品进口质量的提升,对企业创新活动的影响并不显著,其通过企业创新路径影响出口产品质量的中介效应具有不确定性。

表4-7 基于企业创新路径的中介机制

| 变量 | Tobit | | IVTobit | |
|---|---|---|---|---|
| | (1) | (2) | (3) | (4) |
| | 企业创新 | 出口质量 | 企业创新 | 出口质量 |
| *genquality* | 1.8271*** | 0.0208*** | 8.0041*** | 0.0175** |
| | (4.21) | (4.95) | (8.46) | (2.02) |
| *proquality* | −0.0152 | −0.0039 | 3.5099*** | −0.0164* |
| | (−0.04) | (−0.97) | (3.22) | (−1.65) |
| *intarf* | −0.1074** | −0.0024*** | −0.0849 | −0.0021*** |
| | (−2.04) | (−5.12) | (−1.54) | (−4.35) |

| 变量 | Tobit | | IVTobit | |
|---|---|---|---|---|
| | （1） | （2） | （3） | （4） |
| | 企业创新 | 出口质量 | 企业创新 | 出口质量 |
| ln$tfp$ | −0.9814*** | 0.0032** | −1.0879*** | 0.0033** |
| | （−6.89） | （2.48） | （−7.46） | （2.57） |
| $hhigb4$ | 9.8692*** | 0.1021*** | 10.4306*** | 0.1007*** |
| | （6.80） | （7.39） | （7.02） | （7.18） |
| $subr$ | 4.7623** | 0.0061 | 4.4208* | 0.0062 |
| | （2.12） | （0.30） | （1.92） | （0.30） |
| $final$ | 0.0669 | −0.0007 | 0.0451 | −0.0015 |
| | （0.55） | （−0.27） | （0.36） | （−0.57） |
| $age$ | 0.2547*** | 0.0000 | 0.2489*** | −0.0000 |
| | （26.39） | （0.00） | （24.82） | （−0.14） |
| ln$labcap$ | −0.6102*** | 0.0023 | −0.5994*** | 0.0032** |
| | （−3.76） | （1.51） | （−3.59） | （2.02） |
| ln$size$ | 3.1352*** | −0.0032*** | 3.1792*** | −0.0036*** |
| | （27.26） | （−3.04） | （26.94） | （−3.31） |
| ln$nep$ | — | 0.0002* | — | 0.0002* |
| | — | （1.25） | — | （1.62） |
| 行业控制 | 是 | 是 | 是 | 是 |
| 年份控制 | 是 | 是 | 是 | 是 |
| 常数项 | −46.9779*** | 0.6120*** | −53.1004*** | 0.6214*** |
| | （−17.84） | （27.62） | （−19.41） | （26.96） |
| $Wald$ | — | — | 65.08 | 4.35 |
| 样本数 | 62429 | 49418 | 60256 | 47666 |

注：$Wald$ 检验为工具变量检验，***、**、* 分别表示在 1%、5%、10% 的水平上显著。

## 4.4　基于增加值率的拓展研究

### 4.4.1　进口质量影响出口国内增加值率

优化进出口商品结构不仅体现在提高进出口商品质量上，在全球价值链深化发展的新形势下也要求提高国内增加值率。改革开放以来的贸易实践也表明,虽然中国出口了大量高质量、高技术产品,但其背后仅是中国企业凭借低廉的劳动力成本,嵌入了高质量产品全球价值链中的低增加值环节而已,表现为中国出口的高质量产品国内增加值低的"统计幻象"。由于出口国内增加值率是由出口产品总收益和国内增加值两部分构成,中间投入品进口质量的提升可能会带来出口总体收益的增加,同时会引致对国内或国外相关配套产品的需求,进而影响国内增加值的变动。因此,在全面推动中国对外贸易"优进优出"背景下,有必要对进口高质量中间投入品与出口国内增加值率的关系进行深入研究。

表4-8报告了区分贸易方式的回归结果,其中,列(1)至列(3)分别为一般贸易、加工贸易和混合贸易下进口产品质量对出口国内增加值率的影响,列(4)至列(6)是以进口产品质量滞后一期作为工具变量的回归结果。研究结果均表明,一般贸易下进口产品质量显著提高了出口国内增加值率,但加工贸易降低了国内出口增加值率。由于进口产品质量同时存在对出口国内增加值率不同的作用机制,因此在不同贸易方式下有必要区分不同机制的内在差别。首先,进口产品质量提升直接反映为价格提高,当国内投入品和最终产出品价格不变时,进口价格提升将降低出口国内增加值率。其次,高质量中间品进口会对国内同类产品产生挤出效应,从而降低国内出口增加值率。再次,高质量的中间投入品进口也可能会搭载更多的国内相关配套产品,提高国内增加值率。最后,进口中间品的质量升级效应有助于扩大出口市场,进而提高企业总收益。当企业总收益增长大于进口产品支出的增长时,对企业出口国内增加值率有促进作用;反之则有抑制作用。结合上述作用机制,可以发现,总体上进口产品质量提升因为生产率效应、创新效应和市场规模效应等有助于企业总收益的增长,而且在加速效应的作用下,总收益的增长往往大于进口支出的增长,因而最终能提高出口国内增加值率。但对一般贸易而言,由于全部进口原材料或零部件需要再出口,因而高质量下的高价格对生产成本的提升及因进口竞争对国内同类产品的挤出效应作用更加明显,最终抑制了出口国内增加值率的提升。

表4-8　进口质量影响出口国内增加值率的回归结果

| 变量 | Tobit | | | IVTobit | | |
|---|---|---|---|---|---|---|
| | (1) | (2) | (3) | (4) | (5) | (6) |
| | 纯一般贸易 | 纯加工贸易 | 混合贸易 | 纯一般贸易 | 纯加工贸易 | 混合贸易 |
| *genquality* | 0.0369*** | — | 0.0478*** | 0.0867*** | — | 0.1149*** |
| | (6.18) | — | (6.56) | (4.66) | — | (5.03) |

| 变量 | Tobit | | | IVTobit | | |
|---|---|---|---|---|---|---|
| | （1） | （2） | （3） | （4） | （5） | （6） |
| | 纯一般贸易 | 纯加工贸易 | 混合贸易 | 纯一般贸易 | 纯加工贸易 | 混合贸易 |
| *proquality* | — | $-0.0905^{***}$ | $-0.0982^{***}$ | — | $-0.1598^{***}$ | $-0.1595^{***}$ |
| | — | （-17.22） | （-13.64） | — | （-9.79） | （-8.69） |
| ln*size* | $-0.0144^{***}$ | $-0.0110^{***}$ | $-0.0120^{***}$ | $-0.0151^{***}$ | $-0.0136^{***}$ | $-0.0130^{***}$ |
| | （-18.10） | （-16.17） | （-13.33） | （-13.64） | （-11.74） | （-10.20） |
| *Age* | $-0.0012^{***}$ | $-0.0011^{***}$ | $-0.0007^{***}$ | $-0.0016^{***}$ | $-0.0009^{***}$ | $-0.0008^{***}$ |
| | （-7.99） | （-7.41） | （-3.71） | （-7.58） | （-3.74） | （-2.85） |
| *proexpr* | $-0.2526^{***}$ | $-0.3164^{***}$ | $-0.2710^{***}$ | $-0.2360^{***}$ | $-0.2776^{***}$ | $-0.2606^{***}$ |
| | （-92.93） | （-142.35） | （-87.88） | （-61.93） | （-70.09） | （-58.33） |
| ln*labcap* | $-0.0254^{***}$ | $-0.0164^{***}$ | $-0.0256^{***}$ | $-0.0341^{***}$ | $-0.0290^{***}$ | $-0.0306^{***}$ |
| | （-14.34） | （-10.85） | （-12.60） | （-13.30） | （-10.93） | （-10.38） |
| *repu* | $-0.0615^{***}$ | $-0.0354^{*}$ | $-0.0531^{*}$ | $-0.0220$ | $-0.0642$ | $0.0012$ |
| | （-2.65） | （-1.76） | （-1.82） | （-0.62） | （-1.60） | （0.03） |
| *hhigb4* | $0.0041$ | $0.0639^{***}$ | $0.0701^{**}$ | $0.0433$ | $0.1187^{***}$ | $0.1311^{***}$ |
| | （0.17） | （2.63） | （2.38） | （1.25） | （2.94） | （3.05） |
| *final* | $0.0024$ | $-0.0005$ | $0.0008$ | $0.0118^{**}$ | $-0.0052$ | $0.0078$ |
| | （1.06） | （-0.65） | （0.36） | （2.22） | （-1.62） | （0.95） |
| *subr* | $-0.0281$ | $0.1166$ | $0.0247$ | $-0.0523$ | $0.2036$ | $0.1883$ |
| | （-0.37） | （1.63） | （0.20） | （-0.38） | （1.34） | （1.12） |
| *dpub* | $-0.0440^{***}$ | $-0.0387^{***}$ | $-0.0531^{***}$ | $-0.0370^{***}$ | $-0.0331^{***}$ | $-0.0347^{***}$ |
| | （-6.96） | （-6.15） | （-6.70） | （-4.18） | （-3.18） | （-3.03） |
| *dforg* | $-0.0183^{***}$ | $-0.0138^{***}$ | $-0.0307^{***}$ | $-0.0267^{***}$ | $-0.0392^{***}$ | $-0.0385^{***}$ |
| | （-7.38） | （-6.25） | （-10.21） | （-7.42） | （-10.01） | （-8.49） |
| *dhk* | $-0.0100^{***}$ | $-0.0137^{***}$ | $-0.0167^{***}$ | $-0.0183^{***}$ | $-0.0243^{***}$ | $-0.0188^{***}$ |
| | （-3.51） | （-5.90） | （-4.89） | （-4.38） | （-5.56） | （-3.65） |
| *dcoll* | $-0.0181^{***}$ | $-0.0074$ | $-0.0237^{***}$ | $-0.0169$ | $-0.0311^{***}$ | $-0.0322^{**}$ |
| | （-2.69） | （-1.33） | （-2.75） | （-1.64） | （-2.68） | （-2.36） |
| 行业控制 | 是 | 是 | 是 | 是 | 是 | 是 |
| 年份控制 | 是 | 是 | 是 | 是 | 是 | 是 |
| 常数项 | $0.9555^{***}$ | $1.0145^{***}$ | $1.0086^{***}$ | $0.9793^{***}$ | $1.1417^{***}$ | $1.0664^{***}$ |
| | （81.80） | （108.39） | （71.63） | （50.48） | （62.01） | （44.17） |
| *Wald* | — | — | — | 8.77 | 19.41 | 27.03 |
| 样本数 | 54459 | 75615 | 39438 | 27526 | 24021 | 19868 |

注：*Wald* 检验为工具变量检验，$^{***}$、$^{**}$、$^{*}$ 分别表示在 1%、5%、10% 的水平上显著。

### 4.4.2　稳健性检验

表 4-9 提供了竞争性进口产品质量影响出口国内增加值的诸多稳健型检验的回归结果。列(1)至列(3)剔除了劳动密集型行业,列(4)考虑了企业面临的竞争性进口产品冲击,控制了四位码行业最终品的进口关税(constarf),列(5)剔除了汇率改革的影响,只保留2000 年至 2005 年的样本。与基准回归相比,主要变量的符号和大小均未发生明显改变,说明回归结果是稳健的,也进一步验证了我们的结论,即一般贸易下竞争性进口产品质量有助于提高企业出口国内增加值率,但加工贸易下进口质量对出口国内增加值的促进作用受到抑制。

表 4-9　稳健性检验

| 变量 | (1)<br>一般贸易 | (2)<br>加工贸易 | (3)<br>混合贸易 | (4)<br>一般贸易 | (5)<br>一般贸易 |
|---|---|---|---|---|---|
| genquality | 0.0277*** | — | 0.0322*** | 0.0507*** | 0.0493*** |
| | (3.57) | — | (3.34) | (6.92) | (5.36) |
| proquality | — | -0.0885*** | -0.0957*** | -0.0963*** | -0.0910*** |
| | — | (-12.55) | (-10.53) | (-13.28) | (-9.88) |
| constarf | — | — | — | 0.0016*** | 0.0015*** |
| | — | — | — | (9.70) | (7.69) |
| lnsize | -0.0139*** | -0.0140*** | -0.0119*** | -0.0121*** | -0.0122*** |
| | (-13.89) | (-15.29) | (-10.42) | (-13.31) | (-10.84) |
| age | -0.0011*** | -0.0006*** | -0.0005** | -0.0008*** | -0.0010*** |
| | (-5.72) | (-3.18) | (-2.14) | (-4.32) | (-4.35) |
| proexpr | -0.2167*** | -0.2402*** | -0.2278*** | -0.2695*** | -0.2814*** |
| | (-61.44) | (-75.92) | (-56.95) | (-86.94) | (-72.58) |
| lnlabcap | -0.0285*** | -0.0253*** | -0.0287*** | -0.0249*** | -0.0215*** |
| | (-12.77) | (-12.25) | (-11.22) | (-12.22) | (-8.72) |
| repu | -0.0329 | 0.0138 | -0.0097 | -0.0452 | -0.0409 |
| | (-1.11) | (0.47) | (-0.25) | (-1.54) | (-1.22) |
| hhigb4 | 0.0354 | 0.1056*** | 0.1098*** | 0.0517* | 0.0138 |
| | (1.27) | (3.78) | (3.29) | (1.74) | (0.38) |
| final | 0.0014 | 0.0021 | 0.0005 | 0.0008 | -0.0006 |
| | (0.57) | (0.80) | (0.19) | (0.33) | (-0.25) |

| 变量 | （1）<br>一般贸易 | （2）<br>加工贸易 | （3）<br>混合贸易 | （4）<br>一般贸易 | （5）<br>一般贸易 |
|---|---|---|---|---|---|
| *subr* | −0.0768 | 0.0718 | −0.0046 | 0.0520 | 0.1693 |
| | （−0.85） | （0.84） | （−0.03） | （0.43） | （1.21） |
| *dpub* | −0.0524*** | −0.0586*** | −0.0689*** | −0.0521*** | −0.0574*** |
| | （−6.67） | （−6.98） | （−6.97） | （−6.50） | （−6.35） |
| *dforg* | −0.0342*** | −0.0367*** | −0.0471*** | −0.0313*** | −0.0307*** |
| | （−10.46） | （−11.30） | （−11.57） | （−10.34） | （−8.01） |
| *dhk* | −0.0188*** | −0.0178*** | −0.0250*** | −0.0166*** | −0.0162*** |
| | （−4.99） | （−5.15） | （−5.39） | （−4.83） | （−3.74） |
| *dcoll* | 0.0026 | 0.0108 | 0.0043 | −0.0236*** | −0.0274*** |
| | （0.27） | （1.10） | （0.32） | （−2.72） | （−2.86） |
| 行业控制 | 是 | 是 | 是 | 是 | 是 |
| 年份控制 | 是 | 是 | 是 | 是 | 是 |
| 常数项 | 0.9168*** | 0.9953*** | 0.9559*** | 0.9805*** | 0.9993*** |
| | （45.70） | （53.32） | （39.52） | （67.97） | （57.25） |
| 样本数 | 34727 | 39955 | 24885 | 38960 | 25238 |

注：*Wald* 检验为工具变量检验，***、**、*分别表示在 1%、5%、10%的水平上显著。

## 4.5  本章小结

党的十九大以来，中国对外贸易的国内外市场环境发生深刻变革，中美贸易关系复杂，国际贸易环境日趋恶化，一些传统的比较优势面临严峻的外部挑战。国内经济转型升级和"一带一路"倡议的深入推进，也为中国基于"优进优出"的贸易发展方式转变提供了新的机遇。基于此，本章利用中国工业企业数据和海关数据的匹配数据库，实证研究了进口产品质量提升对出口产品质量和出口国内增加值率的影响。研究发现：① 总体来看，基于 Tobit、IVTobit 等多种计量方案，一般贸易进口产品质量显著提升了对应的出口产品质量，且在高、低研发强度企业，外资企业和民营企业间均得到一致结果。加工贸易进口产品质量对出口产品质量的影响则不显著，分所有制的估计结果与总体样本一致，高研发强度企业进口产品质量有利于提升其出口产品质量，而低研发强度企业进口质量降低了其出口产品质量；国有企业均不显著。② 基于来源地特征异质性的分析也发现，无论基于是否为

OECD 成员、"一带一路"沿线国家,还是基于是否存在反倾销调查分组,一般贸易下进口产品质量均显著提升了同类出口产品的质量,高收入进口来源地也同样如此,但对低收入地区则不显著。对加工贸易而言,来自非 OECD 成员和"一带一路"沿线国家进口产品质量会降低出口产品质量,其余地区则不显著。③ 基于影响机制的研究发现,不管一般贸易还是加工贸易,进口产品质量梯度均对进口产品质量影响同类出口产品质量的促进作用形成正向调节效应。一般贸易下进口产品质量的提升通过企业创新路径,显著提升了出口产品质量;但加工贸易下产品进口质量的提升,对企业创新活动的影响并不显著,通过企业创新路径影响出口产品质量的中介效应具有不确定性。④ 利用出口国内增加值率的拓展研究发现,一般贸易下进口产品质量显著提高了出口国内增加值率,但加工贸易降低了国内出口增加值率。

上述结论在中美贸易复杂局势持续加剧、扩大进口促进中国对外贸易平衡发展的复杂背景下,具有重要政策含义。一是应积极落实《关于扩大进口促进对外贸易平衡发展的意见》,着力发挥"优进"对"优出"的促进作用。区分一般贸易和加工贸易的不同作用机制,进一步改善一般贸易下高质量、高技术、紧缺型、实用型产品的进口,同时优化加工贸易产品进口质量和进口结构,兼顾外贸持续稳定增长的长期目标与加工贸易带动就业的短期目标的平衡。二是应注重进口产品质量差异化和来源地差异化对国内出口产品质量的异质性影响,除继续巩固传统贸易伙伴关系外,进一步优化同非 OECD 成员、"一带一路"沿线国家和低收入地区的贸易结构,促进双边贸易产品质量、贸易产品种类的持续优化。三是应更加重视进出口企业的自主创新,释放企业创新能力在"优进优出"中的中介效应,在一定程度上避免对国外高质量进口产品的过度依赖。四是出口国内增加值率是表征中国企业参与全球价值链分工的重要尺度,本章基于出口国内增加值率的研究再次表明,提升进口质量是融入国际分工合作、有效提升供给质量的重要途径,尤其是一般贸易下进口产品质量提升对实现中国对外贸易"优进优出"具有重要意义。

# 5 中国出口贸易动态演进影响收入分配的实证研究

中国加入 WTO 以来,出台了一系列源于关税削减、外贸经营权管理制度改革和人民币汇率改革等有力措施,极大降低了企业的出口门槛,释放了对外贸易的规模效应,迅速成长为全球最重要的贸易体之一。与此同时,出口贸易结构也持续优化,与入世前的 1992 年相比,2005 年中国农产品和纺织服装产品等劳动密集型产品出口占比大幅下降,计算机和其他电子类产品等高新技术产品出口占比则明显上升。然而与对外贸易的繁荣形成鲜明对比的是,城镇居民的工资差异不仅没有缩小,反而持续拉大。据中国城镇住户调查数据的测算发现,城镇可比样本的基尼系数和泰尔指数[①]分别由 1995 年的 0.35 和 0.23 增至 2007 年的 0.42 和 0.33。毫无疑问,出口开放与工资差异的拉大具有千丝万缕的联系,如何让不同群体公平地享有贸易开放的成果,实现"居民收入增长和经济发展同步、劳动报酬增长和劳动生产率提高同步"的收入倍增目标,自然成为各界讨论的焦点。

事实上,在贸易规模扩张和贸易结构优化的进程中,出口开放对技能工资差异的影响已变得相对复杂。一方面,出口规模扩张带动了以劳动密集型产业为核心的加工贸易的发展,并促进了中国具有比较优势的低技能劳动力就业和工资水平的提升,进而有利于缩小技能工资差距。另一方面,贸易结构优化驱动的引致性就业调整,通过增加对熟练劳动力的相对需求,降低对非熟练劳动力的相对需求,正逐步改变劳动力市场的技能结构,并直接影响了不同技能劳动力的工资水平,扩大了技能工资差异。来自周申等的估算证实了这一判断,1993 年至 2007 年贸易结构变动导致中国贸易带动非熟练劳动力就业下降 1682.11

---

[①] 书中基尼系数和泰尔指数由作者根据 1995 年、2002 年和 2007 年 CHIP 数据的城镇样本测算,具体数据描述将在后文给出。

万人,而熟练劳动力就业下降仅 37.36 万人,贸易的劳动力市场技能偏向效应十分突出。[1]那么,在二者的综合作用下,出口开放究竟对中国城镇居民技能工资差异的影响如何,出口开放是缩小还是扩大了技能工资差异? 对上述问题的回答将是本章关注的重点所在。

## 5.1 文献综述

关于贸易影响工资差异的研究,学者们多从经典的赫克歇尔-俄林理论(Heckcher-Ohlin Theory,H-O)和斯托尔珀-萨缪尔森定理(Stolper-Samuelson Theorem,S-S)出发,认为国际贸易通过要素收入分配效应,会显著提升具有劳动力禀赋优势的发展中国家非熟练劳动力的工资水平,并缩小不同技能间的工资差异。但这并未得到广大发展中国家的经验证实,中国、印度和墨西哥等国的工资差异不降反增,使得传统新古典贸易理论的研究结论备受质疑,甚至有学者抛出"斯托尔珀-萨缪尔森定理已过时"的观点。鉴于此,经济学家开始在贸易因素之外寻求对工资差异的新解释,而异质性劳动力的引入则为解决上述难题提供了新的思路。

20 世纪 80 年代以来,美国等一些国家的贸易实践表明,劳动力的技能禀赋差异是影响其工资水平的重要因素,且在贸易开放条件下高技能劳动力与低技能劳动力的工资水平逐步拉大。奥德雷奇和维瓦雷利(Audretsch & Vivarelli)等较早注意到高技能劳动力溢出效应会导致企业区位集聚,并引致了高、低技能劳动力工资水平的分化。[2] 芬斯特拉和汉森早期的系列研究中,通过区分熟练工人和非熟练工人以及不同技术水平的生产工序,构建离岸外包模型的研究发现,与传统赫克歇尔-俄林框架所认为的商品贸易会扩大富国的收入差距并缩小穷国的收入差距不同的是,贸易会扩大双方的收入差距。[3] 芬斯特拉和汉森两位学者接下来的研究,以受教育水平衡量工人技能水平,进一步证实了 1979 年至 1995 年美国全职工人的技能工资差异显著拉大。[4] 安德森则认为劳动者需根据自身掌握的技能匹配相应的职位和工资水平,而贸易的开展则会提升高技能工人的工资水平,并恶化低技

① 周申、李可爱、鞠然:《贸易结构与就业结构:基于中国工业部门的分析》,《数量经济技术经济研究》2012 年第 3 期,第 63~75,101 页。
② Audretsch,D. B. and Vivarelli,M. "Determinants of New-Firm Startups in Italy",*Empirica*,vol. 23(1996),pp. 91-105.
③ Feenstra,R. C. and Hanson,G. H. "The Impact of Outsourcing and High-Technology Capital on Wages:Estimates for the United States,1979-1990",*The Quarterly Journal of Economics*,vol. 114,no. 3(1999),pp. 907-940.
④ Feenstra,R. C. and Hanson,G. H. "Global Production Sharing and Rising Inequality:A Survey of Trade and Wages",in Choi E. K. and Harrigan J. (eds.). *Handbook of International Trade*,Oxford:Blackwell,2003,pp. 146-185.

能工人和失业者的收入状况,从而加剧了工资不平等,扩大技能工资差异。[1] 而格罗斯曼和罗西-汉斯伯格从工序贸易的视角则得出相反结论,在继续引入技术密集型产品和劳动密集型产品、高技能工人和低技能工人的划分后,二者发现对于发展中国家而言,工序贸易可以通过扩大就业所引起的收入提高效应和生产率提升所引起的工资增长效应,增加低技能工人的就业机会,缩小工资差异,这也得到了达穆里等的研究的证实。[2] 由此可见,发展中国家贸易开放对技能工资差异的影响与发达国家并不一致。

而国内相关文献则并不丰富,且多为行业和企业层面的研究。潘士远认为,贸易开放通过有偏的学习效应推动技术进步更偏向于技能密集型,从而会增加对熟练劳动力的需求,并进一步扩大熟练劳动力和非熟练劳动力的工资差异。[3] 有学者利用1500家微观企业数据的研究也证实,贸易开放会扩大高技能和低技能劳动力的工资差异。[4] 滕瑜和朱晶基于1995年至2007年中国31个细分行业的动态面板数据,分析了中间品贸易对中国工业部门熟练和非熟练劳动力收入分配的影响。研究发现,最终产品贸易对熟练劳动力相对工资产生负向影响,而中间品贸易则产生正向影响,二者的综合影响为正,表明中间品贸易的增加会显著拉大中国熟练劳动力和非熟练劳动力的工资差异。[5]

尽管上述研究从多种视角阐述了出口开放对不同技能劳动力工资差异的影响,但多为分省份、分行业或分企业层面的研究,并未涉及微观个体的考察。事实上,劳动力个体特征和不可观测的技能禀赋是影响工资差异的重要因素,而宏观层面抽象掉劳动力个体因素的做法显然无法观测个体特征差异对工资差异的影响。为此,本章接下来利用2002年和2007年的CHIP数据,遵循赫林和波塞特(Hering & Poncet)[6]的处理方法,将出口开放等宏观变量与劳动者性别、年龄和受教育水平等个体特征变量相结合,并引入明瑟工资方程,更为细致地采用分位数回归和分行业、分所有制的估计,考察加入WTO以来,中国出口贸易对不同技能劳动力工资水平的影响差异。而对高、低技能劳动力的界定,考虑到大专学历

① Anderson, J. E. "Globalization and Income Distribution: A Specic Factors Continuum Approach", NBER Working Paper, no. 14643(2009).

② Grossman, G. M. and Rossi-Hansberg, E. "Trading Tasks: A Simple Theory of Offshoring", American Economic Review, vol. 98, no. 5(2008), pp. 1978 – 1997; D'Amuri, F., Ottaviano, G. I. P. and Peri, G. "The Labor Market Impact of Immigration in Western Germany in the 1990s", European Economic Review, vol. 54, no. 4(2010), pp. 550-570.

③ 潘士远:《贸易自由化、有偏的学习效应与发展中国家的工资差异》,《经济研究》2007年第6期,第98~105,141页。

④ Xu, B. and Li, W. "Trade, Technology, and China's Rising Skill Demand", The Economics of Transition, vol. 16, no. 1(2008), pp. 59-84.

⑤ 滕瑜、朱晶:《中间产品贸易对我国熟练和非熟练劳动力收入分配的影响——基于工业部门31个细分行业的实证分析》,《国际贸易问题》2011年第5卷,第3~13页。

⑥ Hering, L. and Poncet, S. "Market Access and Individual Wages: Evidence from China", The Review of Economics and Statistics, vol. 92, no. 1(2010), pp. 145-159.

在劳动力市场中的"临界意义",将大专及以上学历(接受大学教育)劳动力视为高技能劳动力,而将高中及以下(没有接受大学教育)视为低技能劳动力。

## 5.2 模型设定及变量描述

### 5.2.1 模型设定

本章的实证分析首先采用分位数回归的方法,着重考察在条件分布不同位置,高技能与低技能劳动力的工资差异。该方法最早源于科恩克和巴塞特(Koenker & Bassett)[1]的研究,是一种以被解释变量的条件分布来拟合解释变量的线性回归方法。鉴于分位数回归在考察数据集不同分位点特征时的灵活性,本章在经典的明瑟工资方程基础上,利用弗兰德森(Frandsen)等人[2]进行分位数回归的基本思路,将不同技能某一特定分位数的工资方程设定为式(5-1)。

$$\ln wage_i^d = X_i\beta^\tau + d\delta^\tau + \varepsilon_i, \qquad Q_{\varepsilon_i}^\tau = 0 \qquad (5-1)$$

其中,$\ln wage_i^d$ 表示劳动者 $i$ 的小时工资对数;$i=1,\cdots,n$;$X$ 表示影响小时工资对数的解释变量向量;$\beta^\tau$ 表示对 $X$ 向量进行参数估计的第 $\tau$ 个分位数的回归参数;$\varepsilon_i$ 表示第 $\tau$ 个分位数的回归残差。在上述基准方程的基础上,我们进一步引入贸易开放、城市经济发展水平等宏观变量,并将计量模型改写为式(5-2)

$$\ln wage_{ij}^d = trade_j\beta_1^\tau + \ln agdp_j\beta_2^\tau + X_i\beta_3^\tau + d\delta^\tau + \varepsilon_i, \qquad Q_{\varepsilon_i}^\tau = 0 \qquad (5-2)$$

式(5-2)中,$trade$ 为各城市的出口开放度,$\ln agdp$ 为各城市人均 GDP 对数,$X$ 为个体特征变量,主要包括性别($gender$)、年龄($age$)、年龄的平方($age^2$)、婚姻状况($marriage$)和工作年限($gznx$)等变量,$i$ 表示劳动者个体,$j$ 表示不同城市;其余参数与式(5-1)一致。

除此之外,为进一步考察不同行业和不同所有制间的工资差异,本章分别引入行业类别和所有制类别与出口开放度的交互项,以系统观察出口开放背景下按技能分组的不同行业和所有制的工资变动趋势。在式(5-3)中,$Z_{dummies}trade$ 即表示居民所在就业单位的行业类别和所有制类别与出口开放度的交互项,$t$ 表示年份,$\beta$ 表示系数,其余与式(5-2)一致。

$$\ln wage_{jt} = C + \alpha Z_{dummies}trade_{jt} + \beta\ln agdp_{jt} + \gamma X_{it} + \varepsilon_{it} \qquad (5-3)$$

对上述方程中相关变量的设计和测度,本章做以下说明。

---

[1] Koenker, R. and Bassett, Jr. G. "Regression Quantiles", *Econometrica*, vol. 46, no. 1(1978), pp. 33–50.

[2] Frandsen, B. R., Frölich, M. and Melly, B. "Quantile Treatment Effects in the Regression Discontinuity Design", *Journal of Econometrics*, vol. 168, no. 2(2012), pp. 382–395.

第一,主要解释变量。对城市变量的选取,已有文献早已证实,经济发达和贸易开放程度高的城市往往更有能力提供大量的就业岗位和较高的薪酬水平。基于此,本章选取出口开放度和城市人均 GDP 对数衡量该城市的出口水平和经济实力,前者以按当年美元与人民币中间价折算的城市出口额与该城市 GDP 总额之比来表示,而后者则以该城市 GDP 总额与人口总数之比来度量。对直辖市和省会的处理,本章将其视为整体考虑,因为无论直辖市还是省会城市,其内部的要素通达度和政策一致性均非一般城市所能比。对于个体特征变量的选取,本章遵循明瑟工资方程的基本设定,根据 2002 年和 2007 年 CHIP 数据所提供的完整信息,选择性别[①]、年龄、年龄的平方、婚姻状况[②]和工作年限等作为衡量个体特征的主要因素。年龄的平方变量的选取主要考虑到已有研究大多认为,劳动者的工资水平会随年龄先增后减,呈倒 U 形变化。而对于婚姻状况和工作年限的选取,尽管直观判断已婚比未婚更有工资优势,且工作年限越长,经验越丰富,工资越高,但这在不同时期和不同群体中的表现并不一致,有待进一步考察。

第二,相关控制变量。鉴于学者们的研究已充分肯定了行业和所有制差异对工资差距的重要影响,本章进一步的研究将区分行业类型和所有制类型。首先对于行业的分类,不同年份的 CHIP 数据有较大差异,其中 2002 年划分为 16 类,2007 年细分为 20 类。为便于对比考察,本章将其统一划分为高技术行业(*high*)、低技术行业(*low*)和制造业及未分类(*industry*)三种。[③] 之所以将制造业单独列出,是因为其本身具有丰富的分类且不同年份的划分多有变动,尤其是内部不同的产品制造分属于不同的技术水平。对所有制的分类同样面临类似难题,2002 年和 2007 年的 CHIP 数据分别将被调查者就业单位的所有制分为 12 种和 16 种。在现有研究[④]的基础上,本章将就业单位划分为公有部门(*SOE*)、集体企业(*collective*)、私营企业(*sino*)、外资企业(*foreign*)和其他所有制企业(*others*)五类[⑤]。

## 5.2.2　数据来源及描述性统计

本章实证研究所涉及的数据来源大致可分为两部分。一是,城市宏观变量。地级市的

---

① 根据调查问卷设计,男性取值为 1,女性取值为 2。
② 由于各年份的 CHIP 调查对婚姻状况的问题设置略有差异,为此本章将其统一归并为已婚(marriage = 1)和未婚(marriage = 0)。
③ 行业划分依据为《中国高技术产业统计年鉴》五大类高技术行业的分类目录,并参照《中国高新技术产品名录》将高技术行业设定为包含信息、计算机和软件服务,金融,房地产,科研和技术服务,教育文化和政府及公共社会组织等行业,而低技术行业则为除去高技术行业和制造业及未分类行业以外的所有行业。
④ Chen, S. C. Y. and Webster, C. J. "Homeowners Associations, Collective Action and the Costs of Private Governance", *Housing Studies*, vol. 20, no. 2 (2005), pp. 205–220.
⑤ 公有部门包括国有企业(独资和控股)、党政机关和事业单位;集体企业包括集体独资、集体控股和集体控股的合资企业;私营企业则包括私营独资、控股和私营控股的合资企业及城镇、农村个体;外资企业包括中外合资和外资企业;其余则为其他所有制企业。其中由于党政机关、事业单位和国有企业在隶属关系上相近,且 CHIP 数据并未有细分,所以在此我们将其合并处理。

出口贸易额、GDP、和人均 GDP 数据主要来自各城市当年的统计公报、所在省份的统计年鉴和《中国城市统计年鉴》。县级市的相关数据则主要来自统计年报和县市年鉴,而对个别县级市数据缺失则用邻近年份的数据折算或采用当年所在地级市数据对辖区其余县市进行削减处理。人民币与美元汇率中间价来源于 2010 年《中国统计年鉴》。二是,微观个体数据。本章采用的 2002 年和 2007 年 CHIP 数据,主要涵盖城镇、农村和移民三个样本,而根据研究需要,本章仅选用城镇居民的样本。为使两期调查数据具有可比性,本章仅保留两期调查中均包含的江苏、安徽、河南、湖北、广东、四川和重庆七个省市的样本,并将样本限定在符合法定劳动年龄且获得收入的个体,即男性年龄限定为 16 岁至 60 岁,女性年龄限定在 16 岁至 55 岁。最终 2002 年得到的样本数为 5740,2007 年得到的样本数为 5026。

图 5-1 首先报告了 2002 年和 2007 年全部样本及不同技能的工资分布。从中可以看出,在考察期内高技能劳动力的收入曲线整体位置靠右且峰度均高于低技能劳动力,表明高技能群体的小时工资高于低技能和全体样本均值。同时,高技能劳动力的工资主要集中在均值附近;而低技能劳动力的工资分布则相对分散,且左偏的趋势明显。这反映出中高收入人群主要为高技能,而低收入群体则多为低技能。从变化趋势来看,与 2002 年相比,2007 年的工资分布曲线更为平坦,证实了不同技能工资差异呈扩大趋势。表 5-1 的统计描述也发现,与 2002 年相比,2007 年的小时工资对数显著增长,由 1.49 增至 2.29;但工资的离散程度也逐步增大,印证了上述判断。当然,更为细致的结论尚待由下文的实证研究得出。

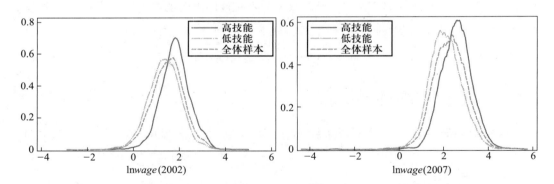

图 5-1  2002 年和 2007 年不同技能劳动力工资核密度分布

表 5-1  主要变量的描述性统计

| 变量 | 2002 年 | | | | | 2007 年 | | | | |
|---|---|---|---|---|---|---|---|---|---|---|
| | 样本 | 均值 | 标准差 | 最小值 | 最大值 | 样本 | 均值 | 标准差 | 最小值 | 最大值 |
| lnwage | 5740 | 1.49 | 0.73 | -2.89 | 5.01 | 5026 | 2.29 | 0.77 | -4.38 | 5.74 |

| 变量 | 2002 年 | | | | | 2007 年 | | | | |
|---|---|---|---|---|---|---|---|---|---|---|
| | 样本 | 均值 | 标准差 | 最小值 | 最大值 | 样本 | 均值 | 标准差 | 最小值 | 最大值 |
| *trade* | 5740 | 0.13 | 0.17 | 0.00 | 0.93 | 5026 | 0.38 | 0.51 | 0.05 | 1.88 |
| *lnagdp* | 5740 | 9.18 | 0.84 | 5.19 | 10.64 | 5026 | 10.40 | 0.60 | 9.46 | 11.34 |
| *gender* | 5740 | 1.44 | 0.50 | 1 | 2 | 5026 | 1.45 | 0.50 | 1 | 2 |
| *age* | 5740 | 40.17 | 8.74 | 18 | 60 | 5026 | 39.46 | 9.66 | 16 | 60 |
| *age*$^2$ | 5740 | 1690.28 | 692.63 | 324 | 3600 | 5026 | 1650.46 | 766.51 | 256 | 3600 |
| *marriage* | 5740 | 0.89 | 0.31 | 0 | 1 | 5026 | 0.85 | 0.36 | 0 | 1 |
| *gznx* | 5740 | 14.24 | 9.78 | 0 | 41 | 5026 | 12.37 | 10.26 | 0 | 44 |

## 5.3 技能工资差异的实证研究

基于上述模型设定和变量说明,本章接下来首先从 2002 年和 2007 年总体样本的分位数回归切入,通过引入虚拟变量的方式控制行业、所有制、是否省会和职业类别等因素的外在影响,探讨出口开放度对高、低技能分组的不同收入水平群体的影响差异,并分别利用行业和所有制与出口开放度的交互项,进一步考察不同行业和所有制间的技能工资差异。

### 5.3.1 分位数回归的基准估计

表 5-2 和表 5-3 分别给出了 2002 年和 2007 年的分位数回归结果。表 5-2 的实证结果显示,在不同分位点各变量对工资水平具有较好的解释力,表明在控制相关变量后,城市出口开放度、经济发展水平和劳动者个体特征是决定工资水平的重要因素。从出口开放度来看,无论高技能劳动力还是低技能劳动力,其不同分位点的回归系数均在 1% 水平上显著为正。这表明加入 WTO 后,中国出口贸易的快速发展对劳动者工资具有明显的正向拉动作用。但这种影响在不同技能和不同分位点间具有较大差异,出口开放度对高技能劳动力的工资促进作用大于低技能,且在不同技能分组内部对中高收入群体(q50 分位点、q90 分位点)的工资拉动作用大于低收入群体(q10 分位点)。对此可能的解释是:① 户籍制度和二元经济结构的长期存在,增加了劳动力在城乡和部门间的转移成本,严重阻碍了劳动力的自由流动,而高技能和高收入群体往往具有更强的流动性,从而使得出口对就业结构和工资水平的促进作用在不同群体间显著分化。② 贸易引致性就业结构调整,提升了对高

技能劳动力的需求,降低了对低技能劳动力的需求,而短期内低技能劳动力显然无法转换为高技能劳动力,从而使得高技能劳动力在就业议价中处于更为有利的地位。③ 存在有偏的学习效应,即生产与非熟练劳动力匹配的技术知识相比,生产与熟练劳动力匹配的技术知识的生产力水平上升相对较多。这会显著提高生产与熟练劳动力匹配的技术知识的收益,并扩大二者的工资差异。

表 5-2　分位数回归结果(2002 年)

| 变量 | 高技能 | | | 低技能 | | |
|---|---|---|---|---|---|---|
| | q10 | q50 | q90 | q10 | q50 | q90 |
| *trade* | 0.6880*** | 1.0821*** | 1.8398*** | 0.7819*** | 0.7656*** | 1.1567*** |
| | (3.59) | (9.33) | (7.26) | (7.95) | (10.45) | (7.69) |
| ln*agdp* | 0.1308** | 0.1248*** | 0.0055 | 0.1318*** | 0.1301*** | 0.0721*** |
| | (1.97) | (4.72) | (0.15) | (4.68) | (7.21) | (2.82) |
| *gender* | −0.0395 | −0.0299 | −0.0301 | −0.1346*** | −0.1087*** | −0.0543 |
| | (−0.88) | (−1.13) | (−0.61) | (−3.63) | (−7.24) | (−1.55) |
| *age* | 0.0715** | 0.0598*** | 0.0628** | 0.0599*** | 0.0539*** | 0.0650*** |
| | (2.16) | (3.57) | (2.03) | (4.08) | (4.96) | (3.43) |
| $age^2$ | −0.0007* | −0.0006*** | −0.0006* | −0.0008*** | −0.0006*** | −0.0007*** |
| | (−1.78) | (−2.87) | (−1.72) | (−4.25) | (−4.59) | (−3.09) |
| *marriage* | 0.1209* | 0.1040* | 0.0769 | 0.0397 | −0.0296 | −0.0420 |
| | (1.73) | (1.67) | (1.00) | (0.87) | (−0.80) | (−0.56) |
| *gznx* | 0.0035 | 0.0001 | −0.0000 | 0.0146*** | 0.0076*** | 0.0001 |
| | (1.05) | (0.04) | (−0.01) | (4.92) | (4.42) | (0.06) |
| 常数项 | −3.3877*** | −1.5560 | −0.5137 | −1.3165*** | −0.7577* | 0.3439 |
| | (−2.79) | (−1.62) | (−0.69) | (−2.75) | (−1.72) | (0.58) |
| 控制变量 | 是 | 是 | 是 | 是 | 是 | 是 |
| 样本数 | 1814 | 1814 | 1814 | 3925 | 3925 | 3925 |
| Pseudo $R^2$ | 0.21 | 0.21 | 0.22 | 0.22 | 0.23 | 0.18 |

注:括号内的数据为 t 值,***、**、* 分别表示 1%、5%和 10%水平上显著;控制变量包括行业、所有制、是否省会和职业类别等虚拟变量。

从影响技能工资水平的其他因素来看:① 人均 GDP 对数的影响系数显著为正,但对低技能和低收入群体的影响作用稍大于高技能和高收入群体,表明低收入人群对经济增长的反应较为敏感。② 性别变量的整体负相关,显示出男性劳动力具有更高的工资水平,且在低技能组的表现尤为明显。这主要是因为女性多为低技能且集中在临时性的低技术工作岗位。那么,在出口开放条件下,激烈的竞争会使企业更加青睐男性劳动力,并减少女性劳动力的雇佣,对于劳动力性别替代性较强的低技能群体尤其如此。③ 年龄和年龄平方变量的影响系数分别为正和负,显示出年龄与工资水平呈现先增长后下降的倒 U 形关系,符合理论预期。而与此对应的是,工作年限变量表现出整体的正相关,尤其是对低收入群体的影响相对敏感,表明具有丰富工作经验的劳动者更容易获得较高的工资,而低技能劳动者所从事的工作大多需要通过大量重复劳动来获得技能提升,所以工作年限对这部分人群的影响相对明显。④ 婚姻状况对工资水平的影响相对复杂,且多不显著,表明随着出口开放水平的提升和劳动力市场中女性就业比例的提高,传统的"男主外、女主内"的婚恋观念正悄然改变,并深刻影响了传统劳动力市场的性别结构。

表 5-3 报告的 2007 年分位数回归结果与 2002 年基本一致,但影响程度稍有不同。从出口开放度来看,出口开放同样促进了高、低技能劳动力的工资水平的提升。但不同的是,2007 年出口开放度对高技能劳动力的工资促进作用并非全部大于低技能劳动力(q50 分位点小于对应的低技能组),且对中低收入人群的促进作用显著提升,并逐步超越高收入人群。对此可能的解释是,经济转型时期,中国对外贸易发展方式和劳动力市场结构均出现显著变化。一方面,"十一五"规划明确提出要优化出口结构,实施进出口基本平衡的贸易政策,积极扩大进口。这标志着一段时期以来"重出口,轻进口"贸易失衡局面开始逐步得到纠正,并将直接影响出口贸易工资效应的发挥。另一方面,始于 1999 年高校扩招的大学毕业生陆续进入劳动力市场,加之大学生就业政策的改革,使得受过高等教育的高技能劳动力大量增加,并逐步改变了劳动力市场的技能结构。从人均 GDP 来看,2007 年城市经济增长对高收入人群的工资促进作用大于低收入人群,表明在此期间不同技能劳动力并未公平享有经济增长的福利,收入分配不均等程度加剧。从个体特征看,性别、年龄、年龄平方、婚姻状况和工作年限对工资水平的影响也与 2002 年极为相似。其中,高技能劳动力的性别和工作年限变量更为显著,反映出在高技能组男性和工作经验丰富的劳动力更容易获得高工资。

表 5-3　分位数回归结果(2007 年)

| 变量 | 高技能 | | | 低技能 | | |
|---|---|---|---|---|---|---|
| | q10 | q50 | q90 | q10 | q50 | q90 |
| *trade* | 0.4840*** | 0.3597*** | 0.3380*** | 0.3982*** | 0.4150*** | 0.3120*** |
| | (9.62) | (6.81) | (5.74) | (8.82) | (8.45) | (4.87) |

| 变量 | 高技能 | | | 低技能 | | |
|---|---|---|---|---|---|---|
| | q10 | q50 | q90 | q10 | q50 | q90 |
| ln*agdp* | 0.0783** | 0.1566*** | 0.2038*** | 0.1342*** | 0.1176*** | 0.2361*** |
| | (2.33) | (3.58) | (4.88) | (4.77) | (4.49) | (6.98) |
| *gender* | −0.0775 | −0.1422*** | −0.1313*** | −0.1409*** | −0.1741*** | −0.2095*** |
| | (−1.64) | (−3.70) | (−3.21) | (−4.33) | (−8.96) | (−4.75) |
| *age* | 0.0418** | 0.0395*** | 0.0383** | 0.0307*** | 0.0251** | 0.0180 |
| | (2.10) | (2.80) | (2.20) | (3.17) | (2.26) | (1.16) |
| $age^2$ | −0.0005** | −0.0005*** | −0.0004* | −0.0005*** | −0.0004*** | −0.0003 |
| | (−2.04) | (−2.69) | (−1.71) | (−3.83) | (−2.86) | (−1.53) |
| *marriage* | −0.0240 | −0.0024 | 0.0207 | 0.0173 | 0.0064 | −0.0079 |
| | (−0.70) | (−0.06) | (0.35) | (0.73) | (0.22) | (−0.20) |
| *gznx* | 0.0141*** | 0.0115*** | 0.0048 | 0.0119*** | 0.0132*** | 0.0132*** |
| | (4.93) | (5.66) | (1.24) | (5.44) | (8.08) | (5.33) |
| 常数项 | 0.5819 | 0.5551 | 0.2810 | 0.0541 | 1.1799*** | 0.5111 |
| | (1.13) | (1.14) | (0.48) | (0.11) | (2.92) | (0.99) |
| 控制变量 | 是 | 是 | 是 | 是 | 是 | 是 |
| 样本数 | 2062 | 2062 | 2062 | 2964 | 2964 | 2964 |
| Pseudo $R^2$ | 0.19 | 0.2 | 0.18 | 0.18 | 0.17 | 0.15 |

注:括号内的数据为 $t$ 值,***、**、*分别表示1%、5%和10%水平上显著;控制变量包括行业、所有制、是否省会和职业类别等虚拟变量。

通过分析我们基本可以断定,2002年和2007年出口开放度均显著提升了高、低技能劳动者的工资水平,但整体扩大了技能工资差异。其中,2002年出口开放对高技能劳动者的工资促进作用大于低技能,对高收入人群的促进作用大于低收入人群;而2007年的影响则相对复杂,尽管出口开放度对高技能劳动力工资水平的促进作用仍整体大于低技能,但在不同分位点的表现有较大差异,尤其是对低收入人群的影响作用相对突出。

## 5.3.2 分行业的估计结果

表5-4的回归结果显示,不同技能水平劳动力的出口工资系数均显著为正,且高、低技能组间系数差异的 $F$ 检验也在1%水平下显著;表明出口开放度总体上提升了不同行业高、低技能群体的工资水平,且两组间存在显著的工资差异。具体来看,一方面,2002年和2007年出口开放度推动了不同行业高、低技能群体间工资差异的收敛。各行业中对高技

能群体的出口开放度影响系数由大于低技能群体逐步演变为小于低技能群体,尤其是高技术行业高技能劳动力的影响系数一直相对较小。另一方面,无论高技能组还是低技能组,2002 年出口开放度对低技术行业的工资促进作用较大,2007 年则对高技术行业的影响较大。这表明出口开放度对高技术行业的工资促进作用愈来愈明显,加之高技术行业往往能提供更高的工资水平[①],所以不同技能劳动力在高、低技术行业间的工资差异呈现拉大趋势。因此,在考察期内出口开放度缩小了不同行业的技能工资差异;而对不同技能劳动力而言,出口开放度则拉大了高、低技术行业间的工资差异。

表 5-4　不同行业技能工资差异的回归结果

| 变量 | 被解释变量:小时工资对数 | | | | 被解释变量:月工资对数 | | | |
| --- | --- | --- | --- | --- | --- | --- | --- | --- |
| | 2002 | | 2007 | | 2002 | | 2007 | |
| | (1) | (2) | (3) | (4) | (5) | (6) | (7) | (8) |
| $low \times trade$ | 1.4122*** | 0.9987*** | 0.2743*** | 0.3861*** | 1.3066*** | 0.9525*** | 0.2855*** | 0.3870*** |
| | (10.13) | (7.98) | (5.52) | (10.04) | (10.47) | (8.38) | (6.09) | (11.48) |
| $high \times trade$ | 0.4815*** | 0.5877*** | 0.4436*** | 0.4988*** | 0.5179*** | 0.6385*** | 0.4302*** | 0.4846*** |
| | (2.71) | (5.65) | (8.45) | (8.77) | (3.25) | (6.75) | (8.69) | (9.73) |
| $industry \times trade$ | 0.9587*** | 0.7854*** | 0.1683** | 0.3633*** | 0.9656*** | 0.7686*** | 0.2131*** | 0.3238*** |
| | (7.76) | (9.73) | (2.29) | (6.23) | (8.73) | (10.49) | (3.07) | (6.33) |
| $lnagdp$ | 0.0933*** | 0.1262*** | 0.1737*** | 0.1446*** | 0.1125*** | 0.1154*** | 0.1669*** | 0.1244*** |
| | (3.92) | (7.84) | (5.15) | (5.09) | (5.27) | (7.90) | (5.24) | (4.99) |
| 个体特征变量 | 是 | 是 | 是 | 是 | 是 | 是 | 是 | 是 |
| 常数项 | -0.7968* | -0.8205*** | 0.3900 | 0.9049*** | 4.2490*** | 4.5271*** | 5.4030*** | 6.3389*** |
| | (-1.81) | (-2.65) | (0.95) | (2.61) | (10.78) | (16.13) | (13.94) | (20.83) |
| 控制变量 | 是 | 是 | 是 | 是 | 是 | 是 | 是 | 是 |
| 样本数 | 1814 | 3925 | 2062 | 2964 | 1814 | 3925 | 2062 | 2964 |
| 调整后 $R^2$ | 0.292 | 0.315 | 0.235 | 0.239 | 0.328 | 0.279 | 0.246 | 0.258 |
| $F$ 检验 | 6.10*** | | 8.23*** | | 5.90*** | | 8.14*** | |

注:列(1)、列(3)、列(5)、列(7)为高技能劳动力的估计结果;列(2)、列(4)、列(6)、列(8)为低技能劳动力的估计结果;技能组间系数差异的 $F$ 检验采用的是邹检验(chow-test);个体特征变量包括劳动者的性别、年龄、年龄平方、婚姻状况和工作年限;控制变量包括所有制、是否省会城市和职业等虚拟变量。

① 无论是直观判断还是根据 CHIP 数据的统计,均证实了这一论断。以 2007 年为例,当年高技术行业的小时对数工资均值为 2.37,高于低技术行业小时对数工资均值的 2.22。

针对上述结论,我们认为原因是,一方面 2002 年至 2007 年,既是中国出口贸易大发展大繁荣的几年,也是高等教育大步前进的几年。二者的共同作用扭曲了劳动力市场原有的供求结构,导致就业市场出现了"民工荒"与"大学生就业难"的二元格局,从而降低了高学历群体的求职预期,缩小了以学历区分的技能工资差异。另一方面,出口部门产业结构升级和部分高技术工序的国际转移同样也加剧了不同技能分组高、低技术行业的工资分化。出口结构的优化调整和承接高技术工序的离岸外包,使得高技术行业对高技能人才的需求加大,而劳动力技能水平的提升并不能一蹴而就,因此会显著改善高技术行业劳动力的工资水平,扩大行业间的工资差异。当然需要指出的是,本章的行业分类中制造业及未分类行业同样可能存在高、低技术之分,并可能带来偏差,但好在估计结果较为一致,且我们主要考察工资差异的变动趋势,所以并未改变最终结论。

### 5.3.3 分所有制的估计结果

表 5-5 给出了出口开放度与不同所有制交互项的回归结果。细致来看:一是外资企业的技能工资对出口开放度的反应比其他所有制类型更为敏感,不仅在 2002 年和 2007 年均表现出 1% 水平的显著性,且出口开放度的影响系数总体较大。二是出口开放度对技能工资差异的影响在不同所有制类型中均呈现缩小态势。三是不同技能的所有制工资差异并未表现出明显的发散趋势,反倒外资企业与其他所有制类型单位贸易影响系数的差异在逐步缩小。

表 5-5　不同所有制技能工资差异的回归结果

| 变量 | 被解释变量:小时工资对数 | | | | 被解释变量:月工资对数 | | | |
| --- | --- | --- | --- | --- | --- | --- | --- | --- |
| | 2002 | | 2007 | | 2002 | | 2007 | |
| | (1) | (2) | (3) | (4) | (5) | (6) | (7) | (8) |
| $SOE \times trade$ | 1.0718*** | 0.8915*** | 0.3510*** | 0.4607*** | 1.0096*** | 0.8027*** | 0.3562*** | 0.3996*** |
| | (9.56) | (10.47) | (7.06) | (9.81) | (10.06) | (10.39) | (7.60) | (9.74) |
| $collective \times trade$ | 1.0399*** | 0.8174*** | 0.3956*** | 0.3412*** | 1.0438*** | 0.7902*** | 0.4265*** | 0.2553*** |
| | (4.51) | (7.09) | (3.71) | (4.13) | (5.06) | (7.55) | (4.25) | (3.54) |
| $sino \times trade$ | 0.8574*** | 0.4566*** | 0.3605*** | 0.3453*** | 1.0431*** | 0.6783*** | 0.3653*** | 0.3965*** |
| | (3.81) | (3.92) | (6.25) | (8.63) | (5.18) | (6.42) | (6.72) | (11.34) |
| $foreign \times trade$ | 1.5169*** | 0.7676*** | 0.4787*** | 0.5937*** | 1.5161*** | 0.8927*** | 0.4574*** | 0.5242*** |
| | (4.27) | (4.21) | (6.88) | (5.57) | (4.77) | (5.40) | (6.97) | (5.62) |
| $other \times trade$ | 0.8031*** | 0.7392*** | 0.1713 | 0.2994*** | 0.7648*** | 0.6814*** | 0.1575 | 0.2809*** |
| | (2.59) | (3.01) | (1.57) | (3.33) | (2.76) | (3.06) | (1.53) | (3.57) |

| 变量 | 被解释变量:小时工资对数 | | | | 被解释变量:月工资对数 | | | |
|---|---|---|---|---|---|---|---|---|
| | 2002 | | 2007 | | 2002 | | 2007 | |
| | （1） | （2） | （3） | （4） | （5） | （6） | （7） | （8） |
| ln*agdp* | 0.0970*** | 01149*** | 0.1658*** | 0.1470*** | 0.1142*** | 0.1033*** | 0.1603*** | 0.1207*** |
| | (4.09) | (7.12) | (4.99) | (5.21) | (5.39) | (7.06) | (5.11) | (4.89) |
| 个体特征变量 | 是 | 是 | 是 | 是 | 是 | 是 | 是 | 是 |
| 常数项 | −1.5631*** | −0.9666*** | 0.3954 | 0.6278* | 3.3248*** | 4.4902*** | 5.3741*** | 6.1280*** |
| | (−2.68) | (−3.01) | (0.94) | (1.70) | (6.38) | (15.41) | (13.59) | (19.02) |
| 控制变量 | 是 | 是 | 是 | 是 | 是 | 是 | 是 | 是 |
| 样本数 | 1814 | 3925 | 2062 | 2964 | 1814 | 3925 | 2062 | 2964 |
| 调整后 $R^2$ | 0.300 | 0.310 | 0.254 | 0.247 | 0.337 | 0.275 | 0.266 | 0.271 |
| $F$ 检验 | 5.12** | | 6.72*** | | 4.76*** | | 6.29*** | |

注:控制变量包括行业、是否省会城市和职业等虚拟变量,列(1)、列(3)、列(5)、列(7)为高技能劳动力的估计结果;列(2)、列(4)、列(6)、列(8)为低技能劳动力的估计结果;技能组间系数差异的 $F$ 检验采用的是邹检验(chow-test);个体特征变量包括劳动者的性别、年龄、年龄平方、婚姻状况和工作年限;控制变量包括所有制、是否省会城市和职业等虚拟变量。

对结论一,我们认为与中国的对外贸易实践和经济结构一致,也符合理论预期。因为从贸易特征看,进入中国的外资企业无论独资还是控股,多以出口导向型为主,其工资形式更为灵活,工资弹性更大,更容易受到出口开放度的冲击。从所有制特征看,外资企业要么出于在东道国树立良好形象、减少员工流失的目的,[①]要么受当地相关的工资法律法规约束,会选择支付高于市场均衡状态的工资水平,并与其他所有制企业保持差异,所以,外资企业对出口开放度的反应相对敏感。

对结论二,出口开放度之所以会显著缩小不同所有制类型的技能工资差异,主要是因为出口结构和高等教育扩展对技能工资差距的缩小作用大于所有制差异所带来的技能工资分散作用。分析显示,不同所有制间固有的技能工资差异会随高等教育水平和出口开放度的提升而得到有效控制,并趋向收敛。

而在结论三中,不同技能组内所有制工资差异并未明显扩大的结论与先前预判稍有出入,但也合乎情理。因为加入 WTO 极大地提升了中国的开放水平和国际化进程,并加速了外资企业进入包括金融、通信等国民经济的诸多核心部门,从而通过工资溢出效应和技术溢出效应显著推动内资企业工资水平的提升,同时公有部门工资制度的市场化和绩效工资

---

① Aitken, B., Harrison, A. and Lipsey, R. E. "Wages and Foreign Ownership: A Comparative Study of Mexico, Venezuela, and the United States", *Journal of International Economics*, vol. 40, no. 3-4(1996), pp. 345-371.

制改革等一系列措施也在一定程度上缓解了私营企业与公有部门工资差异的拉大趋势。

### 5.3.4 稳健性检验

为检验上述结论的稳健性,本章接下来重新以月工资对数来度量工资水平,继续考察出口开放度对不同行业和所有制技能工资差异的影响。从表5-4的回归结果[列(5)~列(8)]可以看出,各变量的显著性和影响方向并未发生根本变化,与前文基本一致。不同行业的技能间工资差距也呈现出收敛趋势,且较前文更为明显。因为与小时工资对数的回归结果相比,2002年出口开放度和行业交互项系数均变小,而2007年则变大,表明2007年高、低技能群体的工资分布向前一时期靠拢,技能间差异进一步缩小,证实了前文对于出口开放度缩小了不同行业技能工资差异的判断。对高、低技能组内行业工资差异的变动,稳健回归的结果同样保持与前文一致的显著性,且表现出扩大趋势,尤其是低技能组更为明显。对经济发展水平和性别、年龄、婚姻状况和工作年限等个体特征的回归结果依旧稳健。表5-5的结果[列(5)~列(8)]也显示,不同所有制类型回归的显著性与前文并无太大差异,且外资企业对出口开放度的反应仍旧最为敏感。以外资企业为参照来看,2002年和2007年出口开放度均显著缩小了技能工资差异。同时,集体企业、私营企业交互项系数超越公有部门。这不仅表明随着大量高技能劳动力开始选择进入集体企业、私营企业,从而提升行业内高技能群体的工资水平,而且凸显了集体、私营部门的工作小时数超过公有部门,即集体企业、私营企业劳动力的工资提升的重要诱因是工作时间的延长。因此,稳健性检验的结果更倾向于认同本章的总体判断。

## 5.4 本章小结

出口与工资水平差异是国际贸易领域一个经久不衰的话题,从传统的赫克歇尔-俄林理论、斯托尔珀-萨缪尔森定理到现今兴起的新新贸易理论,都无不如此。本章将不同技能劳动力个体特征变量与对应的出口开放度、人均GDP等城市变量相结合,利用2002年和2007年中国城镇住户调查数据,通过分位数回归和交互项回归的方法,更为细致地考察了出口开放度对技能工资差异的影响。实证结果表明:① 考察期内,出口开放度均显著提升了高、低技能劳动力的工资水平,但影响程度并不一致,出口开放度整体扩大了技能工资差异;且2002年出口对高技能劳动者和高收入人群的促进作用大于低技能劳动力和低收入人群;2007年的影响则相对复杂,在不同分位点的表现有较大差异,尤其是对低收入人群的影响作用相对突出。② 从行业来看,出口开放度有缩小不同行业高、低技能劳动者间工资差异的趋势,且高技术行业的反应更为敏感;而对不同技能劳动力而言,出口开放度则拉大了高、低技术行业间的工资差异。③ 从所有制来看,出口开放度同样有缩小不同所有制单位技能工资差异的倾向,尤其是外资企业对出口开放度的反应比其他所有制类型更为敏感,而按技能分组的不同所有制间的工资差异则并无明显的扩大趋势。

上述结论对认识出口开放进程中的收入分配问题具有重要的政策含义。一是应着力挖掘出口对低技能劳动力和低收入群体的工资促进作用,鼓励就业效应较大的出口行业的发展;在积极优化贸易结构和促进产业升级的同时,也要关注出口规模效应的释放对低技能劳动力的吸纳作用。二是应重视低技能工人的技能培训,加大人力资本投入,为劳动者技能水平提升创造有利条件,同时要深化高等教育体制改革,推动注重质量导向的内涵式发展,使教育培养的高技能人才适应劳动力市场的需求结构。三是应重视贸易开放对不同行业和所有制劳动力技能工资水平差异的交互影响,稳步推进进出口贸易平衡政策,并逐渐消除劳动力市场的多重分割,保障女性、低学历和私营企业劳动力能公平享有贸易开放的福利,推动收入倍增与缩小工资水平差异同步实现。

# 6 中国进口贸易国别结构影响收入分配的实证研究

改革开放尤其是加入 WTO 以来,中国对外贸易迅速发展,并成长为全球最大出口国和第二大进口国。但长期推行的贸易政策,使得大额贸易顺差存在和外汇储备增加,导致中国贸易行为遭受部分贸易伙伴质疑。在贸易失衡问题有待改善的同时,中国依然面临收入分配不平衡的问题,集中表现为劳动所得占国民经济分配的比重较低。尽管党的十八大以来中国收入分配状况显著改善,但促进低收入人群的劳动收入增长仍面临不小挑战。对此,中国政府出台了一系列政策措施,以优化贸易结构,促进对外贸易发展方式转变和收入分配公平化改革。2013 年,国务院批转的《关于深化收入分配制度改革的若干意见》表示要加快提升居民收入在国民收入分配中的比重,尤其是在初次分配中的比重。2018 年,国务院办公厅转发《关于扩大进口促进对外贸易平衡发展的意见》,也明确了在稳定出口的同时进一步扩大进口,促进对外贸易平衡发展,推动经济高质量发展。2020 年《政府工作报告》进一步强调了新时代着力扩大对外开放和落实"六稳、六保"工作的贯彻落实。因此,鉴于上述扩大开放与推进收入分配的政策背景,本章将着力探究进口贸易与劳动收入占比的关系,并试图提出中国对外贸易高质量发展和劳动力市场改革的相关建议。

## 6.1 文献综述

第一,进口贸易与收入变动。从已有文献看,国内外学者较多地关注进口贸易对宏观经济、企业生产率和出口贸易的影响,从进口贸易视角研究其对收入变化影响的相关文献,相对较少且没有形成一致结论。部分研究证实了进口贸易可以有利于促进收入增长,马丁斯和奥普罗莫拉(Martins & Opromolla)通过对葡萄牙历史数据的研究,发现在控制了其他因素的条件下,企业若增加中高技术产品的进口,则企业员工的工资会相应提高。[1] 赵春燕和王世平也证实,在控制了影响企业工资水平的其他因素后,进口企业的工资水平高于非进口企业,进口工资溢价是显著存在的。[2] 赵春明等运用 CHIP 数据检验了进口开放对城镇居民收入分配的影响,发现进口开放对收入具有显著且稳健的正向影响。[3] 赵红军和陈娜则基于 1990 年至 2017 年中国 30 个省份的面板数据,估算了省际层面进口需求的收入弹性,并证实了进口对收入增长的积极作用。[4] 而部分研究则得出相反结论,格罗斯曼(Grossman)研究发现,当劳动力在行业之间不能自由流动时,贸易自由化降低了进口竞争行业的劳动力报酬。[5] 弗里曼和卡茨(Freeman & Katz)基于美国制造业细分行业数据研究得出,进口贸易导致行业工人工资下降。[6] 更多的研究则从企业创新的角度间接支持上述结论,一些学者认为,当前中国大多数本土企业仍依靠劳动力和资源禀赋的比较优势参与全球价值链,由于缺少核心技术和自主品牌,在全球价值链中扮演着"中低端产品的加工站"角色。因此,进口贸易有助于改善中国面临的创新不足窘境。此外,大量进口工艺复杂、技术含量高的中间品也会引致企业对高技能劳动力的相对需求,使得进口企业有机会参与高技能密集型活动,进而通过进口的"创新集聚效应"提升高技能劳动力的收入水平。卡萨哈拉和拉帕姆(Kasahara & Lapham)研究也发现企业的进出口显著提高了总生产率和福利水平。[7]

第二,进口贸易与工资差距。首先,从进口贸易影响技能工资差距的研究来看,伍德(Wood)较早的研究发现,进口贸易自由化将会降低进口企业中非熟练工人的工资水平,并

① Martins,P. S. and Opromolla,L. D. "Exports,Imports and Wages:Evidence from Matched Firm-Worker-Product Panels", IZA Working Paper,no. 4646(2009).
② 赵春燕、王世平:《进口企业存在工资溢价吗?——基于倾向评分匹配估计的经验研究》,《中南财经政法大学学报》2014 年第 1 期,第 97~103,161 页。
③ 赵春明、朱济民、文磊:《进口开放对中国城镇居民收入分配的正向作用——基于中国家庭收入调查(CHIP)数据的经验研究》,《新疆师范大学学报(哲学社会科学版)》2016 年第 5 期,第 2,95~104 页。
④ 赵红军、陈娜:《我国省际进口需求的收入和价格弹性估算与预测》,《上海经济研究》2020 年第 8 页,第 81~39 页。
⑤ Grossman,G. M. "The Employment and Wage Effects of Import Competition in the United States",NBER Working Paper, no. 1041(1982).
⑥ Freeman,R. B. and Katz,L. F. "Industrial Wage and Employment Determination in an Open Economy",in Abowd, J. M. and Freeman,R. B.(eds.). Immigration,Trade,and the Labor Market,Chicago:The University of Chicago Press, 1991,pp. 235–259.
⑦ Kasahara,H. and Lapham,B. "Productivity and the Decision to Import and Export:Theory and Evidence",Journal of International Economics,vol. 89,no. 2(2013),pp. 297–316.

扩大技能工资差距。[1] 陈怡的研究表明,进口贸易对劳动密集型制造业的相对工资有负向作用,而对资本密集型制造业的相对工资有正向作用。[2] 喻美辞的研究同样证实,进口开放通过 R&D 溢出的途径使中国制造业(特别是技术密集型制造部门)显著增加了对熟练劳动力的相对需求,扩大了熟练劳动力与非熟练劳动力之间的工资差距。[3] 进一步地,蔡宏波等的研究表明,对服务业而言,无论是现代服务业还是传统服务业,服务进口的增加均导致工资差距的扩大。[4] 张超和陈璋通过对中国城镇居民地区间收入泰尔指数进行测度,也发现国内收入分配中劳动收入被低估,居民收入差距有拉大的态势。此后通过微观调查和企业数据的研究,得到了更为细致的结论。[5] 赵春明等运用 CHIP 数据,研究发现进口开放扩大了城镇居民收入差距,且相对于低技术行业,进口开放对高技术行业、制造业及其他行业的劳动者收入正向影响程度更大。[6] 戴觅等采用城镇住户调查(UHS)微观数据,研究表明受关税冲击较大的城市工资增长相对较慢,技能溢价在关税削减程度大的城市出现更快的增长。[7] 王巍和严伟涛基于世界银行投资环境调查数据库、WTO 关税数据库、中国工业企业数据库和海关贸易数据库等数据,证实进口竞争总体上扩大了中国企业内部工资差距。[8]

其次,从进口贸易影响性别工资差距的研究来看,一方面,进口竞争加剧会导致失业特别是女性失业的增加,从而导致更多的压力使女性的工资水平下降,另一方面,进口竞争加剧导致当地产业向外转移,这些产业大部分很少雇佣需要支付较高工资的男性工人。魏浩和李晓庆利用 2002 年和 2007 年 CHIP 数据进行实证分析,结果表明进口贸易扩大了城镇男性和女性之间的工资差距。[9] 赵春明等基于 2004 年至 2007 年微观企业数据和海关数据的合并数据,研究发现进口产品质量提升显著扩大了中国企业性别工资差距,这一结论在控制企业特征、企业所在城市特征、进口来源地特征及时间、行业、地区和国家固定效应以后依然成立。[10] 与上述结论不同,陈梅等利用 2004 年至 2007 年中国制造业企业的微观数

① Wood, A. "How Trade Hurt Unskilled Workers", *Journal of Economic Perspectives*, vol. 9, no. 3 (1995), pp. 57–80.
② 陈怡:《国际贸易对我国行业间收入分配的影响——基于制造业面板数据的实证分析》,《国际贸易问题》2009 年第 4 期,第 3~10 页。
③ 喻美辞:《进口贸易、R&D 溢出与相对工资差距:基于我国制造业面板数据的实证分析》,《国际贸易问题》2010 年第 7 期,第 81~88 页。
④ 蔡宏波、周成华、蒙英华:《服务进口与工资差距——基于中国服务业企业数据的实证检验》,《国际贸易问题》2014 年第 11 期,第 144~153 页。
⑤ 张超、陈璋:《城镇居民地区间收入差距的演变与成因——基于引进式技术进步的视角》,《中央财经大学学报》2016 年第 5 期,第 70~79 页。
⑥ 赵春明、朱济民、文磊:《进口开放对中国城镇居民收入分配的正向作用——基于中国家庭收入调查(CHIP)数据的经验研究》,《新疆师范大学学报(哲学社会科学版)》2016 年第 5 期,第 2,95~104 页。
⑦ 戴觅、张轶凡、黄炜:《贸易自由化如何影响中国区域劳动力市场?》,《管理世界》2019 年 6 期,第 56~69 页。
⑧ 王巍、严伟涛:《进口竞争对我国劳动者人力资本投资的影响》,《江西财经大学学报》2020 年第 2 期,第 15~25 页。
⑨ 魏浩、李晓庆:《进口贸易对劳动力市场影响研究进展》,《经济学动态》2017 年第 4 期,第 133~141 页。
⑩ 赵春明、文磊、李宏兵:《进口产品质量、来源国特征与性别工资差距》,《数量经济技术经济研究》2017 年第 5 期,第 20~37 页。

据,综合考察了中国企业参与中间品进口对女性就业和性别工资差异的影响。研究结果发现,无论在促进女性就业还是缩减性别工资差异方面,中间品进口均有助于促进中国劳动市场上的性别平等。[①]

第三,进口贸易与劳动收入占比。已有文献主要从进口贸易自由化和技术溢出效应两方面展开。对进口贸易自由化与工资占比之间关系的研究,则多从工资溢出效应的视角切入,但由于研究情境和相关数据来源的差异性,现有研究未能就进口贸易自由化对工资溢出效应与进口地工资占比之间的影响机制形成一致的结论。伍德的早期研究通过对比美国与其他发达国家对发展中国家的贸易数据,得出贸易自由化将会增大熟练工的工资水平,减少非熟练工工人的工资水平。[②] 罗伯逊(Robertson)则利用墨西哥进出口贸易产品的数据,实证得出贸易自由化将会降低增加值产业的非熟练工人的工资水平,提高增加值产业熟练工人的工资水平。[③] 陈怡利用中国 1998 年至 2006 年制造业数据论证了贸易扩张与劳动收入之间的关系,并得出贸易扩张有利于缩小收入差距、提升行业内工人的整体工资水平的结论。[④] 对进口贸易通过技术溢出效应影响工资占比的研究,现有文献主要从技术外溢效应(技术效率、技术进步和生产率的提高)和对进口地内部相关产业的挤出效应切入。相关学者认为随着进口贸易的增加,国外 R&D 的溢出效应将会通过国际贸易的渠道释放,并以提高进口地技术水平(技术效率、技术进步)的方式,实现其产业规模的增加和工资水平的整体提升。李坤望和冯冰利用 1998 年至 2003 年省级工业面板数据分析了贸易开放对劳动收入占比的影响,并发现进口开放的负向溢出效应降低了劳动收入占比。[⑤] 钱学锋和李赛赛则进一步利用 2000 年至 2005 年中国工业企业数据库和中国海关进出口数据库的数据,研究发现进口贸易通过 TFP 提升和进口产品价格下降这一中介机制,提高了相关产业工人工资占比。[⑥] 除此之外,也有部分学者认为进口贸易的技术外溢效应通过竞争和淘汰作用以挤出进口国相对落后的企业,并就此最终实现控制产业成本,提高产业内工人工资的目的。

上述研究为我们深入认识进口贸易与劳动收入占比的关系提供了有益的探索,但现有工作仍主要将研究视角集中于单一行业或单一国家背景下源自发达国家和发展中国家(新兴经济体)的进口对劳动收入占比的影响,集中对比不同进口来源地(发达国家发展中国家)产品

① 陈梅、李磊、郑妍妍:《中间品进口与劳动力市场性别平等》,《国际贸易问题》2020 年第 1 期,第 51~66 页。
② Wood, A. "How Trade Hurt Unskilled Workers", *Journal of Economic Perspectives*, vol. 9, no. 3(1995), pp. 57-80.
③ Robertson, R. "Trade and Wages: Two Puzzles from Mexico", *The World Economy*, vol. 30, no. 9(2007), pp. 1378-1398.
④ 陈怡:《国际贸易对我国行业间收入分配的影响——基于制造业面板数据的实证分析》,《国际贸易问题》2009 年第 4 期,第 3~10 页。
⑤ 李坤望、冯冰:《对外贸易与劳动收入占比:基于省级工业面板数据的研究》,《国际贸易问题》2012 年第 1 期,第 26~37 页。
⑥ 钱学锋、李赛赛:《进口的工资溢出:边际分解与作用渠道》,《中南财经政法大学学报》2013 年第 3 期,第 42~50,159 页。

对进口地跨行业及交叉领域内劳动收入占比的研究,则相对匮乏。基于此,本章将利用1998年至2012年的跨国行业面板数据,通过固定效应和系统GMM估计方法,实证研究制造业各行业的进口贸易及其国别结构对中国劳动收入占比的影响。同时,为细致考察不同要素密集部门的影响差异,我们继续区分了劳动密集型行业与资本技术密集型行业,并进行对比研究。

## 6.2 模型构建与变量描述

### 6.2.1 模型构建

前文对进口贸易影响劳动收入占比相关文献的梳理,基本确认了进口贸易通过工资溢出效应、技术外溢效应和对国内进口竞争部门的挤出效应等不同路径对劳动收入占比施加影响。而本章接下来的工作将在阿尔瓦雷斯和奥帕佐(Alvarez & Opazo)模型设定的基础上,构建计量模型实证检验进口贸易对劳动收入占比影响效应的大小及方向。[①] 结合本章跨国行业面板数据的特点及研究需要,我们将回归方程初步设定为式(6-1)。

$$lab\_w_{it} = \alpha_0 + \alpha_1 lnimport_{jit} + \alpha_2 tfp_{it} + \alpha_3 K/Y_{it} + \alpha_4 K/L_{it} +$$
$$\alpha_5 soe_{it} + \alpha_6 fdi_{it} + \alpha_7 lnsize_{it} + \gamma_{it} + \varepsilon_{it} \tag{6-1}$$

当然,考虑到工资增长刚性及前一期的劳动者收入和行业产值可能会对下一期产生影响,我们需要继续引入滞后一期的劳动收入占比变量。同时,为控制引入滞后项后方程回归可能产生内生性问题,本章构造了动态面板数据的回归方程,具体如式(6-2)。

$$lab\_w_{it} = \alpha_0 + \beta lab\_w_{it-1} + \alpha_1 lnimport_{jit} + \alpha_2 tfp_{it} + \alpha_3 K/Y_{it}$$
$$+ \alpha_4 K/L_{it} + \alpha_5 soe_{it} + \alpha_6 fdi_{it} + \alpha_7 lnsize_{it} + \varepsilon_{it} \tag{6-2}$$

其中,$lab\_w_{it}$表示劳动收入占比,$lab\_w_{it-1}$则表示滞后一期的劳动收入占比,lnimport表示中国各行业进口额的自然对数,下标$j=1,2,\cdots,6$分别表示来自全球、东盟国家、西欧四国(英国、德国、法国和意大利)、美国、金砖国家(不包括南非)和日韩。接下来,$tfp$表示各行业的全要素生产率;$K/Y$表示各行业的资本产出比;相应的$K/L$表示资本和劳动的要素投入比;$soe$表示国有资本占比;$fdi$则表示外资占比,lnsize表示行业规模。下标$i$和$t$分别表示行业和年份,$\gamma$表示固定效应参数,在实证回归中考虑了年份固定效应,以有效控制周

① Alvarez, R. and Opazo, L. "Effects of Chinese Imports on Relative Wages: Microevidence from Chile", *The Scandinavian Journal of Economics*, vol. 113, no. 2(2011), pp. 342–363.

期性经济波动和政策变动等对实证结果的影响，$\varepsilon$ 表示随机扰动项，$\alpha_0$ 表示常数项，$\beta$ 和 $\alpha_1 \sim \alpha_7$ 表示解释变量系数。

### 6.2.2 指标测度与数据说明

对于上述变量的选择和测算，我们做如下说明。

第一，劳动收入占比指标。对劳动收入占比指标的度量，学者从省际、产业等不同视角进行了大量富有成效的探索。代表性文献包括白重恩等从微观企业角度间接考察了劳动收入占比[1]；罗长远和张军通过区分第一、二、三次产业，以劳动收入占各产业产值的加权比重衡量劳动收入占比[2]；白重恩和钱震杰测算了全国及各产业的劳动收入占比[3]；罗长远和张军以劳动报酬占各省 GDP 比重，并取其分子自然对数的方法测算了省际劳动收入占比[4]；李坤望和冯冰同样基于省际层面数据以劳动报酬在工业 GDP 中的比重来衡量劳动收入占比。[5] 与上述文献略有不同，本章进一步测算了行业层面的劳动收入占比，并以行业总工资支付占行业工业总产值来衡量，其中行业总工资支付等于年末从业人员人数乘以行业平均工资。数据来源于历年《中国工业经济统计年鉴》和《中国劳动统计年鉴》。

第二，进口贸易指标。根据学者的研究，分行业和国别的进口贸易数据通常会采用联合国商品贸易统计数据库（UN Commodity Trade Statistics Database）的统计，但遗憾的是该数据库的部门分类与中国工业体系分类标准并不一致。因此，我们借鉴盛斌和马涛[6]的筛选方法，将联合国商品贸易统计数据库的行业进行转换以匹配国民经济的行业分类，最终归结为 27 个制造业行业。[7] 最后，我们将历年各行业进口额按人民币和美元汇率中间价进行折算后的自然对数来衡量各行业进口贸易指标，并按国别进行分类，其中汇率数据来源于 2013 年《中国统计年鉴》。

第三，全要素生产率。对全要素生产率的测算通常有数据包络分析（DEA）、随机前沿分析法（SFA）、最小二乘法（OLS）、固定效应方法（FE）、OP 方法（Olley-Pakes 方法）和 LP 方法等，而考虑到 LP 半参数回归方法的灵活性和优越性，本章采用 LP 方法测算各行业的

---

[1] 白重恩、钱震杰、武康平：《中国工业部门要素分配份额决定因素研究》，《经济研究》2008 年第 8 期，第 16~28 页。

[2] 罗长远、张军：《经济发展中的劳动收入占比：基于中国产业数据的实证研究》，《中国社会科学》2009 年第 4 期，第 65~79，206 页。

[3] 白重恩、钱震杰：《谁在挤占居民的收入——中国国民收入分配格局分析》，《中国社会科学》2009 年第 5 期，第 99~115，206 页。

[4] 罗长远、张军：《经济发展中的劳动收入占比：基于中国产业数据的实证研究》，《中国社会科学》2009 年第 4 期，第 65~79，206 页。

[5] 李坤望、冯冰：《对外贸易与劳动收入占比：基于省际工业面板数据的研究》，《国际贸易问题》2012 年第 1 期，第 26~37 页。

[6] 盛斌、马涛：《中间产品贸易对中国劳动力需求变化的影响：基于工业部门动态面板数据的分析》，《世界经济》2008 年第 3 期，第 12~20 页。

[7] 需要说明的是，本章主要考察对象为制造业且考虑到部分行业数据缺失严重，所以我们的实证工作并没有包括煤炭开采和洗选业、石油和天然气开采业、黑色金属矿采选业、有色金属矿采选业、燃气生产和供应业及水的生产和供应业等行业。

全要素生产率。具体估计方程为式(6-3)、(6-4):

$$v_t = \beta_0 + \beta_l l_t + \beta_k k_t + \beta_m m_t + \omega_t + \eta_t$$

$$= \beta_l l_t + \phi_t(k_t, m_t) + \eta \tag{6-3}$$

$$\phi_t(k_t, m_t) = \beta_0 + \beta_k k_t + \omega_t(k_t, m_t) \tag{6-4}$$

式中,$y_t$ 表示 $t$ 时期的行业总产出,以工业总产值衡量;$k_t$、$l_t$ 分别表示 $t$ 时期行业投入的资本和劳动力,以行业固定资产净值年平均余额和年末从业人员人数衡量;$m_t$ 表示行业中间投入,以工业总产值减去工业增加值再加上本年应交增值税来衡量;$\beta$ 表示回归系数,$\omega_t$、$\eta_t$ 分别表示不可观测的生产率和随机扰动项,$v_t$ 表示行业增加值,$\phi$ 是关于资本和中间投入的函数。根据上述方程便可得到全要素生产率 $\omega_t$ 的一致有效估计。

第四,其余行业控制变量。首先是资本产出比指标,已有研究证实了资本产出比是影响劳动收入占比的重要因素,因此本章将资本产出比纳入回归方程,以刻画资本深化,并以行业固定资产净值年平均余额除以工业总产值进行衡量。其次是要素投入比指标,主要衡量资本和劳动力投入比例,以行业固定资产年末净值除以全部从业人员平均人数衡量。国有资本占比和外资占比指标,分别以行业国有资本占当年实收资本比重、港澳台资本和外商资本占当年实收资本比重来进行衡量。最后是行业规模变量,主要用来衡量行业发展程度和经济实力,以各行业工业资产总计的自然对数来进行测算。上述变量除进口贸易数据外,主要来源于 1999 年至 2013 年的《中国工业经济统计年鉴》《中国统计年鉴》《中国劳动统计年鉴》和中国经济与社会发展统计数据库。

## 6.2.3 变量描述

表 6-1 报告了主要变量的描述性统计,分析显示,劳动收入占比整体差异明显,且中国不同行业的劳动收入占比差异显著。如图 6-1 所示,在全部统计的 27 个行业中,劳动收入占比均值为 2.97%,其中印刷业、仪器仪表及文化办公用机械和专用设备制造业等 12 个行业的劳动收入占比在均值以上,食品加工和制造业、木材加工及竹藤棕草制品业和石油加工及炼焦业等 15 个行业在均值以下,反映出中国大部分制造业劳动者的劳动收入占比仍较为低下,这与前文对劳动收入占比总体降低的演变趋势及罗长远和张军的研究结论基本一致。进一步地,图 6-2 形象地描绘了进口贸易和劳动收入占比的散点图及其相关关系,从中可以看出,拟合线明显向右下方倾斜,表明二者呈负相关,即进口贸易的增长会降低劳动收入占比。当然这只是初步统计结果,更为细致的分析仍有待下文的实证研究。

表 6-1  主要变量的描述性统计

| 变量 | 变量含义 | 样本 | 均值 | 标准差 | 最小值 | 最大值 |
|---|---|---|---|---|---|---|
| $lab\_w$ | 劳动收入占比 | 405 | 0.0297 | 0.0136 | 0.0080 | 0.0873 |
| $\ln import1$ | 全球进口额的自然对数 | 405 | 24.4937 | 1.8188 | 19.2449 | 28.2834 |
| $\ln import2$ | 东盟进口额的自然对数 | 405 | 21.7121 | 2.2153 | 12.9254 | 26.6094 |
| $\ln import3$ | 西欧四国进口额的自然对数 | 405 | 22.2061 | 1.6821 | 17.9198 | 26.2840 |
| $\ln import4$ | 美国进口额的自然对数 | 405 | 21.8091 | 2.1231 | 10.1163 | 25.4146 |
| $\ln import5$ | 金砖国家进口额的自然对数 | 405 | 20.1867 | 2.6663 | 7.5647 | 24.6649 |
| $\ln import6$ | 日韩进口额的自然对数 | 405 | 22.9133 | 2.2919 | 16.2665 | 27.0759 |
| $tfp$ | 全要素生产率 | 405 | 4.1890 | 0.7621 | 2.3708 | 5.7522 |
| $K/Y$ | 资本产出比 | 405 | 0.3352 | 0.1762 | 0.0930 | 1.0408 |
| $K/L$ | 要素投入比 | 405 | 2.2914 | 1.8773 | 0.3619 | 11.8860 |
| $soe$ | 国有资本占比 | 405 | 0.1804 | 0.1778 | 0.0016 | 0.9516 |
| $fdi$ | 外资占比 | 405 | 0.3165 | 0.1565 | 0.0006 | 0.7985 |
| $\ln size$ | 行业规模 | 405 | 8.4702 | 1.0682 | 5.6974 | 10.9075 |

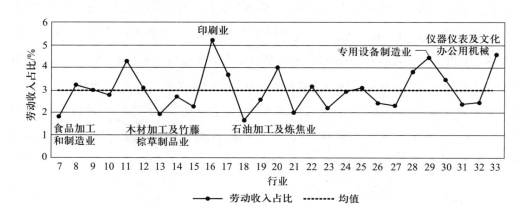

图 6-1  中国劳动收入占比的行业分布

数据来源:国家统计局,1999—2013 年《中国劳动统计年鉴》数据库,2020 年 4 月 5 日。

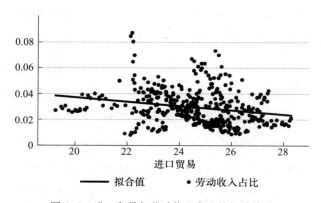

图 6-2  进口贸易与劳动收入占比的相关关系

## 6.3 实证结果及分析

本章接下来的实证工作将从如下两方面展开：一是全球及国别样本的基准回归，利用固定效应回归（FE）和系统 GMM 的估计方法；二是考虑部门分类的比较研究，通过区分劳动密集型行业与资本技术密集型行业，并运用引入交互项和系统 GMM 的方法，考察进口贸易对不同部门劳动收入占比的影响差异，且分析了这种影响的国别差异。

### 6.3.1 全球及国别样本的基准回归

表 6-2 报告了全球及国别样本的固定效应回归结果。列（1）和列（2）通过逐步回归的结果显示，进口贸易对劳动收入占比产生显著了的负向影响，且控制了相关变量后所得结果仍旧显著，表明从全球样本来看进口贸易的发展会降低劳动收入占比。进一步分国别来看，列（3）~列（7）的回归结果发现，发达国家、发展中国家及新兴经济体的结果十分迥异，发达国家美国、日韩及西欧四国均呈现显著的负相关，与全球样本一致，表明从上述发达国家的进口增加不利于劳动收入占比的提升。而东盟和金砖国家的实证结果则与此相反，进口贸易指标的回归系数为正且不显著。当然，静态面板数据的固定效应回归无法反映被解释变量的动态变化，尤其是被解释变量的动态滞后项与随机误差组成部分中的个体效应相关会造成内生性问题的存在，并影响实证结果的可靠性。

表 6-2　全球及国别样本的固定效应（FE）回归结果

| 变量 | 全球样本 (1) | 全球样本 (2) | 东盟国家 (3) | 西欧四国 (4) | 美国 (5) | 金砖国家 (6) | 日韩 (7) |
|---|---|---|---|---|---|---|---|
| $\ln import$ | $-0.0104^{***}$ | $-0.0003^{*}$ | $0.0005$ | $-0.0010^{*}$ | $-0.0016^{***}$ | $0.0001$ | $-0.0011^{**}$ |
| | $(-18.08)$ | $(-0.44)$ | $(1.80)$ | $(-1.73)$ | $(-3.83)$ | $(0.36)$ | $(-2.07)$ |
| $tfp$ | — | $0.0061^{**}$ | $0.0055^{**}$ | $0.0066^{***}$ | $0.0060^{**}$ | $0.0059^{**}$ | $0.0059^{**}$ |
| | — | $(2.56)$ | $(2.29)$ | $(2.76)$ | $(2.59)$ | $(2.49)$ | $(2.50)$ |
| $K/Y$ | — | $0.0673^{***}$ | $0.0666^{***}$ | $0.0656^{***}$ | $0.0609^{***}$ | $0.0678^{***}$ | $0.0660^{***}$ |
| | — | $(12.78)$ | $(12.74)$ | $(12.30)$ | $(11.27)$ | $(12.84)$ | $(12.57)$ |
| $K/L$ | — | $0.0007^{*}$ | $0.0008^{**}$ | $0.0006^{*}$ | $0.0007^{*}$ | $0.0007^{**}$ | $0.0006$ |
| | — | $(1.89)$ | $(2.17)$ | $(1.75)$ | $(1.94)$ | $(2.01)$ | $(1.58)$ |
| $soe$ | — | $0.0019$ | $0.0025$ | $0.0031$ | $0.0086^{**}$ | $0.0017$ | $0.0018$ |
| | — | $(0.55)$ | $(0.71)$ | $(0.90)$ | $(2.27)$ | $(0.49)$ | $(0.52)$ |

续表

| 变量 | 全球样本 | 全球样本 | 东盟国家 | 西欧四国 | 美国 | 金砖国家 | 日韩 |
|---|---|---|---|---|---|---|---|
| | (1) | (2) | (3) | (4) | (5) | (6) | (7) |
| fdi | — | -0.0214*** | -0.0227*** | -0.0215*** | -0.0190*** | -0.0217*** | -0.0193*** |
| | — | (-4.09) | (-4.41) | (-4.19) | (-3.74) | (-4.19) | (-3.67) |
| lnsize | — | -0.0063*** | -0.0067*** | -0.0060*** | -0.0054*** | -0.0064*** | -0.0055*** |
| | — | (-3.34) | (-3.65) | (-3.29) | (-2.99) | (-3.52) | (-2.95) |
| 常数项 | 0.2840*** | 0.0471*** | 0.0347*** | 0.0580*** | 0.0676*** | 0.0400*** | 0.0602*** |
| | (20.18) | (3.22) | (4.23) | (4.84) | (6.85) | (4.77) | (5.20) |
| 样本数 | 405 | 405 | 405 | 405 | 405 | 405 | 405 |
| 调整后 $R^2$ | 0.43 | 0.77 | 0.77 | 0.77 | 0.78 | 0.77 | 0.77 |

注:括号内的数值为 t 值,***、**、* 分别表示在 1%、5%、10%的水平上显著;lnimport 在列(3)～列(7)分别指东盟国家、西欧四国、美国、金砖国家和日韩的进口贸易。

鉴于此,本章进一步引入被解释变量劳动收入占比的一阶滞后项,并使用系统 GMM 的估计方法重新进行回归。表 6-3 报告了全球及国别样本的系统 GMM 估计结果,回归显示,方程的拟合程度较好,且一阶和二阶序列相关检验及 Sargan 过度识别检验均符合预期。从实证结果来看,与静态面板数据回归结果略有不同,无论全球样本还是分国别样本,进口贸易的回归系数均显著为负,再次证实了进口贸易扩张对劳动收入占比的负效应。进一步分国别的研究结果发现,从西欧和美国的进口对中国劳动收入占比的负效应最为明显,而东盟、金砖国家和日韩的进口则影响相对较小。对此,我们认为之所以出现上述情形是因为:一方面,贸易的收入分配理论所强调的进口技术溢出效应和对国内进口竞争部门的挤出效应大于进口对工资的正向溢出效应,导致劳动收入占比的下降,尤其是欧美发达国家表现得更为明显。因为从进口商品结构上看,2000 年至 2005 年间中国高技术产品的进口比例由 26.68%增加至 29.22%,中等技术产品的进口比例由 27.50%增加至 33.78%,而与此同时低技术产品的进口比例则由 19.20%下降至 4.73%,降幅最为明显。由于上述中高技术产品的来源以欧美发达国家为主,且其蕴含的技术有更强的劳动节约型特征,所以它对劳动要素分配负效应很可能会超过对进口替代部门(如专用设备、精密仪器等)的挤出效应,从而使得进口扩张的同时会引起劳动收入分配状况的恶化。另一方面,一个有趣的结论是经济发达的日韩两国的进口对劳动收入占比的负向影响较弱,甚至低于东盟和金砖国家。可能的解释是,从进口结构看,日韩两国是中国中等技术产品的最大进口来源地,其中日本占比最高(19.80%),其次为韩国(16.85%),占比远高于美国(5.30%)。而中等技术产品与中国当前转型时期的劳动力市场技能结构相契合,且它对劳动要素分配的负效应会弱于高技术产品的进口,由此引致日韩进口对中国劳动收入占比的负向影响相对较弱。

接下来,从其他变量来看,全球及国别样本的全要素生产率回归系数均显著为正,表明生产率水平的提升有利于促进劳动收入占比的提高,符合理论预期。与此类似,资本产出比也表现出显著的正相关,表明资本深化有利于改善劳动收入占比状况,因为资本积累促进了劳均资本拥有量和劳动边际产出的提升。要素投入比的回归系数显著为负,反映出资本对劳动力有一定的替代作用,要素投入比的增加会降低劳动收入占比。国有资本占比同样与劳动收入占比呈现显著的负相关,表明国有企业的比重增加会对劳动收入分配产生不利影响。而外资占比的回归系数尽管为正,但并不显著。同样,行业规模变量也多不显著,表明其对劳动收入占比的影响十分微弱。

表 6-3　全球及国别样本的系统 GMM 回归结果

| 变量 | 全球样本 | 东盟国家 | 西欧四国 | 美国 | 金砖国家 | 日韩 |
|---|---|---|---|---|---|---|
| | （1） | （2） | （3） | （4） | （5） | （6） |
| L. lab_w | 0.6247*** | 0.6520*** | 0.6458*** | 0.6472*** | 0.6344*** | 0.6121*** |
| | （21.82） | （20.95） | （23.42） | （22.68） | （16.34） | （27.17） |
| lnimport | −0.0020*** | −0.0002*** | −0.0009* | −0.0004* | −0.0002*** | −0.0018*** |
| | （−5.75） | （−2.75） | （−1.87） | （−1.00） | （−4.27） | （−6.16） |
| tfp | 0.0064*** | 0.0068*** | 0.0064*** | 0.0065*** | 0.0065*** | 0.0045*** |
| | （5.07） | （7.63） | （5.53） | （5.21） | （6.71） | （4.50） |
| K/Y | 0.0356*** | 0.0366*** | 0.0355*** | 0.0360*** | 0.0349*** | 0.0346*** |
| | （13.85） | （13.23） | （13.47） | （11.07） | （11.60） | （16.12） |
| K/L | −0.0008*** | −0.0004* | −0.0007*** | −0.0005** | −0.0003* | −0.0008*** |
| | （−3.49） | （−1.84） | （−3.94） | （−2.39） | （−1.94） | （−3.53） |
| soe | −0.0040** | −0.0037** | −0.0036* | −0.0034** | −0.0033* | −0.0049*** |
| | （−2.25） | （−2.00） | （−1.75） | （−2.20） | （−1.85） | （−2.66） |
| fdi | −0.0012 | 0.0010 | 0.0008 | 0.0011 | 0.0008 | 0.0030 |
| | （−0.21） | （0.20） | （0.14） | （0.23） | （0.16） | （0.73） |
| lnsize | 0.0010 | −0.0010 | 0.0001 | −0.0007 | −0.0015** | 0.0016*** |
| | （1.55） | （−1.37） | （0.20） | （−1.05） | （−2.10） | （2.63） |
| 常数项 | 0.0140 | −0.0175*** | −0.0096 | −0.0151* | −0.0111** | 0.0087 |
| | （1.50） | （−3.67） | （−0.76） | （−1.65） | （−2.47） | （1.13） |
| 样本数 | 378 | 378 | 378 | 378 | 378 | 378 |
| AR（1）检验 | −3.3130 | −3.2963 | −3.3364 | −3.3514 | −3.3125 | −3.2995 |
| | （0.00） | （0.00） | （0.00） | （0.00） | （0.00） | （0.00） |

续表

| 变量 | 全球样本 | 东盟国家 | 西欧四国 | 美国 | 金砖国家 | 日韩 |
|------|---------|---------|---------|------|---------|------|
| | (1) | (2) | (3) | (4) | (5) | (6) |
| AR(2)检验 | 0.53076 | 0.40905 | 0.46234 | 0.3199 | 0.4794 | 0.6272 |
| | (0.60) | (0.68) | (0.64) | (0.75) | (0.63) | (0.53) |
| Sargan 检验 | (1.00) | (1.00) | (1.00) | (1.00) | (1.00) | (1.00) |

注:括号内的数值为 t 值,***、**、* 分别表示在 1%、5%、10% 的水平上显著;AR(1)和 AR(2)分别报告了一阶和二阶序列相关检验,Sargan 检验为过度识别检验,表中为 P 值。

### 6.3.2 劳动密集型与资本技术密集型的对比分析

上述基准回归着重考察了全球和国别样本下进口贸易对劳动收入占比的影响,但并没有考虑进口商品的部门结构如何影响劳动收入占比。而事实上,近年来中国对外贸易商品结构经历了明显的产品升级,为此,下文的工作将继续区分劳动密集型行业和资本技术密集型行业,并进行对比分析。具体行业结构的划分,我们根据唐东波[1]的做法,依据资本劳动比率的均值进行处理,高于均值为资本技术密集型行业,低于均值为劳动密集型行业。进一步地,考虑到继续按行业分组会极大地减少样本量,且主要考察进口对两类行业的影响差异,所以我们采取引入进口变量与行业虚拟变量交互项的方式来进行回归(lnimport×industry,其中 industry = 1 为资本技术密集型行业)。

如表 6-4 所示,进口变量与行业虚拟变量交互项的回归系数显著为负,表明与劳动密集型产业相比,进口贸易对资本技术密集型行业劳动收入占比的降低作用更为明显,扩大了劳动收入占比的行业差异。分国别来看,这种影响在不同国家的表现同样具有显著差异,在西欧四国和美国的影响作用大于东盟、金砖国家和日韩,且对日韩的负向影响最弱,与基准回归结果一致。之所以如此,是因为一方面资本技术密集型行业的进口技术溢出效应和对国内进口竞争部门的挤出效应比劳动密集型行业表现得更为强烈,且大于进口对工资的正向溢出效应,因此导致资本密集型行业的劳动收入占比的下降程度更为明显。另一方面源于进口商品结构的差异,导致贸易收入分配效应的不平衡释放,并形成对劳动收入占比的差异化影响。正如上文分析,欧美是中国高技术产品的主要进口来源地,日韩是中国中等技术产品的主要进口来源国。那么,根据林毅夫和张鹏飞[2]对适宜性技术的分析,一个国家最适宜的技术结构内生决定于该国的要素禀赋结构,那么选择与其要素禀赋结构相

---

[1] 唐东波:《全球化对中国就业结构的影响》,《世界经济》2011 年第 9 期,第 95~117 页。
[2] 林毅夫、张鹏飞:《适宜技术、技术选择和发展中国家的经济增长》,《经济学(季刊)》2006 年第 3 期,第 985~1006 页。

一致的技术结构会使其在全要素生产率及劳动力人均产出上得到极大发展。那么,在产业升级和产业结构的转型期,中国对中等技术产品的大量进口显示出我国的技术结构与中等技术产品较为适宜,其对国内进口竞争部门的挤出效应相对较弱,进而对劳动收入占比的负向影响也相对较小。从其他变量来看,对劳动收入占比的影响作用与基准回归基本一致,外资和行业规模的影响依旧不太显著。

表 6-4　考虑部门分类的系统 GMM 回归结果

| 变量 | 全球样本 | 东盟国家 | 西欧四国 | 美国 | 金砖国家 | 日韩 |
|---|---|---|---|---|---|---|
| | （1） | （2） | （3） | （4） | （5） | （6） |
| $L.lab\_w$ | 0.5822*** | 0.5967*** | 0.5808*** | 0.5930*** | 0.5987*** | 0.5753*** |
| | （20.82） | （29.41） | （20.23） | （23.07） | （28.63） | （23.52） |
| $\ln import$ | −0.0002 | 0.0003* | 0.0002 | 0.0001 | −0.00003 | −0.0012*** |
| | （−0.44） | （1.77） | （0.45） | （0.42） | （−0.06） | （−2.88） |
| $\ln import \times industry$ | −0.0005*** | −0.0005*** | −0.0007*** | −0.0006*** | −0.0004*** | −0.0003* |
| | （−4.67） | （−4.10） | （−5.39） | （−5.97） | （−2.94） | （−1.73） |
| $tfp$ | 0.0042** | 0.0038*** | 0.0036* | 0.0036*** | 0.0039*** | 0.0036*** |
| | （1.97） | （4.79） | （1.77） | （3.21） | （4.04） | （4.09） |
| $K/Y$ | 0.0353*** | 0.0341*** | 0.0361*** | 0.0344*** | 0.0349*** | 0.0350*** |
| | （9.16） | （14.98） | （9.56） | （10.31） | （11.35） | （15.94） |
| $K/L$ | −0.0004 | −0.0002 | −0.0004* | −0.0001 | −0.0004 | −0.0005** |
| | （−1.32） | （−0.83） | （−1.68） | （−0.33） | （−1.33） | （−2.09） |
| $soe$ | −0.0015* | −0.0018 | −0.0029 | −0.0031* | −0.0022 | −0.0032* |
| | （−0.70） | （−0.86） | （−1.40） | （−1.77） | （−1.33） | （−1.70） |
| $fdi$ | −0.0039 | −0.0028 | −0.0011 | −0.0013 | −0.0033 | −0.0010 |
| | （−0.76） | （−0.73） | （−0.23） | （−0.30） | （−0.75） | （−0.28） |
| $\ln size$ | 0.0006 | 0.0003 | 0.0007 | 0.0001 | 0.0006 | 0.0015** |
| | （0.32） | （0.40） | （0.43） | （0.15） | （0.87） | （2.31） |
| 常数项 | −0.0081 | −0.0174*** | −0.0178 | −0.0104* | −0.0165** | 0.0042 |
| | （−0.60） | （−2.98） | （−1.34） | （−1.68） | （−2.03） | （0.64） |
| 样本数 | 378 | 378 | 378 | 378 | 378 | 378 |
| AR（1）检验 | −3.3324 | −3.4624 | −3.3036 | −3.3598 | −3.4212 | −3.3116 |
| | （0.00） | （0.00） | （0.00） | （0.00） | （0.00） | （0.00） |
| AR（2）检验 | 0.66482 | 0.52846 | 0.66507 | 0.69044 | 0.70557 | 0.73052 |
| | （0.51） | （0.59） | （0.51） | （0.49） | （0.48） | （0.47） |
| Sargan 检验 | （1.00） | （1.00） | （1.00） | （1.00） | （1.00） | （1.00） |

注:括号内的数值为 $t$ 值,***、**、*分别表示在1%、5%、10%的水平上显著;AR（1）和AR（2）分别报告了一阶和二阶序列相关检验,Sargan 检验为过度识别检验,表中为 $P$ 值。

## 6.4　本章小结

本章从全球及国别视角,利用1998年至2012年的跨国行业面板数据,通过固定效应和广义矩估计的系统GMM方法,实证检验了制造业各行业的进口贸易对中国劳动收入占比的影响,并采用引入交互项的方式,细致地对比了劳动密集型行业与资本技术密集型行业的影响差异。研究发现,总体来看,无论全球样本还是分国别样本,进口贸易对劳动收入占比呈现出显著的负效应,即进口贸易的扩张降低了劳动收入占比,与已有研究结论一致。进一步分国别的研究则更有意义,结果显示,从西欧和美国的进口对中国劳动收入占比的负效应最为明显,而从东盟和金砖国家进口的影响次之,从日韩进口的影响则最小。这表明由于中国当前产业技术特征和进口商品结构的交叉影响,使得不同进口来源地的进口商品技术差异会分别通过技术溢出效应和对进口竞争部门的挤出效应对中国劳动收入占比形成截然相反的影响效果,而最终作用要视二者的综合效应而定。接着,区分劳动密集型行业和资本技术密集型行业的研究也证实,进口贸易对资本技术密集型行业劳动收入占比的降低作用大于劳动密集型行业,扩大了劳动收入占比的行业差异。而从分国别来看,来自西欧四国和美国的进口对劳动收入占比的行业差异的影响大于东盟、金砖国家和日韩,尤其是对日韩的影响最弱,与基准回归结果一致。

上述结论对"新常态"背景下中国对外贸易发展与劳动力市场改革具有重要的政策含义。一是应转变对外贸易发展思路,着力推进进出口贸易平衡。要以2018年《关于扩大进口促进对外贸易平衡发展的意见》的出台为契机,进一步扩大进口规模,完善进口促进体系。二是要优化进口商品结构,重视进口国别和地区结构。要重视不同类别进口数量与结构的优化,适当增加资本品进口比重,相对缩小初级产品进口比重,稳定中间品进口,适当增加消费品进口比重。同时,要妥善处理与美国、西欧发达国家的进口贸易伙伴关系,积极拓展与周边国家贸易合作关系,尤其是借助"一带一路"建设契机,深化与东盟、中亚相关国家的贸易往来。三是要积极促进进口技术溢出效应的发挥,抑制进口贸易对国内进口竞争部门的挤出效应,调节进口对劳动收入占比的负效应,改善劳动报酬在国民收入占比过低的现实。四是要统筹协调对外贸易发展进程中的收入分配改革,既要从贸易开放视角考察国内劳动力市场的收入分配问题,又要基于国内劳动技能结构及要素禀赋考虑进口商品结构和国别结构,争取形成一种良性互动机制。

# 7 中国出口产品质量升级影响收入分配的实证研究

中国自改革开放特别是入世以来,出口规模迅速增加,目前已跃居世界首位。在出口产品数量大规模扩张的同时,出口企业间的产品质量却日益分化:一方面,在位出口企业的产品质量不断升级;另一方面,大量低质量产品的市场进入导致中国企业(主要是内资企业)的出口产品质量下滑。本章将这一现象简称为"产品质量分化"(quality polarization)。已有文献侧重考察中国产品质量的测算和决定因素,鲜有研究关注"产品质量分化"对工资不平等的影响。本章拟对这一问题进行考察。

近年来,越来越多的文献开始关注企业的产品质量和技术升级对工资差距的影响。例如,维胡根(2008)采用墨西哥的数据,并以1994年比索的贬值为自然实验考察了出口成本变动对工资差距的影响。他发现货币贬值导致出口成本下降,并引发出口企业的质量升级,从而要求企业增加对高技能劳动的需求,并推升技能溢价。[①] 随后,布兰比拉(Brambilla)等基于阿根廷1998年至2000年的数据也得到类似结论。[②] 但是,上述文献主要是针对北美洲和南美洲国家,对中国而言,产品质量是否也会显著影响工人的工资水平,仍是一个未解之谜。而且他们侧重考察产品质量对技能溢价的影响,并不能解释产品质量对"残差不平等"的作用。正如伊茨霍基和赫尔普曼(Itskhoki & Helpman)所指出的,残差

---

① Verhoogen, E. A. "Trade, Quality Upgrading, and Wage Inequality in the Mexican Manufacturing Sector", *The Quarterly Journal of Economics*, vol. 123, no. 2(2008), pp. 489–530.

② Brambilla, I., Lederman, D. and Porto, G. G. "Exports, Export Destinations, and Skills", *American Economic Review*, vol. 102, no. 7(2012), pp. 3406–3438.

不平等是总体工资不平等的重要构成,而企业间工资差距对整体工资差距的影响正日益扩大。[①] 为此,在研究产品质量对技能溢价的同时,有必要考察其对残差工资不平等的作用。

更为重要的是,上述研究主要关注在位企业产品质量升级对出口企业工资溢价的作用,却忽视了企业进入所导致的"产品质量分化",以及由此产生的对工资不平等的影响。本章认为,出口产品质量分化不仅会扩大企业间的工资差距,而且会加剧企业内的工资差距,从而导致工资差距的恶化。在位企业的产品质量升级,一方面,对员工的能力和努力水平提出更高的要求,从而导致企业内的技能溢价,另一方面,则会提高企业利润,并通过利润分享机制提高出口企业员工的工资水平,并导致企业间工资差距的扩大。

为此,本章首先利用 2000 年至 2006 年的中国海关进出口数据,测算了企业—产品—目的国层面的产品质量,并借鉴梅利兹和波兰尼奇[②]的分解方法,对中国"产品质量分化"的现象进行了统计验证。我们发现,随着出口产品规模的迅速增加,中国出口产品内的垂直专业化分工得到进一步深化,由此表现出明显的质量分化态势。其次,结合 2005 年全国 1% 的人口抽样调查数据和 2000 年至 2006 年的中国工业企业数据,本章从整体工资不平等、残差工资不平等和企业间工资不平等方面,就出口产品内的质量分化对中国工资不平等的影响作用及传导机制进行了实证检验。研究发现:出口产品内的质量分化通过扩大高低技能群体间的技能溢价、高技能群体内的残差工资不平等,以及企业间的工资差距,加剧了我国企业整体的工资不平等。

## 7.1 文献综述

与本章相关的文献主要包括两类:第一类文献侧重考察产品质量的测算和决定因素;第二类文献则侧重研究企业异质性、产品质量与工资不平等的关系。

### 7.1.1 产品质量与垂直专业化

近年来,关于出口产品质量的相关研究正成为国际贸易领域的研究热点问题。肖特(Schott)认为,质量在很大程度上表现为产品内(within-product)不同种类间的垂直差异,国

① Itskhoki,O.,Helpman,E. "Trade Liberalization and Labor Market Dynamics with Heterogeneous Firms",Princeton Paper, no. 1(2015).

② Melitz,M. J. and Polanec,S. "Dynamic Olley-Pakes Productivity Decomposition with Entry and Exit",*The RAND Journal of Economics*,vol. 46,no. 2(2015),pp. 362-375.

家间基于自身要素禀赋在产品内进行垂直专业化分工。[1] 例如,同样是生产汽车,国产的产品价格和性能往往低于外资企业和进口汽车,其在很大程度上表现为产品质量方面的差异性。然而,关于产品内垂直专业化分工的已有研究大都集中在产品内的生产工序分工。具体地,产品的生产过程总是序贯进行的,先完成原材料的初加工,然后再结合其他的中间材料来制造最终产品,最后才是广告和销售活动。[2] 从产品内生产工序分工的角度来看,随着国际贸易分工的深化,产品的生产工序被分解在不同国家或地区进行生产,而每一国家或地区依据其比较优势专业化生产其中某一工序任务。然而,鲜有文章基于质量差异的角度考察产品内的垂直专业化分工。造成这一现象的很大原因在于研究数据的限制,质量是产品内不同种类间的垂直差异,这就要求数据是企业产品层面的。近年来,大量微观企业和贸易产品数据的公开,使得测算产品内不同种类间的产品质量成为可能。为此,李坤望等考察了中国出口产品质量的动态变化,并对其进行了相应的解释。[3] 此外,施炳展和邵文波进一步考察了中国企业出口产品质量的决定因素。[4] 在已有文献的基础上,本章沿着上述思路,首次基于产品质量的角度重新审视了产品内的垂直专业化分工,并考察了其对中国工资不平等的影响。

## 7.1.2 国际贸易、企业异质性与工资不平等

越来越多的研究发现,企业间的工资差距是工资不平等的重要来源,但是在新古典贸易理论中,企业是相同的或对称的,也就不存在企业间以及企业内的工资差距。为此,以异质性企业贸易理论为基础来探讨贸易自由化对工资差距的影响已成为研究贸易与工资不平等的主要理论框架,也是目前最新的研究前沿。

### 7.1.2.1 国际贸易、企业异质性与技能溢价

以梅利兹[5]为代表的异质性企业框架为研究贸易开放对工资不平等的影响提供了新的分析思路,为此,最近的文献开始从企业异质性的视角来探寻贸易导致工资差距的作用机制。以该模型为基础,诸多学者分别从技术选择、质量升级、公平工资等渠道来解释工资差

---

[1] Schott, P. K. "Across-Product Versus Within-Product Specialization in International Trade", *The Quarterly Journal of Economics*, vol. 119, no. 2(2004), pp. 647–678.

[2] Antràs, P. and Chor, D. "Organizing the Global Value Chain", *Econometrica*, vol. 81, no. 6(2013), pp. 2127–2204.

[3] 李坤望、蒋为、宋立刚:《中国出口产品品质变动之谜:基于市场进入的微观解释》,《中国社会科学》2014 年第 3 期,第 80 ~ 103,206 页。

[4] 施炳展、邵文波:《中国企业出口产品质量测算及其决定因素——培育出口竞争新优势的微观视角》,《管理世界》2014 年第 9 期,第 90 ~ 106 页。

[5] Melitz, M. J. "The Impact of Trade on Intra-Industry Reallocations and Aggregate Industry Productivity", *Econometrica*, vol. 71, no. 6(2003), pp. 1695–1725.

距。这类文献强调,由于企业的技术、产品质量与工人能力之间是互补性的,因此,生产效率高、产品质量好的企业对高技能劳动力的需求更大,从而对此类工人支付的工资更高,高技能劳动者与低技能劳动者之间的工资差距也就更大。

其中,耶普尔(Yeaple)从工人异质性的角度解释了企业的异质性。他认为,那些雇佣高技能劳动力的企业会选择更先进的生产技术,并支付更高的工资。[①] 维胡根采用墨西哥的数据,并以1994年比索的贬值为自然实验考察了出口成本变动对工资差距的影响,他发现货币贬值导致出口成本下降,并引发出口企业的质量升级,从而相应地要求企业增加对高技能劳动力的需求,并推动技能溢价。[②] 与维胡根类似,巴斯托斯(Bustos)以阿根廷加入区域自由贸易协定(MERCOSUR)的研究也发现,贸易成本降低也会导致出口企业进行技术升级。[③] 伯斯坦和沃格尔(Burstein & Vogel)则构建了一个包含异质性企业的两国-两部门模型,并考察了贸易开放对技能溢价的影响。[④] 在其模型中,由于生产技术是偏向高技能劳动力的,因此生产率高的企业会具有更强的高技能需求,从而技能溢价更高。随着贸易成本的降低,资源会从低效率企业流向高效率的出口企业,从而提高技能溢价。

特别地,通过将梅利兹的异质性企业框架与卢卡斯(Lucas)的思路结合,蒙特(Monte)详尽地阐述了贸易如何影响工资分布。[⑤] 其核心假定是:首先,每一个劳动者可以选择成为企业家或成为工人,如果选择成为企业家,其能力是异质性的;但如果选择成为工人,则能力是相同的。企业的运行需要想法(idea)、管理者(manager)和生产工人(worker)三者的有效结合。其次,企业的生产技术与管理者的能力是互补的。为此,拥有先进技术的企业会与能力更高的工人匹配,即所谓的"正向匹配"(positive assortative matching),并形成"明星效应"(superstars effect),从而导致高技术企业产生技能溢价。贸易开放会导致高生产率的出口企业收益增加,低生产率的出口企业收益下降,这一效应会传递至劳动力市场。进一步的研究也证明,存在管理者能力的一个门槛值,对低于该门槛的管理者而言,工资不平等会减弱;但对高于该门槛的管理者而言,工资不平等会加剧。这类文献可以较好地解释贸易自由化对技能溢价的影响,却难以就残差不平等的扩大进行有效阐释。

① Yeaple, S. R. "A Simple Model of Firm Heterogeneity, International Trade, and Wages", *Journal of International Economics*, vol. 65, no. 1(2005), pp. 1-20.

② Verhoogen, E. A. "Trade, Quality Upgrading, and Wage Inequality in the Mexican Manufacturing Sector", *The Quarterly Journal of Economics*, vol. 123, no. 2(2008), pp. 489-530.

③ Bustos, P. "Trade Liberalization, Exports, and Technology Upgrading: Evidence on the Impact of MERCOSUR on Argentinian Firms", *American Economic Review*, vol. 101, no. 1(2011), pp. 304-340.

④ Burstein, A. and Vogel, J. "Globalization, Technology, and the Skill Premium: A Quantitative Analysis", NBER Working Paper, no. 16459(2010).

⑤ Monte F. "Skill Bias, Trade, and Wage Dispersion", *Journal of International Economics*, vol. 83(2011), pp. 202-218.

### 7.1.2.2　国际贸易、企业异质性与残差不平等

随着微观数据可得性的增强,厂商和企业层面关于出口和非出口企业工资和就业差异的证据大量涌现,而且越来越多的研究采用雇主与雇员的匹配数据来检验出口企业的工资溢价以及决定因素。这些实证研究表明,一方面,出口企业与非出口企业不仅在劳动力结构方面存在差异,而且对特征相同的工人而言,两类企业支付的工资也存在显著差异。另一方面,行业内以及企业内的工资不平等,正逐渐成为工资差距扩大的主要来源。更为重要的是,"残差不平等"——即不可观测因素导致的工资不平等,对总体的工资不平等具有重要的解释力。在劳动力市场完全竞争的条件下,相同的工人理应拿到相同的工资。那么,为何可观测特征相同的工人所得到的工资是有差异的?

为研究贸易开放对残差不平等的影响,已有文献试图引入劳动力市场摩擦,并从效率工资、公平工资和讨价还价的视角来解释企业间的工资差异。

根据"效率工资"理论,不同企业之所以对相同的工人支付不同的工资,原因在于企业与工人之间的信息不对称,企业无法对工人的努力程度进行有效监督,因此,只能通过提高工资来防止员工"偷懒"(shirking);同时,由于企业的监督能力是有差异的,从而导致工资水平的企业间差异。如戴维斯和哈里根认为,当工人偷懒时,其被雇主发现的概率在企业间是有差异的,工人偷懒被企业发现的概率越大,则企业不需要支付很高的工资就可以防止工人偷懒。但是,由于监督效率高的企业用工成本更低,从而导致企业规模较大,也就是说规模大的企业更可能支付较低的工资,这一推论与"规模-工资正相关"的典型事实相矛盾。为此,戴维斯和哈里根不得不假设,监督效率与企业的生产率是负相关的。即便监督效率与企业的生产率是无关的,在开放经济环境下,由于竞争的作用,高工资、低效率的企业会在梅利兹的选择机制下退出市场,由此仍然会产生"规模-工资"的正相关性。[①] 但是为了与现实中企业规模与工资的正相关性匹配,戴维斯和哈里根仍然需要假定监督效率与企业的生产率具有一定的(尽管是弱的)负相关性。

为此,王永进和赵来勋(Wang & Zhao)对戴维斯和哈里根的理论框架进行了拓展,并重新考察了贸易开放对失业以及工资分布的影响。[②] 与戴维斯和哈里根不同,王永进和赵来勋(2015)的改进主要有以下几个方面:首先,工人的工资不仅取决于企业的监督效率,而且取决于其努力程度。由于高效率的企业不仅监督效率高,而且对工人的努力程度也有更

---

① Davis, D. R. and Harrigan, J. "Good Jobs, Bad Jobs, and Trade Liberalization", *Journal of International Economics*, vol. 84, no. 1(2011), pp. 26-36.

② Wang, Y. and Zhao, L. "Saving Good Jobs from Global Competition by Rewarding Quality and Efforts", *Journal of International Economics*, vol. 96, no. 2(2015), pp. 426-434.

高的要求,为此,监督效率高的企业可能会支付更高的工资;其次,在戴维斯和哈里根的研究中,员工的努力水平是无差异的。但在王永进和赵来勋的文章中,不同企业的工人其努力水平是有差异的,而且是内生决定的,即效率高的企业会生产高质量的产品,从而要求工人更加努力工作。这就使得企业规模与员工工资之间是正相关的;最后,在戴维斯和哈里根的研究中,由于工人的努力水平是相同的,所以工人的工资及其福利水平是完全一致的,但是,在王永进和赵来勋的研究中,贸易自由化对工资不平等和福利不平等的影响并不一致。

贸易会导致残差不平等的第二种解释是"公平工资"理论。艾格和克瑞克迈尔认为,工人的"公平工资"取决于两个因素:一是企业的生产率,二是就业率与平均工资的乘积。[1]根据梅利兹的研究可知,贸易自由化会在扩大出口企业规模和收益的同时,降低内销企业的规模和收益,由此导致平均工资水平上升的同时,出现工资不平等呈先上升后下降的倒U形变化趋势。随着信息和通信技术的发展,中间品贸易在国际贸易中的比重越来越大。因此,在考察国际贸易对工资的影响时,有必要考虑中间品贸易对员工工资的影响。为此,阿米蒂和戴维斯建立了一个同时包含中间品和最终品贸易的异质性企业模型,并考察了全球化对工人工资的影响。其中,工人的工资取决于企业的利润而不是生产率水平。他们研究发现,最终产品关税的下降会降低进口竞争企业的工资,但是会提高出口企业的工资。类似地,中间品关税的下降会提高进口企业的工资水平。[2]

第三类理论则强调匹配摩擦与"讨价还价"的作用。该理论认为,由于搜寻和匹配摩擦的存在,工人的工资是通过讨价还价得到的。但是,讨价还价的存在并不必然产生工资差异,这是因为根据斯托尔和兹维贝尔(Stole & Zwiebel)讨价还价的博弈结果,工人的工资等于其对企业利润的边际贡献,而利润最大化则要求雇佣工人的边际成本(搜寻成本)与工人对利润的边际贡献相等,由于企业间的搜寻成本是相同的,因此,均衡的工资水平也是相等的。[3] 换言之,讨价还价机制并不能解释企业间的工资差异。

为此,赫尔普曼等进一步引入两个重要假定:其一是不可观察的能力差异(ex-post ability),即事前看起来相同的工人,在与企业相遇后,其能力会发生变化,即工人能力的差别是与所匹配的企业相关的(match-specific);其二是"甄别成本",即企业在与工人相遇后,

① Egger, H. and Kreickemeier, U. "Firm Heterogeneity and The Labor Market Effects of Trade Liberalization", *International Economic Review*, vol. 50, no. 1(2009), pp. 187–216.
② Amiti, M. and Davis, D. R. "Trade, Firms, and Wages: Theory and Evidence", *The Review of Economic Studies*, vol. 79, no. 1(2012), pp. 1–36.
③ Stole, L. A., Zwiebel, J. "Organizational Design and Technology Choice Under Intrafirm Bargaining", *American Economic Review*, vol. 86, no. 1(1996), pp. 195–222.

会投入一定的成本对工人能力进行甄别(screening)。此时,企业一方面决定相遇的工人数目,另一方面在与工人相遇后,要选择一定的门槛值,并只选择能力高于该门槛值的工人。前者要求相遇工人(数目为 $n$)的边际成本(搜寻成本)与工人对利润的边际贡献相等,由于参加"讨价还价"的只有留下来的工人(数目为 $h$),因此,工人的工资等于 $bn/h$,$b$ 为边际成本。由于工人的能力与企业的生产效率是互补的,为此,效率越高的企业在甄别过程中的投入也就越大,从而能够留下来的工人的比率($h/n$)越低,即 $n/h$ 的取值越大,工人的工资水平也就越高。[①]

科萨(Cosar)构建了一个包含劳动力市场摩擦的动态小国开放经济模型,探讨了贸易开放与劳动力市场摩擦对企业动态、就业波动及工资分布的影响,并采用哥伦比亚的厂商数据对模型进行了估计。[②] 反事实模拟结果表明,贸易开放导致了就业波动,并加剧了工资不平等,但劳动力市场改革的作用非常微弱。贸易开放影响劳动力市场的主要机制:其一是"敏感效应"(sensitivity effect),即关税下降降低了中间品价格,使得企业利润对生产率和就业的变化更为敏感,也为高效率企业创造更多的租金,从而使得工资分布更为分散;其二是"分配效应"(distribution effect),贸易开放使得工人集中于大企业,由于大企业的就业更为稳定,从而降低了劳动力就业波动以及工资不平等。通过反事实分析,文章发现"敏感效应"占据主导地位。

与上述文献不同,伊茨霍基和赫尔普曼对赫尔普曼等的理论框架进行了拓展,并基于巴西的企业数据,采用结构模型方法估计了国际贸易对异质性企业工资和就业的影响,并系统评估了工资差距的来源和主要特征。[③]

## 7.2　产品质量测度、数据来源与统计分析

### 7.2.1　产品质量测度

现有企业产品数据库并未给出直接测度的产品质量,为此,我们需要利用企业产品的

① Helpman, E., Itskhoki, O. and Redding, S. "Inequality and Unemployment in a Global Economy", *Econometrica*, vol. 78, no. 4(2010), pp. 1239–1283.

② Cosar, A. K. "Adjusting to Trade Liberalization: Reallocation and Labor Market Policies", manuscript(2010).

③ Itskhoki, O., Helpman, E. "Trade Liberalization and Labor Market Dynamics with Heterogeneous Firms", Princeton Paper, no. 1(2015); Helpman, E., Itskhoki, O. and Redding, S. "Inequality and Unemployment in a Global Economy", *Econometrica*, vol. 78, no. 4(2010), pp. 1239–1283.

出口数量和出口价格来推断产品质量。早期关于出口产品质量的测算大都采用出口产品的单位价值(即出口价格),如哈拉克(Hallak)。[1] 然而,由于单位价值不仅包含产品质量,还包括企业的生产成本和市场定价势力等信息,利用单位价值测算的产品质量存在一定的测量偏误。为此,坎德尔瓦尔等基于经济学逻辑,即给定产品的市场出口价格,出口规模越多的产品对应质量越高,采用企业产品的出口数量和出口价格来推断产品质量。[2] 借鉴已有研究的做法,我们主要根据坎德尔瓦尔等的测算方法度量中国的出口产品质量,具体推导过程如下。

假设出口目的国 $d$ 中代表性消费者的效用函数为固定替代弹性(CES)形式如式(7-1)。

$$U = \left\{ \int_{\omega \in \Omega} \left[ \lambda_d(\omega) q_d(\omega) \right]^{(\sigma-1)/\sigma} \mathrm{d}\omega \right\}^{\sigma/(\sigma-1)} \tag{7-1}$$

其中,$\lambda_d(\omega)$ 为 $d$ 国对产品 $\omega$ 的需求质量;$q_d(\omega)$ 为 $d$ 国对产品 $\omega$ 的需求数量;$\sigma$ 为产品间替代弹性;$\Omega$ 为可消费商品集合。通过求解消费者效用最大化问题,可知 $d$ 国消费者对产品 $\omega$ 的需求为式(7-2)。

$$q_d(\omega) = \lambda_d^{\sigma-1}(\omega) p_d^{-\sigma}(\omega) P_d^{\sigma-1} Y_d \tag{7-2}$$

其中,$p_d(\omega)$ 为产品 $\omega$ 的需求价格;$P_d = \left\{ \int_{\omega \in \Omega} \left[ p_d(\omega)/\lambda_d(\omega) \right]^{1-\sigma} \mathrm{d}\omega \right\}^{1/(1-\sigma)}$ 为加总的价格指数;$Y_d$ 为 $d$ 国的总支出。对模型(7-2)式两边取对数,利用普通最小二乘法(OLS)回归的残差项即可估计企业—产品—目的国—时间层面的产品质量,如式(7-3)。

$$\ln q_{fhdt} + \sigma \ln p_{fhdt} = \alpha_h + \alpha_{dt} + \varepsilon_{fhdt} \tag{7-3}$$

其中,$f$、$h$、$d$、$t$ 分别表示企业、产品、出口目的国和时间维度。$\alpha_h$ 为产品固定效应,目的在于控制产品层面(HS8)出口价格 $p_d(\omega)$ 和出口数量 $q_d(\omega)$ 的差异性;$\alpha_{dt}$ 为目的国-时间固定效应,目的在于控制出口目的国的价格指数 $P_d$ 和工资水平 $Y_d$,$\varepsilon_{fhdt}$ 为随机扰动项。利用企业产品的出口数量和出口价格估计产品质量之前,我们还需要确定产品间替代弹性 $\sigma$ 的大小。考虑到不同行业内 $\sigma$ 的差异性,我们参考已有研究的做法,利用布罗达和温斯坦(Weinstein)[3]提供的产品间替代弹性计算出 HS 二分位的 $\sigma$。

① Hallak,J. C. "Product Quality and the Direction of Trade", *Journal of international Economics*, vol. 68, no. 1(2006), pp. 238-265.

② Khandelwal,A. K., Schott,P. K. and Wei,S. "Trade Liberalization and Embedded Institutional Reform: Evidence from Chinese Exporters", *American Economic Review*, vol. 103, no. 6(2013), pp. 2169-2195.

③ Broda,C. and Weinstein,D. E. "Globalization and the Gains From Variety", *The Quarterly Journal of Economics*, vol. 121, no. 2(2006), pp. 541-585.

### 7.2.2　数据来源和数据处理

本章使用的数据库主要为：一是中国海关进出口数据库；二是 2005 年全国 1% 人口抽样调查数据（简称 1% 人口数据）；三是中国工业企业数据库。其中，中国海关进出口数据库提供了 2000 年至 2006 年所有进出口企业 HS 八分位产品层面的贸易信息（单位美元），主要包括进出口企业名称、所有制、贸易方式、产品名称、价格、数量、进出口额、进口来源国和出口目的国等信息。本章据此测算中国的出口产品质量以及出口产品内的质量分化程度。

1% 人口数据为 2005 年进行的全国 1% 人口抽样调查数据，它采用多阶段分层整群概率比例的抽样方法，是以全国为总样本、各省份为次样本，调查单位为居住小区的随机样本。同已有研究相一致，本章使用的数据为其中 20% 的随机筛选数据。该数据库提供了个人层面的月工资水平、年龄、性别、受教育程度、婚姻状况、家庭人员结构、所在城市和行业等方面信息。本章主要考察制造业层面的出口产品质量分化对工资不平等的影响作用，为此，我们将样本观测值限定为非农业户口的制造业内，且只考察符合法定劳动年龄（16～60岁）的观测样本。

中国工业企业数据库提供了 1998 年至 2007 年全部国有企业和销售额在 500 万元以上的非国有企业，该数据库提供了企业层面的详细信息，包含企业的地理位置、所属行业、成立年份、总产值、总销售额、中间要素投入、固定资产、员工人数等上百个变量。在使用该数据库之前，我们需要对该数据库做出如下处理：① 由于原始数据中部分企业的法人代码发生了改变，本章参考勃兰特（Brandt）等[1]的做法，采用企业的法人代码、企业名称、法人名称、地区代码、行业代码、成立年份、地址和主要产品名称构建新的企业识别代码形成面板数据。② 参考勃兰特等的做法，采用永续盘存法估算企业的实际资本存量，并删除企业员工少于 8 人的观测样本。③ 参考蔡洪滨和刘俏（Cai & Liu）[2]的做法，删除缺少总资产、净固定资产、销售额、工业总产值变量的企业样本。④ 参考芬斯特拉等[3]的做法，删除样本中流动资产大于总资产、总固定资产大于总资产和企业识别代码不存在的样本。⑤ 由于中国在 2003 年采用了新的行业分类代码。本章根据勃兰特等的做法，按照新的行业分类代

---

[1] Brandt, L., Van Biesebroeck, J. and Zhang, Y. "Creative Accounting or Creative Destruction? Firm-Level Productivity Growth in Chinese Manufacturing", *Journal of Development Economics*, vol. 97, no. 2(2012), pp. 339–351.

[2] Cai, H. and Liu, Q. "Competition and Corporate Tax Avoidance: Evidence from Chinese Industrial Firms", *The Economic Journal*, vol. 119, no. 537(2009), pp. 764–795.

[3] Feenstra, R. C., Li, Z. and Yu, M. "Exports and Credit Constraints Under Incomplete Information: Theory and Evidence from China", *The Review of Economics and Statistics*, vol. 96, no. 4(2014), pp. 729–744.

码对企业数据进行了标准化统一。⑥ 各县和各地级市代码在 2004 年之前有几次大的调整,本章根据国家统计局提供的地区行政代码,按照 2004 年的地区代码划分标准进行了标准化处理。其他城市层面的控制变量主要来自《中国城市统计年鉴》。

### 7.2.3　统计分析

根据李坤望等[1]的研究发现,我们可知中国的出口产品质量变化,一方面表现为在位出口企业内的产品质量升级,另一方面表现在大量低质量产品的市场进入。在已有文献的基础上,基于质量视角重新审视中国出口产品内的垂直专业化分工,本章认为这一国际分工得到进一步深化,表现出明显的质量分化趋势。在本部分,我们将对中国出口产品内的质量分化现象进行统计验证。首先,我们利用 2000 年至 2006 年的海关进出口数据测算出企业—产品—目的国层面的产品质量,在此基础上考察在位企业和新进入企业对整体出口产品质量的贡献水平,以验证李坤望等的研究发现。其次,考虑到产品动态性的影响,我们基于在位产品内的出口质量变化再次进行分解,就在位企业的产品质量升级和低质量产品的市场进入给予进一步验证。最后,我们测算出产品—时间维度内质量对数的 99-01 分位数差、95-05 分位数差、90-10 分位数差、75-25 分位数差和标准差,根据各产品的出口份额加总至时间维度,得到 2000 年至 2006 年出口产品内的质量分化程度,从而对中国出口产品内的质量分化现象进行刻画描述。

接下来,我们借鉴梅利兹和波兰尼奇[2]对生产率变化的分解方法,考察中国在位出口企业和新进入出口企业对整体产品质量变化的贡献水平。具体的分解方法如式(7-4)、式(7-5)。

$$\Phi_1 = S_{S1}\Phi_{S1} + S_{X1}\Phi_{X1} = \Phi_{S1} + S_{X1}(\Phi_{X1} - \Phi_{S1}) \tag{7-4}$$

$$\Phi_2 = S_{S2}\Phi_{S2} + S_{E2}\Phi_{E2} = \Phi_{S2} + S_{E2}(\Phi_{E2} - \Phi_{S2}) \tag{7-5}$$

其中,

$$\Phi_{St} = \overline{\varphi_t} + \sum_i (s_{it} - \bar{s}_t)(\varphi_{it} - \overline{\varphi_t}) = \overline{\varphi_t} + \text{cov}(s_{it}, \varphi_{it}) \tag{7-6}$$

$$\Delta\Phi = \Phi_2 - \Phi_1 = (\Phi_{S2} - \Phi_{S1}) + S_{E2}(\Phi_{E2} - \Phi_{S2}) + S_{X1}(\Phi_{S1} - \Phi_{X1})$$

$$= \Delta\overline{\varphi}_S + \Delta COV_S + S_{E2}(\Phi_{E2} - \Phi_{S2}) + S_{X1}(\Phi_{S1} - \Phi_{X1}) \tag{7-7}$$

上述分解公式中,式(7-4)表示期初时,整体的出口产品质量($\Phi$)主要由在位企业

———————————

[1] 李坤望、蒋为、宋立刚:《中国出口产品品质变动之谜:基于市场进入的微观解释》,《中国社会科学》2014 年第 3 期,第 80～103,206 页。

[2] Melitz, M. J. and Polanec, S. "Dynamic Olley-Pakes Productivity Decomposition with Entry and Exit", *The RAND Journal of Economics*, vol. 46, no. 2(2015), pp. 362-375.

$(S_{S1}\Phi_{S1})$和退出企业$(S_{X1}\Phi_{X1})$的产品质量构成;相应地,式(7-5)表示期末时,整体的出口产品质量主要由在位企业$(S_{S2}\Phi_{S2})$和新进入企业$(S_{E2}\Phi_{E2})$的产品质量构成;式(7-6)表示在位企业的产品质量主要由在位企业内的质量水平和市场份额配置构成。在上述分解等式的基础上推导出式(7-7),即整体的质量变化主要分解为四个部分:在位企业内质量水平的变化$(\Delta\overline{\varphi}_S)$、在位企业间市场份额的再配置$(\Delta COV_S)$、新企业的进入$[S_{E2}(\Phi_{E2}-\Phi_{S2})]$和旧企业的退出$[S_{X1}(\Phi_{S1}-\Phi_{X1})]$。为考察在位企业内和新进入企业在短期和长期内对中国整体出口产品质量变化的贡献水平,我们分别基于一年期、二年期、四年期和六年期为观察期,就整体的出口产品质量变化进行分解,具体分解结果如表7-1所示。

表7-1　整体出口产品质量变化的分解

| 分类 | 企业内 | 企业间 | 企业进入 | 企业退出 |
|---|---|---|---|---|
| | $\Delta\overline{\varphi}_S$ | $\Delta COV_S$ | $S_{E2}(\Phi_{E2}-\Phi_{S2})$ | $S_{X1}(\Phi_{S1}-\Phi_{X1})$ |
| 一年期/年 | | | | |
| 2000—2001 | 0.0261 | 0.0130 | −0.0117 | 0.0027 |
| 2001—2002 | 0.0186 | 0.0144 | −0.0104 | 0.0044 |
| 2002—2003 | 0.0584 | 0.0014 | −0.0038 | 0.0044 |
| 2003—2004 | −0.0123 | 0.0335 | −0.0068 | 0.0047 |
| 2004—2005 | 0.0052 | −0.0147 | −0.0068 | 0.0051 |
| 2005—2006 | 0.0040 | −0.0196 | −0.0014 | 0.0046 |
| 二年期/年 | | | | |
| 2000—2002 | 0.0498 | 0.0194 | −0.0271 | 0.0149 |
| 2002—2004 | 0.0404 | 0.0425 | −0.0155 | 0.0121 |
| 2004—2006 | 0.0073 | −0.0312 | −0.0122 | 0.0123 |
| 四年期/年 | | | | |
| 2002—2006 | 0.0416 | 0.0113 | −0.0293 | 0.0321 |
| 六年期/年 | | | | |
| 2000—2006 | 0.0842 | 0.0065 | −0.0350 | 0.0570 |

注:考虑到梅利兹和波兰尼奇分解方法对异常值的敏感性,我们删除了产品质量最大和最小1%部分。

根据表7-1中一年期的分解结果,我们发现除2003年至2004年外,在位企业内的产品质量存在明显的质量升级,同施炳展[1]的研究发现是一致的。从企业进入来看,新进入企业的产品质量往往低于在位企业,从而拉低了出口产品质量的整体水平,同样验证了李坤望等的研究发现。此外,根据二年期、四年期和六年期的分解结果,我们发现在位企业内存

① 施炳展:《中国企业出口产品质量异质性:测度与事实》,《经济学(季刊)》2013年第1期,第263~284页。

在明显的质量升级,而低质量产品的企业进入对整体的出口产品质量升级存在明显的负面影响。因此,在位企业内的产品质量升级和低质量产品的企业进入,促使我们认为中国出口产品内的垂直专业化分工可能得到进一步深化,从而表现出质量分化趋势。

考虑到企业的多产品特征,如果在位企业增加了新产品出口而新产品又是高质量的,其同样会导致表7-1中在位企业内的产品质量升级。与此同时,如果新进入企业主要是生产低质量的新产品,其同样会拉低出口产品质量的整体水平。由此,根据表7-1的统计结果得出中国出口产品内质量分化的研究主张是不准确的。因此,接下来,我们对在位产品内的质量变化做进一步分解,统计结果如表7-2所示。

表7-2 在位产品内(HS8)质量变化的分解

| 分类 | 企业内 | 企业间 | 企业进入 | 企业退出 |
|---|---|---|---|---|
| | $\Delta\overline{\varphi}_S$ | $\Delta COV_S$ | $S_{E2}(\Phi_{E2}-\Phi_{S2})$ | $S_{X1}(\Phi_{S1}-\Phi_{X1})$ |
| 一年期/年 | | | | |
| 2000—2001 | 0.0268 | 0.0105 | −0.0118 | 0.0029 |
| 2001—2002 | 0.0196 | 0.0183 | −0.0124 | 0.0043 |
| 2002—2003 | 0.0578 | −0.0028 | −0.0037 | 0.0044 |
| 2003—2004 | −0.0119 | 0.0332 | −0.0068 | 0.0047 |
| 2004—2005 | 0.0059 | −0.0172 | −0.0068 | 0.0051 |
| 2005—2006 | 0.0036 | −0.0129 | −0.0022 | 0.0042 |
| 二年期/年 | | | | |
| 2000—2002 | 0.0529 | 0.0200 | −0.0301 | 0.0156 |
| 2002—2004 | 0.0407 | 0.0277 | −0.0155 | 0.0127 |
| 2004—2006 | 0.0080 | −0.0276 | −0.0120 | 0.0112 |
| 四年期/年 | | | | |
| 2002—2006 | 0.0438 | 0.0121 | −0.0299 | 0.0334 |
| 六年期/年 | | | | |
| 2000—2006 | 0.0856 | 0.0186 | −0.0637 | 0.0570 |

注:考虑到梅利兹和波兰尼奇分解方法对异常值的敏感性,我们删除了产品质量最高和最低1%的部分。

对在位产品内的质量变化分解后,我们发现在位企业内的出口产品仍存在明显的质量升级,而新进入企业的产品质量低于在位企业,拉低了在位产品内出口质量的整体水平。因此,考虑到产品动态性导致的测量误差,表7-2的统计结果再次表明,出口产品内一方面表现为在位企业的产品质量升级,另一方面表现在低质量产品的企业进入。由此,我们更加认为中国出口产品内的垂直专业化分工可能得到进一步深化,表现出明显的质量分化趋势。

类似于孙浦阳等[①]的做法，我们从产品质量对数的 99-01 分位数差、95-05 分位数差、90-10 分位数差、75-25 分位数差和标准差方面，就中国出口产品内的质量分化现象进行统计验证。首先，基于企业—产品—目的国层面的产品质量，我们测算出产品—时间维度内质量对数的 99-01 分位数差、95-05 分位数差、90-10 分位数差、75-25 分位数差和标准差。其次，根据各产品的出口份额将在时间维度加总，得到 2000 年至 2006 年出口产品内的质量分化程度。统计结果如表 7-3 所示，我们发现中国出口产品内的质量分化程度逐年递增，呈现出明显的分化态势，且对于不同的测算指标均是稳健的。因此，表 7-3 的统计结果验证了本章的研究主体，即随着中国出口规模的迅速扩张，出口产品内的垂直专业化分工得到进一步深化，呈现出明显的质量分化态势。

表 7-3　出口产品内的质量分化趋势

| 程度 | 2000 年 | 2001 年 | 2002 年 | 2003 年 | 2004 年 | 2005 年 | 2006 年 | P 值 | 趋势 |
|---|---|---|---|---|---|---|---|---|---|
| 99-01 分位数差 | 5.2539 | 5.5222 | 5.5598 | 5.6058 | 5.7298 | 5.8266 | 5.9522 | (0.000)*** | 发散 |
| 95-05 分位数差 | 3.4848 | 3.6142 | 3.6553 | 3.7719 | 3.8394 | 3.9134 | 4.0012 | (0.000)*** | 发散 |
| 90-10 分位数差 | 2.6516 | 2.7148 | 2.7694 | 2.8902 | 2.9415 | 2.9835 | 3.0444 | (0.000)*** | 发散 |
| 75-25 分位数差 | 1.3637 | 1.3781 | 1.4431 | 1.5060 | 1.5305 | 1.5576 | 1.5881 | (0.000)*** | 发散 |
| 标准差 | 1.1007 | 1.1349 | 1.1521 | 1.1853 | 1.2098 | 1.2264 | 1.2545 | (0.000)*** | 发散 |

注：将各年份出口产品内的质量分化程度对时间（年份）进行回归，进而得出时间系数的相伴概率 P 值。

## 7.3　出口产品质量分化影响收入分配的实证研究

### 7.3.1　基准回归

基于质量视角重新审视产品内的垂直专业化分工，我们发现中国出口产品内的专业化

① 孙浦阳、蒋为、张龑：《产品替代性与生产率分布——基于中国制造业企业数据的实证》，《经济研究》2013 年第 4 期，第 30~42 页。

分工得到进一步深化,呈现出明显的质量分化趋势。根据维胡根[1]和布兰比拉等[2]的研究可知,出口高质量产品往往需要更高的劳动技能,从而支付更高的员工工资,使得出口产品质量与员工工资之间表现出较强的一致性。那么,出口产品内的质量分化是否会通过对高低技能的市场需求而影响中国的工资不平等?为此,本章试图对这一问题给予实证检验,借鉴赫林和波塞特[3]的做法构建计量模型如式(7-8)。

$$theil_{ci} = \alpha + \beta quality disp_{ci} + CV_c + \lambda_r + \lambda_i + \varepsilon_{ci} \tag{7-8}$$

其中,$c$、$i$分别表示城市(地级市、直辖市)和行业(国民经济行业分类中的2分位行业);$\lambda_r$为地区(省份)固定效应;$\lambda_i$为行业固定效应;$\varepsilon_{ci}$为随机扰动项。

被解释变量$theil_{ci}$为工资不平等指标,度量工资不平等的常用指标主要为基尼系数和泰尔指数。由于基尼系数面临着系数分解问题,而泰尔指数既不存在系数分解问题,一定程度上又兼具基尼系数的测算优势。为此,同近期已有研究相一致,本章主要采用泰尔指数测算工资不平等问题,基尼系数用来做稳健性检验,具体测算公式为:$theil_{ci} = \frac{1}{n_{ci}} \sum_{p=1}^{n_{ci}} \frac{wage_{cip}}{wage_{ci}} \ln\left(\frac{wage_{cip}}{wage_{ci}}\right)$。$quality disp_{ci}$为出口产品内的质量分化程度,同前文统计分析相一致,我们分别用出口产品内质量对数的99-01分位数差、95-05分位数差、90-10分位数差、75-25分位数差和标准差来表示。[4] $CV_c$为城市层面的控制变量,分别为城市开放程度(open)、工资水平(lncwage)、基础设施(lnroad)和人口密度(lncdensity),主要为控制城市间的差异性,尽可能避免遗漏解释变量问题。接下来,我们首先基于出口产品质量对数的75-25分位数差,考察出口产品内的质量分化对工资不平等的影响,具体回归结果如表7-4所示。

我们在表7-4中列(1)只加入出口产品质量分化指标,回归发现$quality disp$的估计系数显著为正,初步表明出口产品内的质量分化扩大了工资不平等程度。由于数据限制,我们利用2005年的截面数据,考察出口产品内的质量分化对工资不平等的影响存在一定程度的内生性,即双向因果关系和遗漏解释变量问题。首先,从双向因果关系来看,出口产品

① Verhoogen, E. A. "Trade, Quality Upgrading, and Wage Inequality in the Mexican Manufacturing Sector", *The Quarterly Journal of Economics*, vol. 123, no. 2(2008), pp. 489-530.

② Brambilla, I., Lederman, D. and Porto, G. G. "Exports, Export Destinations, and Skills", *American Economic Review*, vol. 102, no. 7(2012), pp. 3406-3438.

③ Hering, L. and Poncet, S. "Market Access and Individual Wages: Evidence from China", *The Review of Economics and Statistics*, vol. 92, no. 1(2010), pp. 145-159.

④ 谢建国、赵锦春、林小娟:《不对称劳动参与、收入不平等与全球贸易失衡》,《世界经济》2015年第9期,第56~79页;Lu, Y. and Yu, L. "Trade Liberalization and Markup Dispersion: Evidence from China's WTO Accession", *American Economic Journal: Applied Economics*, vol. 7, no. 4(2015), pp. 221-253.

内的质量分化通过对不同技能的劳动需求,从而影响劳动者之间的工资不平等;其次,我们很难认为劳动者之间的工资不平等会影响到出口产品内的质量分化程度。由此,我们认为回归中并不存在双向因果关系导致的内生性问题。

表 7-4　初步的回归结果

| 变量 | （1）OLS | （2）OLS | （3）OLS | （4）OLS | （5）OLS | （6）OLS |
|---|---|---|---|---|---|---|
| | 出口产品质量分化:75—25 分位数差 | | | | | |
| *qualitydisp* | 0.0186*** | 0.0140*** | 0.0118*** | 0.0155*** | 0.0160*** | 0.0097*** |
| | (0.000) | (0.000) | (0.000) | (0.000) | (0.000) | (0.001) |
| *open* | — | 0.5557*** | — | — | — | 0.2589*** |
| | | (0.000) | | | | (0.001) |
| ln*cwage* | — | — | 0.0958*** | — | — | 0.0709*** |
| | | | (0.000) | | | (0.000) |
| ln*road* | — | — | — | 0.0261*** | — | 0.0044 |
| | | | | (0.000) | | (0.274) |
| ln*cdensity* | — | — | — | — | 0.0208*** | 0.0110*** |
| | | | | | (0.000) | (0.001) |
| 行业 | 是 | 是 | 是 | 是 | 是 | 是 |
| 地区 | 是 | 是 | 是 | 是 | 是 | 是 |
| 调整后 $R^2$ | 0.099 | 0.111 | 0.114 | 0.126 | 0.108 | 0.152 |
| 样本数 | 4788 | 4508 | 4508 | 4508 | 4499 | 4499 |

注:*** 表示 1% 的统计显著性水平,括号内为异方差稳健性回归系数的相伴概率。

从遗漏解释变量来看,如果一个难以观测的经济因素既影响出口产品内的质量分化程度,又影响劳动者之间的工资不平等,则将会导致有偏的估计结果,从而影响到研究结论的稳健性。例如,经济发展水平高的地区工资不平等程度往往更为突出,假如城市的经济发展水平同样影响该地区出口产品内的质量分化程度。那么,回归过程中忽视城市的经济发展水平则将导致有偏的估计结果。为此,我们在表 7-4 的列(2)~列(5)内依次加入城市开放程度、工资水平、基础设施和人口密度,尽可能控制城市层面的遗漏解释变量。与此同时,我们在回归中均加入行业固定效应,以控制行业层面的遗漏解释变量。我们在表 7-4 中列(6)同时加入所有控制变量后发现,*qualitydisp* 的估计系数依然显著为正,由此我们认为出口产品内的质量分化加剧了国内的工资不平等。

此外,为考察质量分化测算指标的有效性,我们利用出口产品内质量对数的99-01分位数差、95-05分位数差、90-10分位数差和标准差,对表7-4中第(6)列的回归结果再次进行了实证检验,具体结果参见表7-5。回归后发现 $qualitydisp$ 的估计系数依然显著为正,这表明更改质量分化的测算指标并不影响本章的研究结论,即出口产品内的质量分化加剧了国内的工资不平等。

表7-5 质量分化测算指标的再检验

| 变量 | (1)<br>OLS<br>99-01分位数差 | (2)<br>OLS<br>95-05分位数差 | (3)<br>OLS<br>90-10分位数差 | (4)<br>OLS<br>标准差 |
|---|---|---|---|---|
| $qualitydisp$ | 0.0078*** | 0.0075*** | 0.0079*** | 0.0151*** |
| | (0.000) | (0.000) | (0.000) | (0.000) |
| $open$ | 0.1874** | 0.2286*** | 0.2417*** | 0.2516*** |
| | (0.018) | (0.004) | (0.002) | (0.001) |
| $lncwage$ | 0.0647*** | 0.0677*** | 0.0689*** | 0.0698*** |
| | (0.000) | (0.000) | (0.000) | (0.000) |
| $lnroad$ | 0.0039 | 0.0041 | 0.0042 | 0.0043 |
| | (0.335) | (0.314) | (0.300) | (0.286) |
| $lncdensity$ | 0.0087*** | 0.0095*** | 0.0101*** | 0.0106*** |
| | (0.007) | (0.003) | (0.002) | (0.001) |
| 行业 | 是 | 是 | 是 | 是 |
| 地区 | 是 | 是 | 是 | 是 |
| 样本数 | 4499 | 4499 | 4499 | 4499 |
| 调整后 $R^2$ | 0.138 | 0.135 | 0.134 | 0.133 |

注:***、**分别表示1%、5%的统计显著性水平,括号内为异方差稳健性回归系数的相伴概率。

### 7.3.2　工具变量回归

在上述回归中,我们加入城市层面的控制变量以控制遗漏解释变量可能导致的内生性问题,然而,遗漏解释变量导致的内生性问题仍有可能存在。为此,在本部分,我们试图通过构造出口产品质量分化的工具变量进一步控制回归中可能存在的遗漏解释变量问题,从而再次证实回归结果的稳健性。

关于企业出口产品质量的已有文献大都意识到出口目的国的重要性;相较于低收入国家而言,高收入国家对于高质量产品的需求和支付意愿更高,从而使得企业就不同出口目的国的产品质量做出市场选择,因而出口到高收入国家的产品往往具有较高的产品质量。布兰比拉和波尔图(Porto)[1]利用跨国贸易数据专门验证了这一现象。考虑到出口目的国的收入水平(lngdppc)与出口产品质量(lnquality)之间的关系,我们利用出口目的国的收入水平估计企业出口的产品质量,借鉴布兰比拉和波尔图的模型设定构建计量模型如式(7-9)。

$$\ln quality_{fhdt} = \alpha + \beta \ln gdppc_{dt} + \alpha_t + \alpha_{dh} + \varepsilon_{fhdt} \tag{7-9}$$

其中,表示 $f$、$h$、$d$、$t$ 分别表示企业、产品、出口目的国和时间维度;$\alpha$、$\beta$ 和 $\varepsilon_{fhdt}$ 分别为系数和残差项。类似于布兰比拉和波尔图[2]的做法,我们利用预测的出口产品质量 $\ln quality_{fhdt}$,构造出口产品质量分化的工具变量 $qualitydisp_{ci}$。工具变量的目的在于寻找一个外生的,当且仅当通过内生变量来影响被解释变量,因此,出口产品质量分化的工具变量应当且仅当通过影响实际出口产品内的质量分化来影响工资不平等。从因果关系来看,目的国的收入水平通过对产品质量的市场需求而影响企业出口的产品质量,因此,依据出口目的国收入水平预测的产品质量同样会影响到企业实际出口的产品质量。所以,利用预测的产品质量构造实际出口产品质量分化的工具变量满足因果性要求。从外生性来看,遗漏解释变量可能会通过影响国内出口企业的产品质量,进而影响到中国的工资不平等,但其难以影响国外的收入水平。因此,采用目的国收入水平预测的产品质量对于遗漏解释变量而言满足外生性要求。接下来,我们利用出口产品质量分化的工具变量 $qualitydisp_{ci}$,再次考察出口产品内的质量分化对工资不平等的影响,具体的回归结果如表7-6所示。

表 7-6　工具变量的回归结果

| 变量 | (1)<br>2SLS<br>99-01 分位数差 | (2)<br>2SLS<br>95-05 分位数差 | (3)<br>2SLS<br>90-10 分位数差 | (4)<br>2SLS<br>75-25 分位数差 | (5)<br>2SLS<br>标准差 |
|---|---|---|---|---|---|
| *qualitydisp* | 0.0184*** | 0.0224*** | 0.0274*** | 0.0468*** | 0.0650*** |
| | (0.000) | (0.000) | (0.000) | (0.000) | (0.000) |
| *open* | 0.0613 | 0.1278 | 0.1499* | 0.1815** | 0.1606** |
| | (0.456) | (0.113) | (0.064) | (0.028) | (0.049) |

① Brambilla,I.,Porto,G. G. "High-Income Export Destinations, Quality and Wages", *Journal of International Economics*, vol. 98(2016), pp. 21-35.
② Brambilla,I.,Porto,G. G. "High-Income Export Destinations, Quality and Wages", *Journal of International Economics*, vol. 98(2016), pp. 21-35.

续表

| 变量 | (1)<br>2SLS<br>99–01 分位数差 | (2)<br>2SLS<br>95–05 分位数差 | (3)<br>2SLS<br>90–10 分位数差 | (4)<br>2SLS<br>75–25 分位数差 | (5)<br>2SLS<br>标准差 |
|---|---|---|---|---|---|
| lncwage | 0.0521*** | 0.0551*** | 0.0563*** | 0.0587*** | 0.0558*** |
| | (0.000) | (0.000) | (0.000) | (0.000) | (0.000) |
| lnroad | 0.0019 | 0.0017 | 0.0016 | 0.0015 | 0.0014 |
| | (0.631) | (0.675) | (0.692) | (0.716) | (0.736) |
| lncdensity | 0.0042 | 0.0049 | 0.0057* | 0.0075** | 0.0065* |
| | (0.197) | (0.143) | (0.084) | (0.025) | (0.052) |
| 行业 | 是 | 是 | 是 | 是 | 是 |
| 地区 | 是 | 是 | 是 | 是 | 是 |
| 一阶段 $F$ 值 | 140.46 | 112.97 | 88.41 | 51.03 | 78.14 |
| 样本数 | 4464 | 4464 | 4464 | 4464 | 4464 |
| 调整后 $R^2$ | 0.121 | 0.114 | 0.109 | 0.095 | 0.101 |

注：***、**、*分别表示 1%、5%、10%的统计显著性水平,括号内为异方差稳健性回归系数的相伴概率。

根据表 7-6 的回归结果,我们发现 *qualitydisp* 的估计系数依然显著为正,并且这一结果对于质量分化的不同测算指标均是稳健的。这表明控制内生性问题后,本章的研究结论仍然是成立的。因此,基于质量视角重新审视产品内的垂直专业化分工,我们发现出口产品内的质量分化扩大了中国的工资不平等。

### 7.3.3 稳健性检验

#### 7.3.3.1 产品质量测算的再检验

根据坎德尔瓦尔等[1]的估计方法测算出口产品质量,我们需要确定产品间替代弹性 $\sigma$。然而,对产品间替代弹性的赋值不同,其是否会影响产品质量的测算结果进而影响回归结果的稳健性,需进一步给予研究。为此,我们按照已有研究的做法,通过给予产品间替代弹性的不同赋值( $\sigma = 5$ 和 $\sigma = 10$ ),检验产品质量的不同测算结果对本章研究结论的影响。此外,芬斯特拉和罗马里斯(Romalis)[2]基于供给角度研究发现,质量调整

---

① Khandelwal, A. K., Schott, P. K. and Wei, S. "Trade Liberalization and Embedded Institutional Reform: Evidence from Chinese Exporters", *American Economic Review*, vol. 103, no. 6(2013), pp. 2169–2195.

② Feenstra, R. C. and Romalis, J. "International Prices and Endogenous Quality", *The Quarterly Journal of Economics*, vol. 129, no. 2(2014), pp. 477–527.

后的出口产品价格在国家间的波动幅度远远小于出口产品的单位价值,这表明出口产品的单位价值主要由产品质量所决定。因此,类似于布兰比拉和波尔图[1]的做法,我们采用出口产品的单位价值衡量产品质量,再次验证上述回归结果的稳健性,具体结果如表7-7所示。

根据表7-7的回归结果,我们发现对不同产品间替代弹性测算的产品质量,*qualitydisp* 的估计系数依然显著为正,此外,其对以单位价值测算产品质量的回归结果仍然是稳健的,这表明产品质量的不同测算结果并不会影响本章的研究结论,出口产品内的质量分化对工资不平等的影响作用是显著存在的。

表 7-7　产品质量测算的再检验

| 变量 | (1)<br>2SLS<br>99-01 分位数差 | (2)<br>2SLS<br>95-05 分位数差 | (3)<br>2SLS<br>90-10 分位数差 | (4)<br>2SLS<br>75-25 分位数差 | (5)<br>2SLS<br>标准差 |
|---|---|---|---|---|---|
| $\sigma = 5$ | | | | | |
| *qualitydisp* | 0.0163*** | 0.0190*** | 0.0229*** | 0.0390*** | 0.0552*** |
| | (0.000) | (0.000) | (0.000) | (0.000) | (0.000) |
| 一阶段 $F$ 值 | 180.26 | 128.33 | 93.87 | 47.86 | 77.52 |
| 调整后 $R^2$ | 0.132 | 0.124 | 0.122 | 0.110 | 0.113 |
| $\sigma = 10$ | | | | | |
| *qualitydisp* | 0.0198*** | 0.0237*** | 0.0290*** | 0.0499*** | 0.0687*** |
| | (0.000) | (0.000) | (0.000) | (0.000) | (0.000) |
| 一阶段 $F$ 值 | 156.55 | 116.33 | 88.30 | 48.45 | 77.30 |
| 调整后 $R^2$ | 0.127 | 0.118 | 0.114 | 0.098 | 0.105 |
| *Unit · value* | | | | | |
| *qualitydisp* | 0.0240*** | 0.0298*** | 0.0371*** | 0.0659*** | 0.0846*** |
| | (0.000) | (0.000) | (0.000) | (0.000) | (0.000) |
| 一阶段 $F$ 值 | 131.76 | 101.05 | 80.59 | 50.83 | 75.84 |
| 调整后 $R^2$ | 0.116 | 0.104 | 0.095 | 0.069 | 0.088 |
| 控制变量 | 是 | 是 | 是 | 是 | 是 |
| 样本数 | 4464 | 4464 | 4464 | 4464 | 4464 |

注:*** 表示 1% 的统计显著性水平,括号内为异方差稳健性回归系数的相伴概率。

[1] Brambilla, I., Porto, G. G. "High-Income Export Destinations, Quality and Wages", *Journal of International Economics*, vol. 98 (2016), pp. 21–35.

### 7.3.3.2 一般贸易的再检验

随着国际分工的进一步发展,产品内部的生产工序分工已成为当今世界贸易的主要方式。与产业内和产业间贸易不同,各国贸易不再以产品为基本单位,取而代之的是产品内的生产工序或者生产任务。因此,相较于一般贸易,加工贸易往往主要从事国际生产价值链中的某一生产环节,其出口产品质量很大程度上取决于其进口产品质量,这就使得加工贸易和一般贸易方式之间可能存在较大差异。为此,接下来,我们主要考察一般贸易方式下出口产品内的质量分化对工资不平等的影响,具体的回归结果如表7-8所示。

表7-8　一般贸易的再检验

| 变量 | (1)<br>2SLS<br>99-01 分位数差 | (2)<br>2SLS<br>95-05 分位数差 | (3)<br>2SLS<br>90-10 分位数差 | (4)<br>2SLS<br>75-25 分位数差 | (5)<br>2SLS<br>标准差 |
|---|---|---|---|---|---|
| *qualitydisp* | 0.0169*** | 0.0208*** | 0.0256*** | 0.0437*** | 0.0583*** |
|  | (0.000) | (0.000) | (0.000) | (0.000) | (0.000) |
| 控制变量 | 是 | 是 | 是 | 是 | 是 |
| 行业 | 是 | 是 | 是 | 是 | 是 |
| 地区 | 是 | 是 | 是 | 是 | 是 |
| 一阶段 $F$ 值 | 146.25 | 115.21 | 88.53 | 49.88 | 77.36 |
| 样本数 | 4411 | 4411 | 4411 | 4411 | 4411 |
| 调整后 $R^2$ | 0.123 | 0.117 | 0.112 | 0.102 | 0.110 |

注:*** 表示1%的统计显著性水平,括号内为异方差稳健性回归系数的相伴概率。

根据表7-8的回归结果,我们发现 *qualitydisp* 的估计系数依然显著为正,这表明出口产品内的质量分化对工资不平等的影响作用对于一般贸易方式下的回归结果依然是稳健的。

### 7.3.3.3 工资不平等测算的再检验

关于工资不平等的测算指标众多,不同指标均具有各自的统计优势,如泰尔指数凭借其可分解优势近年来在工资不平等研究方面得到广泛应用。相比较而言,早期研究中大都采用基尼系数作为工资不平等的衡量指标,其在测算工资不平等时对中等工资水平的变化较为敏感。此外,工资分布的方差同样测算了劳动者之间的工资不平等。为此,接下来,我们采用基尼系数和方差测算的工资不平等,再次检验上述回归结果的稳健性,具体的回归结果如表7-9所示。

表7-9 工资不平等测算的再检验

| 变量 | （1） 2SLS 99-01分位数差 | （2） 2SLS 95-05分位数差 | （3） 2SLS 90-10分位数差 | （4） 2SLS 75-25分位数差 | （5） 2SLS 标准差 |
|---|---|---|---|---|---|
| **工资不平等：基尼系数** | | | | | |
| *qualitydisp* | 0.0305*** | 0.0383*** | 0.0483*** | 0.0848*** | 0.1137*** |
| | (0.000) | (0.000) | (0.000) | (0.000) | (0.000) |
| 一阶段$F$值 | 140.58 | 113.02 | 88.47 | 51.20 | 78.26 |
| 调整后$R^2$ | 0.181 | 0.165 | 0.151 | 0.110 | 0.133 |
| **工资不平等：方差** | | | | | |
| *qualitydisp* | 0.0310*** | 0.0382*** | 0.0465*** | 0.0768*** | 0.1078*** |
| | (0.000) | (0.000) | (0.000) | (0.000) | (0.000) |
| 一阶段$F$值 | 140.58 | 113.02 | 88.47 | 51.20 | 78.26 |
| 调整后$R^2$ | 0.087 | 0.081 | 0.077 | 0.069 | 0.072 |
| 控制变量 | 是 | 是 | 是 | 是 | 是 |
| 行业 | 是 | 是 | 是 | 是 | 是 |
| 地区 | 是 | 是 | 是 | 是 | 是 |
| 样本数 | 4460 | 4460 | 4460 | 4460 | 4460 |

注：*** 表示1%的统计显著性水平，括号内为异方差稳健性回归系数的相伴概率。

根据表7-9的回归结果，我们发现 *qualitydisp* 的估计系数依然显著为正，并且这一结果对工资不平等和质量分化的不同测算指标均是稳健的。这表明出口产品内的质量分化对工资不平等的影响作用，并不会因为工资不平等测算指标的改变而改变，本章的研究结论是稳健的。

## 7.4 拓展研究

大量研究发现，可观测的个体特征（如工作经验和受教育程度等）对工资不平等的解释能力仅为1/3左右，这也就意味着工资不平等的大量信息包含在难以观测的残差工资部分。此后，伊茨霍基和赫尔普曼[①]利用企业-员工匹配数据对工资不平等来源进行分解后

---

① Itskhoki, O. , Helpman, E. " Trade Liberalization and Labor Market Dynamics with Heterogeneous Firms", Princeton Paper, no. 1(2015).

发现:工资不平等主要来源于相同行业-职业内的工资差距,而相同行业-职业内的工资差距从个体层面来看又主要包含在难以观测的残差工资部分;与此同时,从企业层面来看,相同行业-职业内的工资差距又主要为企业间工资不平等。在已有研究的基础上,接下来,我们将从残差工资不平等和企业间工资不平等方面入手,进一步考察出口产品内的质量分化对工资不平等的影响构成。此外,我们基于个体工资层面,就出口产品内的质量分化对工资不平等的影响机制给予进一步考察。

### 7.4.1 残差工资不平等

从个体工资来看,诸多文献发现可观测的个体特征对工资不平等的解释力度有限,其大量信息包含在难以观测的残差工资部分。根据已有研究可知,工资不平等主要来自相同行业-职业内的工资差距,而相同行业-职业内的工资差距又主要来自残差工资部分。该结果同样表明,残差工资不平等为整体工资不平等的主要构成部分。为此,我们接下来从残差工资不平等的角度,就出口产品内的质量分化对工资不平等的影响构成进一步分析,具体的回归结果如表 7-10 所示。

表 7-10  残差工资不平等的回归结果

| 变量 | (1)<br>2SLS<br>99-01 分位数差 | (2)<br>2SLS<br>95-05 分位数差 | (3)<br>2SLS<br>90-10 分位数差 | (4)<br>2SLS<br>75-25 分位数差 | (5)<br>2SLS<br>标准差 |
|---|---|---|---|---|---|
| *qualitydisp* | 0.0140 *** | 0.0169 *** | 0.0207 *** | 0.0346 *** | 0.0492 *** |
| | (0.000) | (0.000) | (0.000) | (0.000) | (0.000) |
| 控制变量 | 是 | 是 | 是 | 是 | 是 |
| 行业 | 是 | 是 | 是 | 是 | 是 |
| 地区 | 是 | 是 | 是 | 是 | 是 |
| 一阶段 $F$ 值 | 140.58 | 113.02 | 88.47 | 51.20 | 78.26 |
| 样本数 | 4460 | 4460 | 4460 | 4460 | 4460 |
| 调整后 $R^2$ | 0.097 | 0.090 | 0.085 | 0.074 | 0.077 |

注:*** 表示1%的统计显著性水平,括号内为异方差稳健性回归系数的相伴概率。

根据表 7-10 的回归结果,我们发现 *qualitydisp* 的估计系数显著为正,这表明出口产品内的质量分化同样扩大了个体之间的残差工资不平等。通过对比表 7-10 和表 7-6 中 *qualitydisp* 的系数大小,我们发现表 7-10 中 *qualitydisp* 的系数有所下降,但下降幅度有限。这表明出口产品内的质量分化除通过影响可观测个体特征来影响工资不平等外,主要通过个体的残差工资来影响整体的工资不平等。由此可知,表 7-10 的回归结果为工资不平等中残差工资部分的重要性提供了新的经验证据。

除此之外,我们还基于产品质量的不同测算结果、一般贸易方式的角度以及残差工资不平等的测算指标方面,再次验证了出口产品内的质量分化对残差工资不平等影响作用的稳健性,具体的回归结果如表 7-11 所示。

表 7-11  残差工资不平等稳健性检验的回归结果

| 变量 | (1) 2SLS 99-01 分位数差 | (2) 2SLS 95-05 分位数差 | (3) 2SLS 90-10 分位数差 | (4) 2SLS 75-25 分位数差 | (5) 2SLS 标准差 |
|---|---|---|---|---|---|
| $\sigma = 5$ | | | | | |
| $qualitydisp$ | 0.0123*** | 0.0143*** | 0.0173*** | 0.0288*** | 0.0418*** |
| | (0.000) | (0.000) | (0.000) | (0.000) | (0.000) |
| 一阶段 $F$ 值 | 180.23 | 128.22 | 93.79 | 47.91 | 77.49 |
| 调整后 $R^2$ | 0.107 | 0.100 | 0.097 | 0.086 | 0.089 |
| $\sigma = 10$ | | | | | |
| $qualitydisp$ | 0.0150*** | 0.0178*** | 0.0219*** | 0.0369*** | 0.0520*** |
| | (0.000) | (0.000) | (0.000) | (0.000) | (0.000) |
| 一阶段 $F$ 值 | 156.59 | 116.33 | 88.32 | 48.58 | 77.37 |
| 调整后 $R^2$ | 0.101 | 0.093 | 0.088 | 0.074 | 0.079 |
| $Unit \cdot value$ | | | | | |
| $qualitydisp$ | 0.0182*** | 0.0224*** | 0.0281*** | 0.0488*** | 0.0641*** |
| | (0.000) | (0.000) | (0.000) | (0.000) | (0.000) |
| 一阶段 $F$ 值 | 131.82 | 101.12 | 80.68 | 51.04 | 75.99 |
| 调整后 $R^2$ | 0.091 | 0.078 | 0.068 | 0.044 | 0.061 |
| 一般贸易 | | | | | |
| $qualitydisp$ | 0.0118*** | 0.0142*** | 0.0170*** | 0.0315*** | 0.0403*** |
| | (0.000) | (0.000) | (0.000) | (0.000) | (0.000) |
| 一阶段 $F$ 值 | 146.34 | 115.21 | 88.55 | 50.02 | 77.47 |
| 调整后 $R^2$ | 0.100 | 0.095 | 0.092 | 0.082 | 0.090 |
| 残差工资不平等:基尼系数 | | | | | |
| $qualitydisp$ | 0.0252*** | 0.0313*** | 0.0399*** | 0.0696*** | 0.0936*** |
| | (0.000) | (0.000) | (0.000) | (0.000) | (0.000) |
| 一阶段 $F$ 值 | 140.58 | 113.02 | 88.47 | 51.20 | 78.26 |
| 调整后 $R^2$ | 0.145 | 0.133 | 0.120 | 0.090 | 0.107 |

续表

| 变量 | (1) 2SLS | (2) 2SLS | (3) 2SLS | (4) 2SLS | (5) 2SLS |
|---|---|---|---|---|---|
| | 99-01 分位数差 | 95-05 分位数差 | 90-10 分位数差 | 75-25 分位数差 | 标准差 |

残差工资不平等:方差

| 变量 | (1) 2SLS | (2) 2SLS | (3) 2SLS | (4) 2SLS | (5) 2SLS |
|---|---|---|---|---|---|
| *qualitydisp* | 0.0259*** | 0.0315*** | 0.0384*** | 0.0619*** | 0.0892*** |
| | (0.000) | (0.000) | (0.000) | (0.000) | (0.000) |
| 一阶段 $F$ 值 | 140.58 | 113.02 | 88.47 | 51.20 | 78.26 |
| 调整后 $R^2$ | 0.056 | 0.051 | 0.048 | 0.042 | 0.043 |
| 控制变量 | 是 | 是 | 是 | 是 | 是 |
| 行业 | 是 | 是 | 是 | 是 | 是 |
| 地区 | 是 | 是 | 是 | 是 | 是 |
| 样本数 | 4460 | 4460 | 4460 | 4460 | 4460 |

注:*** 表示 1% 的统计显著性水平,括号内为异方差稳健性回归系数的相伴概率。

### 7.4.2　企业间工资不平等

根据伊茨霍基和赫尔普曼[1]的研究可知,工资不平等主要来自相同行业-职业内的工资差距,从个体层面来看相同行业-职业内的工资差距主要来自残差工资部分,而从企业层面来看又主要来自企业间的工资差距。这就意味着与难以观测的个体特征相比,企业间工资差异同样为工资不平等的主要来源。前面表 7-10 和表 7-11 的回归结果基于个体层面,验证了出口产品内的质量分化对残差工资不平等的影响。接下来,我们利用 2000 年至 2006 年中国工业企业数据库和海关进出口库的匹配数据,从企业间工资不平等的角度,考察出口产品内的质量分化对工资不平等的影响构成,具体的回归结果如表 7-12 所示。

表 7-12　企业间工资不平等的回归结果

| 变量 | (1) 2SLS | (2) 2SLS | (3) 2SLS | (4) 2SLS | (5) 2SLS |
|---|---|---|---|---|---|
| | 99-01 分位数差 | 95-05 分位数差 | 90-10 分位数差 | 75-25 分位数差 | 标准差 |
| | *theil* | *theil* | *theil* | *theil* | *theil* |
| *qualitydisp* | 0.0108*** | 0.0144*** | 0.0182*** | 0.0317*** | 0.0427*** |
| | (0.000) | (0.000) | (0.000) | (0.000) | (0.000) |

---

[1] Itskhoki, O., Helpman, E. "Trade Liberalization and Labor Market Dynamics with Heterogeneous Firms", Princeton Paper, no. 1 (2015).

| 变量 | （1）2SLS | （2）2SLS | （3）2SLS | （4）2SLS | （5）2SLS |
| --- | --- | --- | --- | --- | --- |
| | 99-01 分位数差 | 95-05 分位数差 | 90-10 分位数差 | 75-25 分位数差 | 标准差 |
| | *theil* | *theil* | *theil* | *theil* | *theil* |
| 控制变量 | 是 | 是 | 是 | 是 | 是 |
| 行业 | 是 | 是 | 是 | 是 | 是 |
| 地区 | 是 | 是 | 是 | 是 | 是 |
| 一阶段 $F$ 值 | 685.53 | 558.08 | 433.26 | 235.66 | 367.58 |
| 样本数 | 30240 | 30240 | 30240 | 30240 | 30240 |
| 调整后 $R^2$ | 0.143 | 0.140 | 0.136 | 0.127 | 0.133 |

注：*** 表示 1% 的统计显著性水平，括号内为异方差稳健性回归系数的相伴概率。

根据表 7-12 的回归结果，我们发现 *qualitydisp* 的估计系数显著为正，这表明出口产品内的质量分化同样扩大了企业间的工资不平等。虽然我们并不具有详细的企业-员工匹配数据，但这一结果同样验证了伊茨霍基和赫尔普曼[1]的研究发现，即企业间工资差距同样为工资不平等的重要来源。此外，我们基于产品质量的不同测算结果、一般贸易方式的角度以及工资不平等的测算指标方面，再次验证了出口产品内的质量分化对企业间工资不平等影响作用的稳健性，具体的回归结果如表 7-13 所示。

表 7-13　企业间工资不平等稳健性检验的回归结果

| 变量 | （1）2SLS | （2）2SLS | （3）2SLS | （4）2SLS | （5）2SLS |
| --- | --- | --- | --- | --- | --- |
| | 99-01 分位数差 | 95-05 分位数差 | 90-10 分位数差 | 75-25 分位数差 | 标准差 |
| $\sigma=5$ | | | | | |
| *qualitydisp* | 0.0100*** | 0.0129*** | 0.0163*** | 0.0276*** | 0.0384*** |
| | (0.000) | (0.000) | (0.000) | (0.000) | (0.000) |
| 一阶段 $F$ 值 | 915.06 | 681.00 | 500.17 | 227.67 | 371.49 |
| 调整后 $R^2$ | 0.151 | 0.149 | 0.147 | 0.139 | 0.143 |
| $\sigma=10$ | | | | | |
| *qualitydisp* | 0.0121*** | 0.0159*** | 0.0204*** | 0.0350*** | 0.0472*** |
| | (0.000) | (0.000) | (0.000) | (0.000) | (0.000) |

① Itskhoki, O., Helpman, E. "Trade Liberalization and Labor Market Dynamics with Heterogeneous Firms", Princeton Paper, no. 1(2015).

续表

| 变量 | （1）<br>2SLS<br>99-01 分位数差 | （2）<br>2SLS<br>95-05 分位数差 | （3）<br>2SLS<br>90-10 分位数差 | （4）<br>2SLS<br>75-25 分位数差 | （5）<br>2SLS<br>标准差 |
|---|---|---|---|---|---|
| 一阶段 $F$ 值 | 793.84 | 609.00 | 463.33 | 228.25 | 367.60 |
| 调整后 $R^2$ | 0.149 | 0.146 | 0.143 | 0.133 | 0.139 |
| *Unit · value* | | | | | |
| *qualitydisp* | 0.0141*** | 0.0191*** | 0.0249*** | 0.0436*** | 0.0558*** |
| | (0.000) | (0.000) | (0.000) | (0.000) | (0.000) |
| 一阶段 $F$ 值 | 687.01 | 541.48 | 428.51 | 245.04 | 373.86 |
| 调整后 $R^2$ | 0.145 | 0.141 | 0.136 | 0.122 | 0.133 |
| 一般贸易 | | | | | |
| *qualitydisp* | 0.0125*** | 0.0167*** | 0.0214*** | 0.0357*** | 0.0489*** |
| | (0.000) | (0.000) | (0.000) | (0.000) | (0.000) |
| 一阶段 $F$ 值 | 740.88 | 586.21 | 461.90 | 257.43 | 388.94 |
| 调整后 $R^2$ | 0.147 | 0.144 | 0.141 | 0.133 | 0.137 |
| 企业间工资不平等：基尼系数 | | | | | |
| *qualitydisp* | 0.0180*** | 0.0234*** | 0.0296*** | 0.0518*** | 0.0697*** |
| | (0.000) | (0.000) | (0.000) | (0.000) | (0.000) |
| 一阶段 $F$ 值 | 685.53 | 558.08 | 433.26 | 235.66 | 367.58 |
| 调整后 $R^2$ | 0.193 | 0.187 | 0.179 | 0.156 | 0.171 |
| 企业间工资不平等：方差 | | | | | |
| *qualitydisp* | 0.0177*** | 0.0241*** | 0.0309*** | 0.0556*** | 0.0749*** |
| | (0.000) | (0.000) | (0.000) | (0.000) | (0.000) |
| 一阶段 $F$ 值 | 685.53 | 558.08 | 433.26 | 235.66 | 367.58 |
| 调整后 $R^2$ | 0.161 | 0.159 | 0.157 | 0.151 | 0.154 |
| 控制变量 | 是 | 是 | 是 | 是 | 是 |
| 行业 | 是 | 是 | 是 | 是 | 是 |
| 地区 | 是 | 是 | 是 | 是 | 是 |
| 样本数 | 30240 | 30240 | 30240 | 30240 | 30240 |

注：*** 表示1%的统计显著性水平，括号内为异方差稳健性回归系数的相伴概率。

### 7.4.3　个体层面的影响机制

中国出口产品内的质量分化，表明产品内的垂直专业化分工得到进一步深化。根据布兰比拉等[1]的研究可知,出口高质量产品往往需要更高的劳动技能,从而支付更高的员工工资,使得出口产品质量与员工工资之间表现出较强的一致性。由此可知,出口产品内的垂直专业化分工进一步加大了劳动市场中不同技能间的差异程度,使得高技能劳动者从事高质量产品的生产,从而获得高工资水平,而低技能劳动者则从事低质量产品的生产,对应较低的工资水平。因此,我们认为出口产品内的质量分化通过加深劳动者之间的技能差异,扩大了高低技能劳动者之间的工资差距。从个体层面来看,劳动者技能工资的影响因素一方面来自可观测的个体特征,如受教育程度和工作经验;另一方面则来自难以观测的个体技能差异,即包含在残差工资部分。接下来,我们依据劳动者的受教育程度衡量其可观测的技能水平,参考赫林和波塞特[2]的做法,在明瑟工资方程的基础上构建计量模型如式(7-10)。

$$\ln wage_{cip} = \alpha + \beta \sum quality disp_{ci} \times edu + CV_c + CV_p + \lambda_r + \lambda_i + \varepsilon_{cip} \tag{7-10}$$

其中,$\ln wage_{cip}$ 为个人(月)工资水平;$CV_c$ 为城市层面的控制变量,同计量模型式(7-8)相一致;$CV_p$ 为个人层面的控制变量,分别为性别($male$)、教育水平($edu$)、年龄($age$)和年龄的平方($age^2$)。其中,1%人口数据提供了个人受教育程度,共分为7类:1 未上过学、2 小学、3 初中、4 高中、5 大学专科、6 大学本科、7 研究生及以上。类似于赫林和波塞特的做法,我们依据个人学历($edu$)将大学专科及以上学历划分为高学历群体($hedu$),高中及以下学历划分为低技能群体($ledu$)。在此基础上,我们构建核心解释变量:$\sum quality disp_{ci} \times edu$,其中学历分为高学历、低学历两个虚拟变量(0或1)。

1. 初步回归

根据前文研究可知,出口产品内的质量分化对工资不平等的影响在质量分化不同测算指标的结果内均是稳健的。为此,我们接下来以出口产品质量对数的 75-25 分位数差衡量产品内的质量分化程度,考察其对高低技能可观测部分进而对工资水平的影响。为保证回归结果的稳健性,我们在回归中均单独加入城市层面的控制变量,并在最后一列同时加入所有控制变量,具体的回归结果如表 7-14 所示。

① Brambilla,I.,Lederman,D. and Porto,G. G. "Exports,Export Destinations, and Skills", American Economic Review, vol. 102,no. 7(2012),pp. 3406–3438.

② Hering,L. and Poncet,S. "Market Access and Individual Wages:Evidence from China", The Review of Economics and Statistics,vol. 92,no. 1(2010),pp. 145–159.

表 7-14　个体层面的初步回归结果

| 变量 | （1） | （2） | （3） | （4） | （5） | （6） |
|---|---|---|---|---|---|---|
| | 出口产品质量分化:75-25 分位数差 | | | | | |
| | lnwage | | | | | |
| *qualitydisp×ledu* | 0.0413*** | 0.0007 | −0.0197 | 0.0067 | 0.0265** | −0.0342*** |
| | （0.001） | （0.950） | （0.114） | （0.591） | （0.033） | （0.005） |
| *qualitydisp×hedu* | 0.1934*** | 0.1460*** | 0.1304*** | 0.1547*** | 0.1791*** | 0.1120*** |
| | （0.000） | （0.000） | （0.000） | （0.000） | （0.000） | （0.000） |
| *open* | — | 2.6602*** | — | — | — | 1.4969*** |
| | — | （0.000） | — | — | — | （0.000） |
| ln*cwage* | — | — | 0.5207*** | — | — | 0.3758*** |
| | — | — | （0.000） | — | — | （0.000） |
| ln*road* | — | — | — | 0.1860*** | — | 0.0234** |
| | — | — | — | （0.000） | — | （0.029） |
| ln*cdensity* | — | — | — | — | 0.0994*** | 0.0269*** |
| | — | — | — | — | （0.000） | （0.006） |
| *male* | 0.2281*** | 0.2253*** | 0.2256*** | 0.2250*** | 0.2288*** | 0.2242*** |
| | （0.000） | （0.000） | （0.000） | （0.000） | （0.000） | （0.000） |
| *edu* | 0.2036*** | 0.2007*** | 0.1886*** | 0.1969*** | 0.2017*** | 0.1895*** |
| | （0.000） | （0.000） | （0.000） | （0.000） | （0.000） | （0.000） |
| *age* | 0.0274*** | 0.0303*** | 0.0290*** | 0.0283*** | 0.0276*** | 0.0308*** |
| | （0.000） | （0.000） | （0.000） | （0.000） | （0.000） | （0.000） |
| *age*² | −0.0003*** | −0.0004*** | −0.0004*** | −0.0003*** | −0.0003*** | −0.0004*** |
| | （0.000） | （0.000） | （0.000） | （0.000） | （0.000） | （0.000） |
| 行业 | 是 | 是 | 是 | 是 | 是 | 是 |
| 地区 | 是 | 是 | 是 | 是 | 是 | 是 |
| 调整后 $R^2$ | 0.409 | 0.426 | 0.435 | 0.423 | 0.413 | 0.441 |
| 样本数 | 59465 | 57909 | 57909 | 57877 | 57909 | 57877 |

注：***、** 表示 1%、5% 的统计显著性水平，括号内为异方差稳健性回归系数的相伴概率。

　　根据表 7-14 中列（1）的回归结果，我们可知 *qualitydisp×ledu* 和 *qualitydisp×hedu* 的估计系数均显著为正，然而，随着城市层面控制变量的加入，*qualitydisp×ledu* 的估计系数并不稳健。在列（3）中我们加入城市的平均工资后估计系数变为负值，而在列（6）中我们将所有控制变量同时加入后发现 *qualitydisp×ledu* 的估计系数显著为负。这一结果表明，出口产品内的质量分化程度越高对应地区的经济发展水平往往也越高，从而具有相对较高的平均工资。因此,回归中忽视城市层面的平均工资将会导致有偏的估计结果。从 *qualitydisp×hedu* 的估计系数来看,其显著性和方向自始至终均保持不变。这表明,相对低技能劳动者,出口产品内的质量分化显著提高了高技能劳动者的工资水平。因此,根据表7-14的回归结果,我们可知出口产品内的质量分化通过加大高低技能群体间的工资差距,扩大了整体的工资不平等。

2. 分位数回归

从个体层面来看,劳动者技能对工资水平的影响,一方面来自可观测的个体特征,如受教育程度和工作经验;另一方面则来自难以观测的个体技能差异,即包含在残差工资部分。虽然表7-14的回归结果验证了出口产品内的质量分化对高低技能可观测部分进而对工资水平的影响。然而,根据伊茨霍基和赫尔普曼[1]的研究发现和表7-10的回归结果,我们可知残差工资不平等是决定整体工资不平等的主要来源。因此,出口产品内的质量分化是否通过影响难以观测的个体技能差异从而加剧了工资不平等。为此,类似于弗里亚斯等(Frias)[2]的做法,我们试图采用分位数回归方法,考察出口产品质量分化对技能差异及工资水平的影响。具体的,我们对模型式(7-10)采用分位数回归方法,回归结果如表7-15所示。

表7-15 个体层面的分位数回归结果

| 变量 | (1) | (2) | (3) | (4) | (5) | (6) |
| --- | --- | --- | --- | --- | --- | --- |
| | OLS | q10 | q25 | q50 | q75 | q90 |
| | 出口产品质量分化:75-25分位数差 | | | | | |
| | lnwage | | | | | |
| *qualitydisp× ledu* | −0.0342*** | −0.0251*** | −0.0248*** | −0.0259*** | −0.0410*** | −0.0388*** |
| | (0.005) | (0.000) | (0.000) | (0.000) | (0.000) | (0.000) |
| *qualitydisp× hedu* | 0.1120*** | 0.0633*** | 0.0990*** | 0.1334*** | 0.1596*** | 0.1678*** |
| | (0.000) | (0.000) | (0.000) | (0.000) | (0.000) | (0.000) |
| 控制变量 | 是 | 是 | 是 | 是 | 是 | 是 |
| 行业 | 是 | 是 | 是 | 是 | 是 | 是 |
| 地区 | 是 | 是 | 是 | 是 | 是 | 是 |
| 调整后 $R^2$ | 0.413 | — | — | — | — | — |
| 样本数 | 57877 | 57877 | 57877 | 57877 | 57877 | 57877 |

注:*** 表示1%的统计显著性水平,括号内为异方差稳健性回归系数的相伴概率。

① Itskhoki, O., Helpman, E. "Trade Liberalization and Labor Market Dynamics with Heterogeneous Firms", Princeton Paper, no. 1(2015).

② Frías, J. A., Kaplan, D. S. and Verhoogen, E. "Exports and Within-Plant Wage Distributions: Evidence from Mexico", *American Economic Review*, vol. 102, no. 3(2012), pp. 435−440.

根据表 7-15 的回归结果, 我们发现 $qualitydisp×ledu$ 的估计系数均显著为负, 对应系数大小整体上是逐渐下降的。这表明, 从低技能群体来看, 出口产品内的质量分化缩小了低技能群体内的工资差距。从高技能群体来看, $qualitydisp×hedu$ 的估计系数均显著为正, 且对应系数值越来越大, 其中 90 分位处的系数大小约为 10 分位处的 3 倍。这一回归结果表明, 出口产品内的质量分化明显扩大了高技能群体内的工资不平等。整体而言, 结合表 7-14 的回归结果, 我们可知出口产品内的质量分化对工资不平等的影响主要表现在两个方面: 一方面, 出口产品内的质量分化加大了高低技能群体间的工资差距; 另一方面, 出口产品内的质量分化扩大了高技能群体内的工资不平等。

3. 稳健性检验

接下来, 我们采用工具变量的方法, 再次考察出口产品内的质量分化对高低技能群体间工资水平的影响。此外, 我们基于质量分化的不同测算指标、产品质量的不同测算结果和一般贸易方式的角度, 就上述回归结果给予进一步的稳健性检验, 具体的回归结果如表 7-16 所示。

表 7-16　个体层面稳健性检验的回归结果

| 变量 | (1)<br>2SLS<br>99-01 分位数差 | (2)<br>2SLS<br>95-05 分位数差 | (3)<br>2SLS<br>90-10 分位数差 | (4)<br>2SLS<br>75-25 分位数差 | (5)<br>2SLS<br>标准差 |
|---|---|---|---|---|---|
| $\sigma$ = HS2 | | | | | |
| $qualitydisp×$<br>$ledu$ | 0.0119<br>(0.164) | 0.0126<br>(0.336) | 0.0138<br>(0.480) | 0.0363<br>(0.633) | 0.0433<br>(0.455) |
| $qualitydisp×$<br>$hedu$ | 0.0557***<br>(0.000) | 0.0721***<br>(0.000) | 0.0899***<br>(0.000) | 0.1715**<br>(0.034) | 0.2258***<br>(0.001) |
| 一阶段 $F$ 值 | 78.67 | 60.59 | 50.23 | 33.10 | 55.75 |
| 调整后 $R^2$ | 0.440 | 0.440 | 0.440 | 0.438 | 0.439 |
| $\sigma$ = 5 | | | | | |
| $qualitydisp×$<br>$ledu$ | 0.0095<br>(0.172) | 0.0084<br>(0.394) | 0.0081<br>(0.574) | 0.0156<br>(0.748) | 0.0263<br>(0.524) |
| $qualitydisp×$<br>$hedu$ | 0.0483***<br>(0.000) | 0.0596***<br>(0.000) | 0.0725***<br>(0.000) | 0.1253**<br>(0.016) | 0.1832***<br>(0.000) |
| 一阶段 $F$ 值 | 101.80 | 77.12 | 61.20 | 40.38 | 66.85 |
| 调整后 $R^2$ | 0.441 | 0.441 | 0.441 | 0.440 | 0.440 |

| 变量 | （1）<br>2SLS<br>99-01 分位数差 | （2）<br>2SLS<br>95-05 分位数差 | （3）<br>2SLS<br>90-10 分位数差 | （4）<br>2SLS<br>75-25 分位数差 | （5）<br>2SLS<br>标准差 |
|---|---|---|---|---|---|
| $\sigma = 10$ | | | | | |
| $qualitydisp \times ledu$ | 0.0129 | 0.0129 | 0.0134 | 0.0329 | 0.0412 |
| | (0.144) | (0.335) | (0.495) | (0.667) | (0.469) |
| $qualitydisp \times hedu$ | 0.0581*** | 0.0740*** | 0.0914*** | 0.1703** | 0.2283*** |
| | (0.000) | (0.000) | (0.000) | (0.036) | (0.000) |
| 一阶段 $F$ 值 | 80.14 | 61.15 | 51.16 | 32.46 | 55.29 |
| 调整后 $R^2$ | 0.441 | 0.441 | 0.440 | 0.439 | 0.440 |
| $Unit \cdot value$ | | | | | |
| $qualitydisp \times ledu$ | 0.0178 | 0.0209 | 0.0255 | 0.1137 | 0.0695 |
| | (0.122) | (0.277) | (0.399) | (0.584) | (0.407) |
| $qualitydisp \times hedu$ | 0.0688*** | 0.0906*** | 0.1155*** | 0.2794 | 0.2819*** |
| | (0.000) | (0.000) | (0.001) | (0.190) | (0.002) |
| 一阶段 $F$ 值 | 64.50 | 48.71 | 41.58 | 29.19 | 47.08 |
| 调整后 $R^2$ | 0.440 | 0.440 | 0.439 | 0.432 | 0.439 |
| 一般贸易 | | | | | |
| $qualitydisp \times ledu$ | 0.0161** | 0.0210 | 0.0318 | 0.0961 | 0.0700 |
| | (0.037) | (0.111) | (0.148) | (0.261) | (0.261) |
| $qualitydisp \times hedu$ | 0.0589*** | 0.0796*** | 0.1075*** | 0.2376*** | 0.2515*** |
| | (0.000) | (0.000) | (0.000) | (0.008) | (0.000) |
| 一阶段 $F$ 值 | 79.42 | 71.66 | 60.84 | 39.02 | 60.22 |
| 调整后 $R^2$ | 0.440 | 0.440 | 0.439 | 0.433 | 0.439 |
| 控制变量 | 是 | 是 | 是 | 是 | 是 |
| 行业 | 是 | 是 | 是 | 是 | 是 |
| 地区 | 是 | 是 | 是 | 是 | 是 |
| 样本数 | 57772 | 57772 | 57772 | 57772 | 57772 |

注：***、** 分别表示 1%、5% 的统计显著性水平，括号内为异方差稳健性回归系数的相伴概率。

整体而言，我们发现表 7-16 中 $qualitydisp \times ledu$ 的估计系数由表 7-14 中的显著为负变为正值但不显著，而 $qualitydisp \times hedu$ 的估计系数仍然显著为正。虽然 $qualitydisp \times ledu$ 的估

计系数在列(1)一般贸易的回归结果中显著为正,但这一结果并不稳健。此外,$qualitydisp \times hedu$ 的估计系数在列(4)单位价值($Unit \cdot value$)的回归结果中不再显著。我们认为一个可能的原因是,单位价值测算产品质量对数的 75-25 分位数差变化幅度较小,而产品内的质量分化可能在 75-25 分位数之外,如单位价值的其他回归结果(99-01 分位数差、95-05 分位数差、90-10 分位数差和标准差)均显著为正。由此,我们认为控制内生性问题和测算指标差异后,出口产品内的质量分化扩大了高低技能群体间工资差距的研究结论是稳健的。

## 7.5　本章小结

加入 WTO 以来,在出口产品数量大规模扩张的同时,中国出口产品质量是否同样得到显著提升,这一问题引起国内学者的广泛关注与研究。对此,已有文献研究发现,一方面是在位企业内的出口产品质量升级,另一方面是大量低质量产品的市场涌入。换言之,中国企业出口产品表现出明显的质量分化趋势。与此同时,中国的工资不平等程度也在持续恶化。然而,迄今为止,鲜有文献考察产品质量分化对工资不平等的作用。

为此,我们利用 2000 年至 2006 年的中国海关数据,并借鉴生产率的分解方法,就产品内的质量分化现象进行了统计验证。在此基础上,基于质量分化的视角,我们利用 2005 年全国 1% 人口抽样调查数据,考察了中国出口产品内的质量分化对工资不平等的影响,并进一步检验了其背后的作用机制。研究发现,出口产品内的质量分化明显扩大了整体的工资不平等,并且基于产品质量、质量分化和工资不平等的不同测算指标均验证了研究结论的稳健性。进一步的影响机制分析结果显示:① 出口产品内的质量分化通过加大可观测技能群体间的工资差距扩大了整体的工资不平等;② 出口产品内的质量分化通过加大高技能群体内的工资差距,从而扩大了残差工资不平等;③ 出口产品内的质量分化通过扩大企业间的工资差距,同样加剧了整体的工资不平等。

根据经典的 H-O 要素禀赋理论可知,中国的工资不平等问题理应随着出口规模的扩大而得到缓解,现实的经验分析却与之背离。原因在于它主要关注产业间的国际贸易分工,忽视了产业内和产品内的垂直专业化分工,从而缺乏对现实现象的解释能力。为此,在出口规模迅速扩张的同时,本章基于质量视角重新审视了产品内的垂直专业化分工,并考察了产品内的质量分化对工资不平等的影响,为贸易与工资不平等的关系给予了新的渠道解释和经验证据。因此,中国在依托对外贸易带来经济高速增长的同时,应进一步加大本国的人力资本投资,从而培育中国在高质量产品领域内的竞争优势。与此同时,在技能培训方面,政府应加大对低技能劳动群体的资金倾斜,这将有利于缩小高低技能群体间的工资差距,并提高整体的出口产品质量。此外,出口产品内的质量分化明显扩大了高技能群体内的工资差距,这与中国高等教育的大规模扩招和高等院校之间教育质量的差异化程度密不可分。如何平衡高等院校之间的教育质量、增强高技能群体内低工资部分的技术水平,事关中国产业结构升级的发展进程和工资不平等现象的演变趋势,为政府当前经济政策中需要重点关注的地方。

# 8　中国进口产品质量升级影响收入分配的实证研究

随着国际分工的深化和价值链的全球分割,中国出口贸易持续快速发展,并铸就了"出口奇迹"。但长期"重出口、轻进口"的贸易政策恶化了中国贸易条件,加剧了国内资源环境压力,巨额贸易顺差和急剧增加的外汇储备也使中国的贸易行为受到国际质疑。对此,中国政府密集出台了加强进口、转变贸易发展方式的系列政策,希望以此提升进口贸易的战略地位和功能作用。基于此背景,有关进口的福利影响及收入分配效应的话题,也再次被学术界和政策制定者关注。事实上,基于对近期贸易实践和经济现象的观察也不难发现,一方面,进口贸易显著增长,但质量提升缓慢。进口规模从 2002 年至 2014 年增长了约5.64 倍[①],但进口产品质量却增幅有限甚至略有下降。另一方面,中国劳动收入占比持续下降,收入分配不平衡问题逐步凸显,尤其是性别工资差距持续拉大。根据 CHIP 数据测算,发现男性工资从 1995 年高于女性工资 10.5% 增长到 2007 年高于女性工资 29.7%。那么,如何解释一段时期以来中国进口贸易繁荣与性别工资差距拉大的迥异表现? 如果将进口开放作为当前收入分配问题的一种解释,究竟是进口的"质"(质量)还是进口的"量"(数量)影响了中国劳动力市场的收入分配?

对此,传统的斯托尔珀-萨缪尔森定理基于要素禀赋和产品相对价格理论较早地探讨了贸易开放的收入分配效应。贝克尔(Becker)的劳动力市场歧视理论进一步认为,贸易自由化加剧市场竞争,从而减小对女性的歧视,提高女性的工资水平和增加女性的就业机会,

---

① 根据国家统计局 2015 年《中国统计年鉴》数据库中的数据计算得出。

最终有利于降低性别工资差距。[①] 但近年来基于广大发展中国家的经验事实似乎并不支持上述结论,如阿恩特(Arndt)等基于莫桑比克的研究、梅农和罗杰斯(Menon & Rodgers)关于印度等的实证研究,并没有发现贸易开放缩小性别工资差距的效应。[②] 来自中国的经验同样如此,根据 CHIP 数据,伴随着改革开放的顺利推进,中国城镇劳动者中女性占男性工资比重从 1995 年的 84% 下降到 2002 年的 82%,2007 年进一步下降到了 74%,性别工资差距持续扩大。针对贸易自由化与性别工资差距相伴而生的现象,学者们从不同的角度进行了解释,其中最具代表性的是有偏的学习效应和技能偏向型技术进步。上述解释为我们理解贸易开放与工资不平等的关系提供了有益借鉴,但在考察工资不平等的变动过程中,多数文献忽略了产品质量的因素。特别是针对转型国家,如果不考虑进口产品质量,将无法全面揭示进口贸易影响工资差距的真正动因。施炳展和曾祥菲研究发现,不同所有制企业(国有、外资、集体和私营)和不同产品种类(消费品、资本品和中间品)间的进口产品质量存在显著差异,进而准确测算并系统考察不同企业和产品类型下的进口产品质量变动。[③] 这或许可为解释当前复杂的性别工资差距问题提供新的视角,同时为我们更好地协调优化进出口产品结构、转变贸易发展方式、寻求促进收入差距缩小的途径提供有力的理论支撑和实践指导。

## 8.1　文献回顾

目前国内外对进口产品质量影响性别工资差距的研究较少,本章从三个方面对现有文献进行回顾。

### 8.1.1　进口产品质量的测算及影响因素研究

正如前文所述,对于进口产品质量的测算,肖特较早地采用产品单位价值作为质量的替代变量,基于美国 1972 年至 1994 年含有产品数量、产品价值总额的微观进口数据,测度

① Becker, G. S. *The Economics of Discrimination*, Chicago: The Chicago University Press, 1957, p. 167.
② Arndt, C., Robinson, S. and Tarp, F. "Trade Reform and Gender in Mozambique", *Nordic Journal of Political Economy*, vol. 32(2006), pp. 73–89; Menon, N. and van der Meulen Rodgers, Y. "International Trade and the Gender Wage Gap: New Evidence from India's Manufacturing Sector", *World Development*, vol. 37, no. 5 (2009), pp. 965–981.
③ 施炳展、曾祥菲:《中国企业进口产品质量测算与事实》,《世界经济》2015 年第 3 期,第 57~77 页。

了世界各国出口到美国的所有产品的单位价值。[1] 随后,库格勒和维胡根利用该方法计算了不同国家出口产品的质量,发现国家收入水平、产品价格、销售利润和运输成本等都是影响产品质量的重要因素。[2] 但该方法面临的一个重要问题是产品的单位价格不仅包含质量的信息,还包含成本波动和需求冲击的信息。在此基础上,阿米蒂等打破单位价值等于产品质量的假设,认为在价格相同的条件下,企业市场绩效越好,其产品质量越高,因而可以利用市场占有率、市场销售率等代表企业市场绩效的变量反推企业产品质量。[3] 同时,相关研究探讨了进口产品质量的相关影响因素,巴斯图斯和席尔瓦(Bastos & Silva)利用 2005年葡萄牙企业出口到 199 个国家的产品数据,测算了出口企业的产品质量,并对其影响因素进行了分析。该研究通过将离岸(FOB)单位价值作为产品质量的代理变量,发现高生产率企业将高质量产品出口到距离更远、人均收入水平更高的国家。[4] 马丁(Martin)利用2003 年法国综合税则目录覆盖的 96467 家企业、10050 种产品的数据检验了出口产品质量与地理距离的关系,同样证实存在阿尔钦 - 艾伦效应。[5] 萨拉维亚和沃格特尔斯恩德(Saravia & Voigtländer)认为,直接用产品的单位价格代理产品质量可能存在偏误,因为产品价格不仅包括质量因素,还包括成本因素、产品水平差异等,因而即使一国国内不同企业从相同的进口来源国进口产品,其价格也可能不同。[6] 国内学者李坤望等基于 2000 年至2006 年中国 HS8 位码海关数据,利用单位价值作为出口产品质量的代理变量,从市场进入退出的角度研究了中国出口产品品质演化的微观机制。[7] 樊海潮等将内生产品质量和内生进口产品种类集引入异质性企业贸易模型,研究发现进口产品种类是影响产品质量的重要因素,且进口中间品种类越多的企业,最终产品质量和定价也越高。[8]

## 8.1.2 贸易影响工资差距的相关研究

(1)技能工资差距。鉴于 S-S 定理不能解释发展中国家贸易开放导致工资差距扩大

[1] Schott, P. K. "Across-Product Versus Within-Product Specialization in International Trade", *The Quarterly Journal of Economics*, vol. 119, no. 2(2004), pp. 647-678.

[2] Kugler, M. and Verhoogen, E. "The Quality-Complementarity Hypothesis: Theory and Evidence from Colombia", NBER Working Paper, no. 14418(2008).

[3] Amiti, M., Itshkoki, O. and Konings, J. "Importers, Exporters, and Exchange Rate Disconnect", *American Economic Review*, vol. 104, no. 7(2014), pp. 1942-1978.

[4] Bastos, P. and Silva, J. "The Quality of a Firm's Exports: Where You Export to Matters", *Journal of International Economics*, vol. 82, no. 2, (2010), pp. 99-111.

[5] Martin, J. "Markups, Quality, and Transport Costs", *European Economic Review*, vol. 56, no. 4(2012), pp. 777-791.

[6] Saravia, D. and Voigtländer, N. "Imported Inputs, Quality Complementarity, and Skill Demand", Meeting Paper from Society for Economic Dynamics, no. 1538(2015).

[7] 李坤望、蒋为、宋立刚:《中国出口产品品质变动之谜:基于市场进入的微观解释》,《中国社会科学》2014 年第 3 期,第 80~103,206 页。

[8] 樊海潮、李亚波、张丽娜:《进口产品种类、质量与企业出口产品价格》,《世界经济》2020 年第 5 期,第 97~121 页。

的事实,部分学者尝试从其他角度去解释这一现象,其中一个重要的机制就是技术进步。贸易开放通过技能偏向的技术进步影响工资差距已被大量文献所证实,如奥康纳和卢纳蒂(O'Connor & Lunati)发现发展中国家的技术水平与发达国家存在明显差距,因而贸易开放对低技能劳动力的不利影响在发展中国家更加明显。[1] 伯曼(Berman)和马丁发现在开放经济中,技能偏向型的技术进步可以解释20世纪80年代以来发达国家和发展中国家技能工资差距快速扩大的事实。[2] 埃斯基韦尔和罗德里格斯-洛佩兹(Esquivel & Rodríguez-Lopez)检验了墨西哥1988年至1994年和1994年至2000年两个时期贸易开放对技能工资差距的影响,发现第一阶段墨西哥的贸易开放缩小了技能工资差距,但技能偏向型技术进步在一定程度上抵消了这种效应;第二阶段贸易开放对工资差距的影响很小,说明这一时期墨西哥技能工资差距扩大主要是由外生技术进步引起的。[3] 阿塔纳西奥(Attanasio)等发现哥伦比亚大幅度的关税削减提高了进口竞争强度,国内企业主要依靠技术创新来应对竞争,技能偏向型技术进步最终拉大哥伦比亚技能工资差距。[4] 特尼希和维迪尔(Thoenig & Verdier)发现来自中国、印度等中低收入国家的竞争导致拉美国家低技能劳动力丰富的部门进行技术升级,技能偏向型技术进步扩大了技能工资差距。[5] 还有学者发现为实现对发达国家的技术"追赶",发展中国家会利用贸易自由化来促进本国技术升级,技能偏向型技术进步因为增加了对高技能劳动力的需求,最终扩大了技能工资差距。[6] 德费兰蒂(de Ferranti)发现拉美国家进口渗透率高的部门,高技能劳动力相对工资增长得更快,因而贸易可以视为技能偏向型技术进步影响工资差距的重要路径。[7] 喻美辞利用制造业面板数据发现进口贸易通过R&D溢出效应增加了中国技术密集部门高技能劳动力的相对工资和就业。[8] 曾国彪和姜凌基于中国综合社会调查(CGSS)数据,证实贸易开放使高技能工人对低

① O'Connor, D. and Lunati, M. R. "Economic Opening and the Demand for Skills in Developing Countries: A Review of Theory and Evidence", OECD Development Centre Working Paper, no. 149 (1999).

② Berman, E. and Machin, S. J. "Skill-Biased Technology Transfer Around the World", *Oxford Review of Economic Policy*, vol. 16, no. 3 (2000), pp. 12–22.

③ Esquivel, G. and Rodríguez-López, J. A. "Technology, Trade, and Wage Inequality in Mexico Before and After NAFTA", *Journal of Development Economics*, vol. 72, no. 2 (2003), pp. 543–565.

④ Attanasio, O., Goldberg, P. K. and Pavcnik, N. "Trade Reforms and Wage Inequality in Colombia", *Journal of Development Economics*, vol. 74, no. 2 (2004), pp. 331–366.

⑤ Thoenig, M. and Verdier, T. "A Theory of Defensive Skill-Biased Innovation and Globalization", *American Economic Review*, vol. 93, no. 3 (2003), pp. 709–728.

⑥ Zhu, S. C. and Trefler, D. "Trade and Inequality in Developing Countries: A General Equilibrium Analysis", *Journal of International Economics*, vol. 65, no. 1 (2005), pp. 21–48.

⑦ de Ferranti, D., Perry, G. E., Guasch, J. L., et al. *Closing the Gap in Education and Technology*, Washington, D. C.: The World Bank, 2003, pp. 40–41.

⑧ 喻美辞:《进口贸易、R&D溢出与相对工资差距:基于我国制造业面板数据的实证分析》,《国际贸易问题》2010年第7期,第81~88页。

技能工人的相对工资增长了17%。[1]

但也有学者对技术进步与工资差距的关系提出了反对的看法,如帕夫尼克(Pavcnik)运用非参估计的方法检验了技能偏向型技术进步与智利制造业企业技术升级的关系,发现当控制不可观测的企业特征时,无论用进口中间品、外国技术援助,还是受保护的专利技术来代理技术进步,均发现技能偏向型的技术进步与企业技术升级没有显著的关系。作者还进一步解释20世纪80年代以来智利出现的高技能劳动力就业和相对工资上升主要得益于资本深化。[2] 丁守海等证明对两类劳动力替代弹性较大的部门而言,产业内贸易的扩张可能降低对高技术劳动力的需求,缩小技能工资差距。[3]

(2)性别工资差距。近年来,性别因素在贸易影响收入分配方面的作用得到越来越多的重视,学者也从不同角度扩展了国际贸易影响性别工资差距的机制。

第一,传统的斯托尔珀-萨缪尔森定理。斯托尔珀-萨缪尔森定理认为贸易扩张通过提高发展中国家密集使用的低技能劳动力的报酬降低了技能工资差距。根据联合国教科文组织的统计,2003年至2011年,世界女性的平均技能水平显著低于男性,发展中国家女性与男性技能水平相差更大。因而对发展中国家而言,低技能劳动力主要以女性为主,贸易扩张将提高女性的工资水平,性别工资差距趋于下降。

第二,贝克尔的竞争抑制歧视理论。贝克尔认为歧视的根本原因是偏见,那些坚持歧视的雇主将放弃雇佣那些同效率时报酬更低的女性员工,转而雇佣那些报酬更高的男性员工,这可以变相看作雇主为"歧视"所付出的成本。如果企业能一直获取超额利润,雇主的"歧视"成本就可以得到补偿,但贸易开放加剧市场竞争,使企业的超额利润逐渐消失,导致企业的"歧视"难以维持。因而,从长远来看,贸易扩张引致的竞争加剧将导致男性和女性的工资报酬趋于一致,性别工资差距缩小。[4]

第三,技能偏向的技术进步。贸易自由化导致新机器、新设备不断投入使用,在那些女性集中的行业中,新的机器设备会对女性员工产生一定的替代和挤出效用,从而减少对女性员工的需求,扩大性别工资差距。

第四,劳动力的个体特征。女性的一些个体特征不利于自身工资增长,如体力不足、害怕危险等,这些因素导致女性在那些需要更多管理技能、研究能力或体力的职位上分布较

① 曾国彪、姜凌:《贸易开放、技能溢价与工资差距——基于CGSS数据的经验研究》,《世界经济文汇》2014年第6期,第1~16页。
② Pavcnik,N. "What Explains Skill Upgrading in Less Developed Countries?", Journal of Development Economics, vol. 71, no. 2(2003), pp. 311-328.
③ 丁守海、熊宇、许珊:《产业内贸易对中国技能工资差距的影响》,《经济理论与经济管理》2014年第10期,第60~76页。
④ Becker, G. S. The Economics of Discrimination, Chicago: The Chicago University Press, 1957, p. 167.

少,如建筑工人、企业管理者、研究人员等。塞圭诺(Seguino)还发现,在劳动力市场中,女性的工资差距能力较低,这会进一步增加雇主降低她们工资的倾向。而东方文化要求女性更多地承担照顾家庭、抚养孩子的责任,并且女性看上去也更加温顺,所从事的也多是短暂灵活的工作,女性的这些特点将对她们的就业参与产生不利影响。[1] 马焱和李龙发现,照顾老人显著降低了中青年已婚女性就业的概率。[2] 姚先国和谭岚发现少儿抚养比下降促进了女性的就业参与,但老人照料需求在中长期将逐渐增加。[3] 还有学者发现已婚女性照顾公婆显著降低了其劳动参与和工作时间,但照料自己父母没有显著影响。[4] 黄枫也发现照料老人显著降低了女性劳动参与率,尤其是长时间、高强度的工作。[5] 但部分文献认为,开放经济下女性的这些特征反而可能让她们受益,因为当贸易开放导致竞争加剧时,女性的这些特征使她们可以替代一些价格昂贵的男性员工。

第五,产业结构调整。贸易开放将导致产业结构调整,如伯纳迪诺(Bernadino)指出,贸易自由化可能导致某些以女性劳动力为主的出口导向型工作产生,欧盟和东盟自由贸易区的成立,导致制造业出口下降和服务业出口上升,而服务业中女性远多于男性。在男女劳动力不能完全替代的情况下,产业结构的调整将通过影响相对劳动需求进而对男女性别工资差距产生影响。[6]

基于上述研究,考虑到发展中国家的低技能劳动力以女性为主,因而贸易扩张将降低性别工资差距。贝克尔的竞争抑制歧视理论也认为,贸易扩张引致的竞争加剧将导致男性和女性的工资报酬趋于一致,从而缩小性别工资差距。有学者用企业和员工的匹配数据检验了贸易自由化对中国性别工资差距的影响,发现外资企业和出口企业雇用了更多女性员工,如果外资来源国与企业出口国相同,出口参与将显著降低性别工资差距。[7] 达梅尔特(Dammert)等检验了贸易开放对男性和女性生产率差异和工资差异的影响,发现随着贸易自由化程度加深,中国制造业企业性别生产率-工资差异显著降低,对女性的歧视主要存在于国有企业和非出口企业。然而,国际贸易实践的发展表明,贸易开放不仅没有缩小,反

① Seguino, S. "Gender Inequality and Economic Growth: A Cross-country Analysis", *World Development*, vol. 28, no. 7 (2000), pp. 1211-1230.

② 马焱、李龙:《照料老年父母对城镇已婚中青年女性就业的影响》,《人口与经济》2014年第2期,第39~47页。

③ 姚先国、谭岚:《家庭收入与中国城镇已婚妇女劳动参与决策分析》,《经济研究》2005年第7期,第18~27页。

④ Liu, L., Dong, X. and Zheng, X. "Parental Care and Married Women's Labor Supply in Urban China", *Feminist Economics*, vol. 16, no. 3(2010), pp. 169-192.

⑤ 黄枫:《人口老龄化视角下家庭照料与城镇女性就业关系研究》,《财经研究》2012年第9期,第16~26页。

⑥ Bernardino, N. "Gender Implications of the European Union-ASEAN Free Trade Agreement.", *WIDE Network*, vol. 12, no. 23(2007), pp. 69-92.

⑦ Chen, Z., Ge, Y. and Lai, H., et al. "Globalization and Gender Wage Inequality in China", *World Development*, vol. 44 (2013), pp. 256-266.

而扩大了性别工资差距。[1] 埃尔-哈米迪(El-Hamidi)利用埃及劳动力市场调查数据比较了贸易改革前后埃及国内性别工资差距的变化情况,发现贸易自由化显著扩大了性别工资差距,这一效应在贸易部门表现得更加明显。[2] 多明格斯-维拉洛博斯和布朗-格罗斯曼(Dominguez-Villalobos & Brown-Grossman)发现墨西哥的贸易自由化恶化了女性的就业条件,因而扩大了性别工资差距,这一结论在控制女性就业占比和劳动力技能水平参数时依然成立。[3] 阿恩特等和科克本(Cockburn)等针对莫桑比克和塞内加尔的研究发现,两国女性劳动力技能水平较低,且主要集中在农业部门,贸易开放降低了农业部门对女性劳动力的相对需求,因而扩大了性别工资差距。[4]

## 8.1.3 进口产品质量影响工资不平等的机制研究

进口产品质量影响工资不平等的研究理论可追溯至格里希斯提出的"资本-技能互补"机制,即相对于低技能劳动力,高技能劳动力因为拥有更多的"技能"或"教育"因素,因而与物资资本的互补性更强。[5] 随后的很多经验研究都证实"资本-技能互补"是导致技能工资差距不断扩大的重要原因。克鲁塞尔(Krusell)等最早利用资本-技能互补机制解释了美国不断扩大的技能工资差距。作者基于新古典的一般均衡模型,在模型中分别引入结构资本与设备资本、技能劳动与非技能劳动四种要素,且假设资本之间、劳动之间的替代弹性不同,发现资本-劳动互补机制可以解释美国技能溢价的30%以上。[6] 韦斯特达尔和哈斯克尔(Westerdahl & Haskel)发现,英国以计算机革命为标志的技术进步增加了对技能劳动的需求,降低了对非技能劳动的需求,因而扩大了技能工资差距。[7] 马宗达和奎斯佩-阿格诺利(Mazumdar & Quispe-Agnoli)的实证研究发现资本积累显著增加了秘鲁技能劳动相对非

① Dammert, A. C., Ural Marchand, B. P. and Wan, C. "Gender Wage-Productivity Differentials and Global Integration in China", IZA Discussion Paper, no. 7159(2013).

② Said, M., El-Hamidi, F. "Have Economic Reforms Paid Off? Gender Occupational Inequality in the New Millennium in Egypt", ECES Working Paper, no. 128(2008).

③ Dominguez-Villalobos, L. and Brown-Grossman, F. "Trade Liberalization and Gender Wage Inequality in Mexico", *Feminist Economics*, vol. 16, no. 4(2010), pp. 53–79.

④ Arndt, C., Robinson, S. and Tarp, F. "Trade Reform and Gender in Mozambique", *Nordic Journal of Political Economy*, vol. 32(2006), pp. 73–89; Cockburn, J., Corong, E. and Decaluwé, B., et al. "The Poverty and Gender Impacts of Trade Liberalization and Growth in Senegal", CIRPEE Working Paper, no. 10–13(2010).

⑤ Griliches, Z. "Capital-Skill Complementarity", *The Review of Economics and Statistics*, vol. 51, no. 4(1969), pp. 465–468.

⑥ Krusell, P., Ohanian, L. E. and Ríos-Rull, J. V., et al. "Capital-Skill Complementarity and Inequality: A Macroeconomic Analysis", *Econometrica*, vol. 68, no. 5(2000), pp. 1029–1053.

⑦ Westerdahl, Y. H. and Haskel, J. "Computers and the Demand for Skilled Labour: Industry and Establishment-Level Panel Evidence for the UK", CEPR Discussion Paper, no. 1907(1999).

技能劳动的工资占比,因而资本-技能互补可以解释秘鲁迅速扩大的技能工资差距。[1]

资本-技能互补机制为我们理解进口产品质量与工资差距的关系提供了一种思路,高质量产品中包含的资本、技术要素较多,这些要素只有与高技能劳动力结合时才能更充分地发挥效用,即高质量进口投入品与高技能劳动力间互补性更强,因而进口的高质量投入品要求企业雇佣更多的高技能劳动力,导致技能工资差距进一步扩大。萨拉维亚和福格特伦德构建了生产序列的质量互补模型,从要素互补的角度考察了进口投入品质量对技能工资差距的影响。他们认为,一方面,发展中国家生产高质量投入品成本较高,高质量进口产品会对本土产品形成挤出效应,使国内生产高质量投入品需求降低,生产高质量产品所需的高技能劳动力报酬降低,最终缩小技能工资差距。但另一方面,高质量投入品通过资本-技能互补机制又会增加对高技能劳动力的需求,从而在一定程度上抵消前一种效用。福格特伦德利用1992年至2005年智利的海关面板数据检验了上述两种效应,发现不考虑质量因素时,智利进口企业中高技能劳动力占比相对较低,但当考虑质量因素时,进口的高质量产品显著增加了对高技能劳动力的需求。[2]维胡根则进一步指出,发展中国家出口到发达国家的产品质量往往优于在国内市场销售的产品,当外生冲击导致出口扩张时,出口企业为满足国际市场对高质量产品的需求,会投入更多高质量要素进行生产,如雇佣更多高技能劳动力、购买更多高质量中间投入品等。因此,基于贸易开放引致的产品质量提升将增加对国内高技能劳动力的需求,从而扩大技能工资差距。作者利用墨西哥制造业数据对主要结论进行实证检验,通过对比1993年至1997年、1989年至1993年、1997年至2001年三个时期,发现1993年至1997年墨西哥比索贬值导致的出口扩张,显著提升了高生产率企业的技能工资差距。利用企业是否通过ISO9000国际质量体系认证作为产品质量的代理变量,作者进一步证实,产品质量提升对墨西哥技能工资差距扩大发挥了重要作用。[3]

上述文献为我们研究进口产品质量与性别工资差距的关系提供了有益借鉴,但遗憾的是,现有文献尚缺乏对二者之间关系的明确阐述与系统揭示。为了弥补这一缺憾,本章利用2000年至2011年中国工业企业的微观数据和高度细化的海关数据,首先考察了进口产品质量对异质性企业工资水平的影响,其次在对中国2004年至2007年进口产品质量和性别工资差距进行精确测算的基础上,深入考察和揭示了进口产品质量对企业内部性别工资

---

[1] Mazumdar, J. and Quispe-Agnoli, M. "Can Capital-Skill Complementarity Explain the Rising Skill Premium in Developing Countries? Evidence from Peru", FRB Atlanta Working Paper, no. 2004-11.

[2] Saravia, D. and Voigtländer, N. "Imported Inputs, Quality Complementarity, and Skill Demand", Meeting Paper from Society for Economic Dynamics, no. 1538(2015).

[3] Verhoogen, E. A. "Trade, Quality Upgrading, and Wage Inequality in the Mexican Manufacturing Sector", The Quarterly Journal of Economics, vol. 123, no. 2(2008), pp. 489-530.

差距的影响,最终提出进口产品质量影响劳动力市场调整的进口竞争和成本加成机制,从而从进口产品质量视角为近年来中国性别工资差距的动态变动提供新的解释。

## 8.2 进口产品质量影响企业工资的实证研究

### 8.2.1 模型设定及变量说明

对计量模型的设定,本节参照经典的明瑟工资方程,并借鉴赵春明等[①]的方法,构建了进口产品质量影响企业工资变动的计量模型,如式(8-1)所示。

$$\ln wage_{it} = \alpha + \beta quality_{it} + X_{it} + \lambda + \delta + \sigma + \varepsilon_{it} \qquad (8-1)$$

其中,$i$ 表示企业,$t$ 表示年份,$wage$ 代表企业平均工资水平,$quality$ 是本章的核心解释变量,代表企业进口产品质量;$X$ 为其他控制变量;$\lambda$、$\delta$、$\sigma$ 分别表示行业、地区和企业固定效应;$\varepsilon$ 为残差项,其余为回归系数。假定服从正态分布,用来控制其他无法观测的影响因素。

对实证研究中所使用的数据,本节主要选取两套数据:一是 2000 年至 2011 年中国海关进出口企业交易信息,用于测算产品进口质量等数据;二是中国工业企业数据库,由于数据库存在的统计指标变更等问题,本章借鉴聂辉华等[②]的方法对数据样本进行处理,同时根据本章的实证需要,进一步对两套数据进行匹配,以进行进一步实证研究。

接下来,首先是对进口产品质量的测算,本章主要参照施炳展和曾祥菲[③]的方法,具体测算思路与本书第 4 章一致。其次是对企业工资水平的测算,通过选取企业年末平均工资的自然对数来衡量。此外,本书加入以下控制变量:① 企业生产率($\ln tfp$),考虑到 LP 法可以有效解决内生性等问题,本节借鉴李宏兵等[④]的做法,使用 LP 法估计企业生产率。② 企业年龄($age$),以企业年份减去企业成立年份再加 1 表示,同时,考虑到企业年龄可能产生的非线性影响,本章同时加入企业年龄的平方项进一步考察。③ 融资约束($debt$),以企业利息占企业现金流的比重表示,数值越大表示企业融资约束越大。考虑到经济发展过程中的区域不平衡性,以及行业技术差别对企业平均工资水平的影响,本章加入了企业所在行业和地区的固定效应加以研究。具体变量的描述性统计如表 8-1 所示。

① 赵春明、文磊、李宏兵:《进口产品质量、来源国特征与性别工资差距》,《数量经济技术经济研究》2017 年第 5 期,第 20~37 页。
② 聂辉华、江艇、杨汝岱:《中国工业企业数据库的使用现状和潜在问题》,《世界经济》2012 年第 5 期,第 142~158 页。
③ 施炳展、曾祥菲:《中国企业进口产品质量测算与事实》,《世界经济》2015 年第 3 期,第 57~77 页。
④ 李宏兵、蔡宏波、胡翔斌:《融资约束如何影响中国企业的出口持续时间》,《统计研究》2016 年第 6 期,第 30~41 页。

表 8-1　具体变量的描述性统计

| 变量 | Mean | Std. Dev. | Min | Max | 观测值 |
|---|---|---|---|---|---|
| lnwage | 2.472 | 1.452 | -5.203 | 10.182 | 61518 |
| quality | 0.674 | 0.227 | 0.000 | 1.000 | 89329 |
| lntfp | 6.822 | 1.173 | -2.629 | 13.004 | 89329 |
| age | 8.435 | 6.649 | 0.000 | 62.000 | 89329 |
| $age^2$ | 115.355 | 279.597 | 0.000 | 3844.000 | 89329 |
| debt | 0.582 | 0.342 | -0.674 | 20.137 | 89329 |

## 8.2.2　实证分析

### 8.2.2.1　基准回归

本章利用 2000 年至 2011 年中国工业企业数据库和海关数据库匹配数据,针对进口产品质量对企业平均工资的影响进行实证检验,基准回归如表 8-2 所示。列(1)在地区固定效应和行业固定效应的基础上,只加入核心解释变量,即企业进口产品质量,结果显示企业进口产品质量的估计系数显著为正。在列(2)至列(6),依次加入其他控制变量,企业进口产品质量的系数与显著性均未发生明显改变。这表明在控制了其他影响因素之后,进口质量的提高会显著促进企业平均工资水平的提升。这可能是因为:一方面企业进口产品质量的提升通过进口竞争会提升劳动力的技能回报,尤其是企业为保持市场竞争力会提供更高的工资水平来雇佣高技能劳动力。另一方面进口高质量产品也会通过技术溢出效应,促进生产率进步和工资水平的提升。

表 8-2　基准回归结果

| 变量 | (1) | (2) | (3) | (4) | (5) | (6) |
|---|---|---|---|---|---|---|
| quality | 0.739*** | 0.772*** | 0.737*** | 0.709*** | 0.684*** | 0.395*** |
| | (0.0498) | (0.0489) | (0.0467) | (0.0463) | (0.0457) | (0.0406) |
| lntfp | — | — | 0.585*** | 0.582*** | 0.576*** | 0.510*** |
| | | | (0.0124) | (0.0124) | (0.0123) | (0.0113) |
| age | — | — | — | -0.0344*** | -0.108*** | -0.0922*** |
| | | | | (0.0020) | (0.00390) | (0.00344) |
| $age^2$ | — | — | — | — | 0.00197*** | 0.00176*** |
| | | | | | (0.0001) | (0.0001) |
| debt | — | — | — | — | — | -1.897*** |
| | | | | | | (0.0821) |

| 变量 | （1） | （2） | （3） | （4） | （5） | （6） |
|------|------|------|------|------|------|------|
| _cons | 1.0697*** | 2.518*** | −0.376*** | −0.230** | 0.241** | 1.539*** |
|  | (0.0721) | (0.0883) | (0.1040) | (0.1050) | (0.1060) | (0.1030) |
| 地区固定效应 | 是 | 是 | 是 | 是 | 是 | 是 |
| 行业固定效应 | 是 | 是 | 是 | 是 | 是 | 是 |
| 样本数 | 21960 | 21960 | 21960 | 21960 | 21960 | 21960 |
| $R^2$ | 0.168 | 0.195 | 0.277 | 0.289 | 0.304 | 0.460 |

注:括号内为标准误,***、**分别表示在1%、5%的水平上显著。

从控制变量来看,融资约束的估计系数均显著为负,表明企业融资约束的增强会抑制企业工资水平的提高;企业生产率的系数显著为正,表明企业生产率的提高有利于提升企业平均工资水平。此外,由企业年龄的估计系数呈负向显著和年龄平方项的估计系数为正向显著可以看出,企业年龄对企业工资水平的影响存在 U 形非线性特征,即存在一个企业年龄的门槛值,当出口企业成立时间小于门槛值时,企业工资水平会随着年龄的增加不断降低;当出口企业成立时间大于门槛值时,企业工资水平会随着企业年龄的增加而不断提升。对此可能的解释是,当出口企业成立时间小于门槛值时,随着企业的业务不断拓展,企业内部协调及运营等成本增加,发展过程中面对竞争增加,业务战略调整等成本增加,企业工资可能会呈现下降趋势;当出口企业成立时间大于门槛值后,企业已经具备一定竞争能力,企业内部的运营流程不断完善,减少了协调、组织成本。此时,企业成立时间越长,对市场的掌控力及应对风险的能力越强,企业的工资水平也会随之提高。

### 8.2.2.2 稳健性检验及内生性问题的处理

对稳健性检验,本章将从如下两方面展开。一是改变样本考察期。考虑到 2008 年全球金融危机可能对实证结果带来的影响,我们进一步剔除了 2009 年之后的样本以验证实证结果的稳健性。回归结果如表 8-3 列(1)所示,改变样本考察期后,企业进口产品质量提升仍然对企业工资水平提高有显著的促进作用,表明本章的核心结论并不会受金融危机冲击而改变,证明了实证结果的稳健性。二是考虑加入 WTO 的冲击。考虑到本章的样本考察期包含中国加入 WTO 这一重要事件,鉴于中国加入 WTO 会对企业的投资决策、发展战略规划等产生影响,进而影响企业平均工资水平,因此,本章引入 WTO 冲击的虚拟变量(wto)及 WTO 冲击和进口产品质量的交互项(quality_wto),研究中国加入 WTO 这一事件对企业平均工资水平的影响。本章将 2001 年以前(包括 2001 年)视为 WTO 冲击前(wto 虚拟变量取值为 0),将 2001 年以后视为冲击期间(wto 虚拟变量取值为 1)。回归结果如表

8-3列(2)所示,本章重点关注进口产品质量与WTO冲击的交互项。回归结果显示,交互项的系数显著为正,说明相对于加入WTO前,加入WTO后中国进口产品质量的提升更有利于企业工资水平的提高。其可能的原因是中国加入WTO后,面对更加激烈的竞争及更大的市场空间,会倒逼企业进行生产调整和优化要素配置以提升生产效率,进而提高企业利润和企业平均工资水平。

接下来,由于进口产品质量对企业工资的影响可能存在双向因果关系及遗漏变量等引起的内生性问题,本章选择滞后一期的进口产品质量作为工具变量,并采用GMM回归进行内生性检验,具体估计结果见表8-3列(3),两阶段最小二乘法(2SLS)回归估计结果见表8-3列(4)。杜宾-吴-豪斯曼(DWH)检验的原假设为:所有解释变量均为外生,即不存在内生变量;第一阶段回归$F$值大于10代表工具变量的相关性较强。本章所重点关注的进口产品质量等变量的系数估计值及其显著性统计检验均没有明显变化。

表 8-3　稳健性检验

| 变量 | (1)<br>改变样本期 | (2)<br>WTO 冲击 | (3)<br>GMM | (4)<br>2SLS |
|---|---|---|---|---|
| *quality* | 0.1586*** | 0.3953*** | 0.737*** | 0.7365*** |
|  | (0.0167) | (0.0406) | (0.063) | (0.0628) |
| ln*tfp* | 0.2300*** | 0.5102*** | 0.196*** | 0.1960*** |
|  | (0.0057) | (0.0113) | (0.006) | (0.0065) |
| *age* | 0.0097 | −0.0922*** | −0.055*** | −0.0548*** |
|  | (0.0016) | (0.0034) | (0.003) | (0.0031) |
| $age^2$ | 0.00001 | 0.0018*** | 0.001*** | 0.0010*** |
|  | (0.0001) | (0.0001) | (0.0001) | (0.0001) |
| *debt* | −0.08251*** | −1.8976*** | −2.244*** | −2.2442*** |
|  | (0.0168) | (0.0821) | (0.091) | (0.0906) |
| *wto* | — | −0.2148*** | — | — |
|  | — | (0.0652) | — | — |
| *quality_wto* | — | 0.3196*** | — | — |
|  | — | (0.0839) | — | — |
| _*cons* | 2.5496*** | 3.054*** | 2.167*** | 2.1666*** |
|  | (0.0424) | (0.0710) | (0.0810) | (0.0813) |
| 样本数 | 12547 | 61518 | 29841 | 29841 |
| $R^2$ | 0.2630 | 0.2630 | 0.2940 | 0.2941 |
| Wald $chi^2$检验 | — | — | 2530.81*** | 2530.81*** |
| DWH 检验 | — | — | 34.8196*** | 35.0771*** |
| 第一阶段回归 $F$ 值 | — | — | 15136.8*** | 15136.8*** |

注:括号内为标准误,***表示在1%的水平上显著。

### 8.2.2.3　异质性分析

一是地区异质性。本章将样本工业企业数据按照其所处地区,划分为东、中、西部地区进行回归分析,实证结果如表8-4列(1)~列(3)所示。东部地区企业进口产品质量系数显著为正,表明产品进口质量的提高可以有效促进东部地区企业的工资水平提升,而中西部回归系数则不显著。对此,可能的原因是,改革开放以来,由沿海及内陆的逐次开放导致东部沿海地区具有较高的贸易开放水平,尤其是东部地区深度融入全球产业体系,在关键零部件和核心中间品进口方面具有明显区位优势,而企业进口规模扩张和进口产品质量的提升也增加了对劳动力的技能需求并促进其工资水平上涨。

表8-4　区分企业所处地区

| 变量 | (1)<br>东部地区 | (2)<br>中部地区 | (3)<br>西部地区 |
|---|---|---|---|
| $quality$ | 0.412*** | 0.209 | 0.182 |
| | (0.0425) | (0.1660) | (0.1330) |
| $\ln tfp$ | 0.522*** | 0.408*** | 0.352*** |
| | (0.0120) | (0.0416) | (0.0486) |
| $age$ | −0.0961*** | −0.0193 | −0.00408 |
| | (0.0037) | (0.0131) | (0.0115) |
| $age^2$ | 0.0017800*** | 0.0006025** | 0.000193 |
| | (0.0001) | (0.0002) | (0.0002) |
| $debt$ | −1.896*** | −2.015*** | −0.829*** |
| | (0.0855) | (0.1230) | (0.2001) |
| $\_cons$ | 1.536*** | 1.711*** | 0.406 |
| | (0.108) | (0.392) | (0.431) |
| 地区固定效应 | 是 | 是 | 是 |
| 行业固定效应 | 是 | 是 | 是 |
| 样本数 | 20653 | 932 | 360 |
| $R^2$ | 0.454 | 0.545 | 0.473 |

注:括号内为标准误,***、**分别表示在1%、5%的水平上显著。

二是区分不同行业集中度。本章采用赫芬达尔指数(HHI)作为行业集中度的代理指标,HHI越大,说明行业集中度越高,即具有较高的垄断程度。通常企业的垄断程度越高,越具备资金从事研发和累积人力资本,越可以提升企业的市场竞争能力,更有能力提高企业的工资水平,但是,具有垄断地位的企业也可能因为垄断优势而降低了主动提高生产力的激励。本章用HHI的中位数作为划分标准,将样本分为高行业集中度企业和低行业集中度企业,回归结果见表8-5列(1)~列(2)。结果显示,无论高行业集中度企业还是低行业集中度企业,进口产品质量的提升显著提高了企业平均工资水平;且相较于行业集中度较低的企业,进口产品质量的提升更能促进行业集中度较高企业的工资水平的提高。

表8-5 区分行业密集度和企业规模

| 变量 | (1)<br>高行业集中度 | (2)<br>低行业集中度 | (3)<br>小规模企业 | (4)<br>中等规模企业 | (5)<br>大规模企业 |
|---|---|---|---|---|---|
| quality | 0.557*** | 0.364*** | 0.150*** | 0.114*** | 0.243*** |
| | (0.0725) | (0.0503) | (0.0244) | (0.0345) | (0.0849) |
| ln$tfp$ | 0.504*** | 0.529*** | 0.223*** | 0.269*** | 0.265*** |
| | (0.0156) | (0.0168) | (0.0086) | (0.0146) | (0.0453) |
| age | −0.0965*** | −0.0905*** | 0.006*** | 0.00538* | −0.00268 |
| | (0.0047) | (0.0051) | (0.0020) | (0.0031) | (0.0092) |
| age$^2$ | 0.0018*** | 0.0018*** | −0.0001 | −0.0001 | 0.0001 |
| | (0.00010) | (0.00010) | (0.00010) | (0.00010) | (0.00001) |
| debt | −2.103*** | −1.727*** | −0.0971*** | −0.116*** | −0.0979 |
| | (0.0484) | (0.134) | (0.0121) | (0.0245) | (0.0960) |
| _cons | 1.538*** | 1.502*** | −1.366*** | −1.683*** | −1.713*** |
| | (0.136) | (0.159) | (0.0786) | (0.145) | (0.643) |
| 地区固定效应 | 是 | 是 | 是 | 是 | 是 |
| 行业固定效应 | 是 | 是 | 是 | 是 | 是 |
| 样本数 | 11232 | 10728 | 6408 | 2731 | 274 |
| $R^2$ | 0.48 | 0.44 | 0.77 | 0.88 | 0.93 |

注:括号内为标准误,***、*分别表示在1%、10%的水平上显著。

三是区分不同企业规模。本章进一步依据2003年《中小企业标准暂行规定》将总样本进行分组,将企业平均从业人员数大于300人视为大中规模企业,其余视为小规模企业,回归结果见表8-5列(3)~列(5)。从回归结果来看,大中规模企业和小规模企业的进口产品质量估计系数显著为正,意味着大中规模企业和小规模企业随着进口产品质量的提升,企业的工资水平也会得到提高。但相对而言,相比中小规模企业,大规模企业工资水平的提升作用更为明显。对此,可能的原因在于中小规模企业受到自身条件的限制,制约了其对劳动力、资本等要素资源的配置,以至于进口产品质量提升所物化的先进技术、人力资本及物质资本投入难以被企业充分吸收,因此进口产品质量提升对工资的促进作用相对较弱。

## 8.3 进口产品质量影响企业性别工资差距的实证研究

### 8.3.1 模型设定、指标测算与数据描述

#### 8.3.1.1 模型设定及变量说明

本章主要考察企业进口产品质量如何影响内部员工性别工资差距,因而建立式(8-2)。

$$wag\_gap_{it} = \alpha + \beta quality_{it} + X_{it} + \lambda + \delta + \sigma + \varepsilon_{it} \tag{8-2}$$

其中,$i$ 表示企业,$t$ 表示年份;$wag\_gap$ 表示企业性别工资差距;$quality$ 是本章的核心解释变量,代表企业进口产品质量,测算方法与前文一致;$X$ 为其他控制变量;$\lambda$ 表示时间固定效应,度量企业不随时间变化的特征要素;$\delta$ 和 $\sigma$ 为行业和地区固定效应;$\alpha$ 和 $\beta$ 为回归系数,$\varepsilon$ 为残差项。

1. 企业性别工资差距

对性别工资差距,本章主要借鉴李磊等[1]的做法,利用中国工业企业数据库中企业员工的性别结构和相关财务指标对下式进行回归分析,得到企业性别工资差距的估算值($wag\_gap_{ijt}$),具体如式(8-3)。

$$wag\_gap_{ijt} = \hat{\alpha}_{jt} + \hat{\beta}_{jt} \pi_{ijt} \tag{8-3}$$

由于 1998 年至 2003 年中国工业企业数据库中没有包含企业分性别员工数量的信息,因而我们把样本区间限定在 2004 年至 2007 年。其中,男性员工份额 $\theta_{ijt}$ 用男性员工人数除以企业年末就业总人数来表示;企业的盈利能力 $\pi_{ijt}$ 用营业利润/营业收入来表示;员工的收入除工资外,还应该包括补贴、年终奖等福利性收入。因而,本章用(企业年末应付总工资+年末应付总福利)/企业年末就业人数表示企业的平均工资 $\overline{w}_{ijt}$;$\hat{\alpha}$ 和 $\hat{\beta}$ 为回归系数。

2. 其他控制变量

回归方程(8-1)中的控制变量主要包括企业微观变量和城市宏观变量,具体包括:① 企业的劳动生产率(lnltfp),用企业的工业增加值与年末从业人员数量之比表示,该指标反映了企业的生产技术水平。劳动生产率的提高意味着企业单位劳动投入创造出更多的经济产出,这也使为劳动者提供更高的报酬成为可能;② 企业年龄(age),用企业所处年份

① 李磊、王小洁、蒋殿春:《外资进入对中国服务业性别就业及工资差距的影响》,《世界经济》2015 年第 10 期,第 169~192 页。

减去企业成立年份来表示,该指标反映了企业成立时间的长短。要素市场摩擦不仅影响资源配置的效率,还会影响企业的进入和退出决策,从而间接影响全要素生产率。本章用成立年限从侧面反映企业进入和退出状态,判断其对企业内部工资差距的影响;③ 企业出口密集度(*exra*),用企业出口交货值与工业销售总额之比来表示,该指标反映了企业的出口规模或对国际市场的依赖程度。出口企业有机会接触到国际先进的技术、信息、管理经验,通过出口学习效应,企业能实现生产率的提升;④ 企业资本密集度($K/L$),是企业资产总额与年末从业人数的比值,可以反映企业给单个劳动力配置的资本量。生产企业最优资产配置结构会随着资源禀赋变化和要素价格波动发生变化,国际贸易下要素流动和要素替代更加频繁,最终改变要素的边际产出;⑤ 企业资产负债率(*debt*),该指标反映企业的资产结构。大量研究已证实企业资产结构会对企业成长机会、产品市场竞争策略、员工需求等产生显著影响,通过这些途径也会影响员工的工资水平;⑥ 企业所有制(*ownership*),0 代表其他企业,1 代表国有企业,2 代表集体企业,3 代表国内个体私营企业,4 代表外资企业;⑦ 城市经济发展水平(*gdp_city*),经济发展程度更高的城市能更充分汇集优势资源,给当地居民提供大量就业机会和更高的报酬,本章用城市人均 GDP 来衡量;⑧ 城市人力资本水平(*edu*),城市人力资本水平越高,外商直接投资的规模越大,生产技术水平往往也越高,从而更有可能支付给员工高工资,本章选用城市人均受教育年限来衡量;⑨ 城市基础设施建设水平(*lnroad*)。完善的城市基础设施有助于吸引企业和高质量劳动者集聚,由此带来的知识外溢和市场竞争,会对劳动者收入产生影响。本章用城市市辖区人均铺装道路面积来衡量。

### 8.3.1.2 数据来源及变量描述

1. 数据来源

本章主要使用三套数据来考察进口产品质量对企业性别工资差距的影响,包括企业层面的生产数据、产品层面的海关贸易数据和城市层面的相关宏观数据。通过海关数据可以直接估算出每一种进口产品的质量,但由于我们关心的是企业内部性别工资差距,因而需要把产品层面的质量加总到企业层面。最后将加总的企业进口产品质量和城市变量匹配到企业数据中。城市层面的数据主要来自历年各省(自治区、直辖市)的统计年鉴、城市统计公报、《中国城市统计年鉴》和《中国区域统计年鉴》,对个别城市缺失的数据则用临近年份的数据折算或当年城市所在省份经济水平接近的其他城市数据代替。

企业层面的生产数据主要来自国家统计局"中国规模以上制造业企业年度调查",包括 33 个两位行业、31 个省(自治区、直辖市)所有国有企业及总产值超过 500 万元的非国有企业。根据研究需要,我们仿照田巍和余淼杰[1]的做法,对数据进行了相应处理。产品层面的海关数据,主要来自中国海关总署 2000 年至 2006 年产品层面交易的月度数据。每年报告的产品进出口信息由 2000 年的 1000 万条,增加到 2006 年的 1600 万条。对每一种产品,数据分别报告了三类信息:一是企业的基本信息,如企业名称、海关编码、所在城市、邮编、电话、企业所有制;二是关于贸易数量的相关信息,如贸易额、贸易状态(出口/进口)、产品数量、交易单位;三是贸易模式的相关信息,如出口目的地或进口来源地、贸易类型(加工贸易/一般贸易)、运输方式(海运/卡车/航空/邮政)、是否途经第三方。为了测算产品质量,我们需要从海关数据中提取产品出口价值量、出口数量指标,计算产品的出口价格,然后对相应的计量方程进行回归。由于海关数据中也存在样本缺失、指标异常、测量误差等问题,我们需要预先进行处理,处理的步骤主要参照施炳展和曾祥菲[2]的做法。

2. 数据匹配

尽管两套数据包括丰富的信息,但将它们匹配到一起仍然是一项烦琐的工作,在处理过程中也会遇到很多细节问题,如虽然两套数据中都包括企业编码,但所采用的不是相同的编码制度。企业数据中代码是九位,但海关数据中企业编码是十位。虽然两套数据中都包括企业的电话号码,但企业数据库中的电话号码包括区号及连接区号和电话号码的小短线,这些在海关数据库中没有。同时,中国海关进出口数据库中某些城市在原有的七位电话号码基础上增加了新的位数。因而,简单使用电话号码进行匹配会造成大量样本遗失。

具体到中国工业企业数据库和海关数据库匹配的方法选择上,我们主要借鉴田巍和余淼杰[3]的做法。首先,根据企业的名称和年份匹配,如果一年中两个数据库中两家企业名字相同,我们认为这两家企业实际上为同一家企业。其次,我们按照企业的邮政编码和电话号码后七位进行匹配,作为上述方法的补充。虽然这种方法很直观,但在实际操作上有很多困难。因此,我们利用电话号码的后七位作为企业认证的近似。为保证匹配得到更多的企业样本,我们同时利用两种方法进行匹配,只要企业通过任何一种方法匹配成功,我们就将其纳入合并数据中。最后,我们得到 2004 年至 2007 年成功匹配的企业样本 57063 个,数量占全部进口企业的 30%,进口金额占进口总额的 27%。

3. 变量描述统计

表 8-6 报告了主要变量的描述性统计。2004 年至 2007 年,我们从海关数据与企业数

据的合并数据中得到 57063 家企业。这些企业的平均性别工资差距约为 14880 元,平均进口产品质量为 0.46。为了区分性别工资差和进口产品质量在不同类型企业中有何差异,我们按企业面临的进口竞争强度(进口渗透率×内销占比)和成本加成对全体样本进行分组。结果显示,企业内部性别工资差距和进口产品质量存在明显的异质性差异:进口竞争越强,企业内部性别工资差距越大,进口产品质量相对也更高。但就不同成本加成的企业而言,我们发现一个奇怪的现象:虽然成本加成大的企业的性别工资差距比成本加成小的企业要低 6%,但其平均进口产品质量也比成本加成小的企业要低 6.8%。这也进一步验证了前文的结论,中国高成本加成的企业主要以低技术企业为主,其进口产品质量相对较低。

表 8-6　主要变量的描述性统计

| 变量 | 全体样本 (N=57063) | | 进口竞争弱 (N=28397) | | 进口竞争强 (N=28391) | | 成本加成小 (N=28532) | | 成本加成大 (N=28531) | |
|---|---|---|---|---|---|---|---|---|---|---|
| | 均值 | 标准差 | 均值 | 标准差 | 均值 | 标准差 | 均值 | 标准差 | 均值 | 标准差 |
| 企业性别工资差距 | 14.90 | 2.62 | 14.70 | 2.58 | 15.10 | 2.65 | 15.30 | 2.67 | 14.40 | 2.50 |
| 进口产品质量 | 0.46 | 0.21 | 0.44 | 0.21 | 0.47 | 0.21 | 0.48 | 0.21 | 0.44 | 0.21 |
| 企业的劳动生产率(对数) | 4.44 | 1.10 | 4.24 | 1.07 | 4.65 | 1.09 | 4.75 | 1.07 | 4.14 | 1.05 |
| 企业年龄(成立年限) | 10.00 | 7.73 | 9.64 | 6.80 | 10.40 | 8.54 | 11.56 | 9.19 | 8.44 | 5.49 |
| 企业出口密集度 | 0.37 | 0.38 | 0.56 | 0.40 | 0.19 | 0.26 | 0.36 | 0.37 | 0.38 | 0.39 |
| 企业资本密集度(对数) | 4.23 | 1.36 | 3.97 | 1.36 | 4.49 | 1.31 | 4.50 | 1.37 | 3.96 | 1.30 |
| 企业资产负债率 | 0.53 | 0.26 | 0.53 | 0.27 | 0.54 | 0.25 | 0.53 | 0.24 | 0.54 | 0.28 |
| 企业所有制 | 3.47 | 0.78 | 3.54 | 0.74 | 3.40 | 0.81 | 3.43 | 0.85 | 3.50 | 0.71 |
| 城市经济发展水平(对数) | 10.60 | 0.53 | 10.60 | 0.52 | 10.60 | 0.55 | 10.60 | 0.55 | 10.60 | 0.51 |
| 城市人力资本水平 | 8.66 | 1.00 | 8.64 | 0.98 | 8.68 | 1.02 | 8.66 | 0.99 | 8.66 | 1.01 |
| 城市基础设施建设水平(对数) | 8.55 | 0.94 | 8.53 | 0.94 | 8.57 | 0.94 | 8.53 | 0.96 | 8.57 | 0.92 |

### 8.3.1.3　内生性问题及其处理

内生性是导致模型估计有偏和不一致的重要原因,本章计量模型的内生性主要来自两个方面。第一,进口产品质量与工资互为因果。一方面,进口高质量商品中包含的先进技术、信息等通过技术溢出被国内企业模仿、吸收,从而提升国内企业生产率,这为提高员工的工资水平提供了可能。同时,进口的垂直差异化产品会对劳动力市场产生有偏的选择效应,如高质量进口品可能需要高技能劳动力与之匹配,这种劳动力市场的偏向选择将会导致收入水平在不同的劳动群体中产生分化。另一方面,工资上涨会增加国内消费者对高质量产品的需求,而高质量产品的生产往往需要企业进口高质量投入品。另外,高工资会激励企业进行技术创新,采用先进技术提升企业劳动生产率,这也会促使企业进口高质量的产品。第二,进口产品质量对工资的影响还可能存在遗漏变量的问题。如企业进口产品质量和员工工资均与当地经济发展水平有密切联系,城市的经济发展水平越高,其进口产品质量和居民收入也相对较高,这会导致进口产品质量对收入的影响被高估。虽然我们控制了城市人均 GDP 等信息,但理论上依然可能存在未被观测到的遗漏变量,如长三角地区的收入水平远高于珠三角地区,且存在明显差异,两个地区收入状况的差异与企业结构等制度性因素有关,但这种制度性因素很难用实际数据有效度量,因而可能产生遗漏变量的问题。

处理内生性问题一个基本的办法是寻找合适的工具变量,对工具变量的要求是与进口产品质量密切但独立于企业性别工资差距,通过且仅通过内生变量(进口产品质量)对被解释变量(企业性别工资差距)产生影响。经典的林德假说认为,一国企业将主要生产满足其国内主体偏好的商品,并将这些商品出口到与该国消费偏好接近的国家。[①] 许多学者证实,国家收入水平与本国出口产品质量存在显著的正相关:在垂直专业化的国际分工模式下,当发达国家和发展中国家同时出口同一类产品时,发达国家出口产品的单位价值通常更高[②];一个国家同时从不同的国家进口产品时,高质量的产品通常也是从高收入国家进口,因为高收入国家的居民消费水平相对较高,从而更偏好高质量的商品。另外,就现有的情况来看,似乎很难找到进口来源地收入水平与中国企业性别工资差距直接相关的证据。

具体而言,本章选择进口来源地的人均 GDP 作为描述进口产品质量的工具。由于实证模型中进口产品质量和性别工资差距都是企业层面的,因而要求作为工具的进口来源地人均 GDP 也需要是企业层面的。本章计算企业层面进口来源地人均 GDP 的方法如式(8-4)所示。

$$per\_gdp_{it} = \sum_{j \in \Theta} \frac{value_{ijt}}{value_{it}} * GDP_{jt} \tag{8-4}$$

其中,$i$ 表示企业,$j$ 表示国家,$t$ 表示年份,$\Theta$ 表示企业当年所有进口来源地的集合;$per\_gdp$ 表示企业层面的人均 $gdp$ 水平,$GDP$ 表示进口来源地的 $GDP$ 水平;$value$ 表示企业的进口金额,因而 $value_{ijt}/value_{it}$ 表示企业 $i$ 第 $t$ 年从 $j$ 地进口金额占其当年所有进口额的权重。

除了寻找工具变量,我们还尝试在技术上进行努力,以减轻内生性的影响。首先,为保

---

① Linder, S. B. *An Essay on Trade and Transformation*, Stockholm: Almqvist & Wiksells, 1961, pp. 82–109.

② Hallak, J. C. and Schott, P. K. "Estimating Cross-Country Differences in Product Quality", *The Quarterly Journal of Economics*, vol. 126, no. 1(2011), pp. 417–474.

证工具变量的稳健性和有效性,我们使用多种方法对识别不足和弱工具等问题进行检验。其次,无论进口产品质量,还是企业员工工资水平,都会受到一些自然条件、历史条件及外生政策冲击的影响。为了克服这些因素可能导致的模型偏误,我们在传统 OLS 估计的基础上,采用固定效用模型对计量方程进行估计。再次,我们采用倾向匹配得分(Propensity Score Matching,PSM)和广义倾向匹配得分(Generalized Propensity Score Matching,GPSM)的方法对进口产品质量影响企业性别工资差距进行估计。使用倾向匹配得分方法一个直观的逻辑是,如果基准回归证实进口产品质量对性别工资差距有显著的影响(正向或负向),即不同的进口产品质量对应不同的性别工资差距时,我们就可以对进口产品质量进行分组(高/低),考虑如果进口高质量产品的企业变成进口低质量的产品,其企业内部性别工资差距会怎样变化。最后,再将"反事实"的估计结果与基准回归进行比较,如果一致,就说明原始回归是有效的,进口产品质量确实对企业性别工资差距存在稳健的影响。

### 8.3.2　实证结果及分析

#### 8.3.2.1　基准回归

图 8-1 和图 8-2 分别描绘了进口产品质量与企业内部性别工资差距的散点图和关系图。如图 8-1 所示,2004 年至 2007 年,随着企业进口产品质量上升,企业内部的性别工资差距也逐渐拉大,这意味着企业进口产品质量与性别工资差距是正相关的。当然这可能是由其他因素所导致的,如企业的生产率水平,出口密集度,企业所在城市的人均收入水平、人力资本水平。因而,更有意义的结论有待后文严谨的实证研究得出。另外,根据本章的

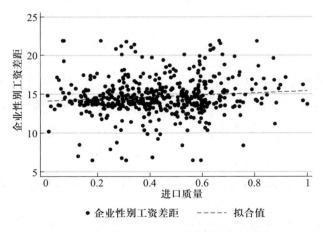

图 8-1　质量与性别工资差距的散点图

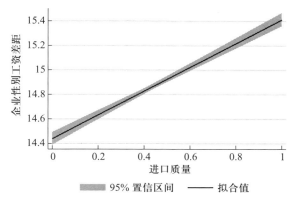

图 8-2 质量与性别工资差距的关系图

测算,企业进口产品质量在不同年份、不同行业和不同地区间表现出明显差异,这既与不可观测的企业特性有关,也与时间、行业、地区等因素有关。为减少这些因素的干扰,我们在估计过程中控制了企业的时间、行业和地区固定效应,以吸收不随企业变化的宏观经济因素及不随时间变化的不可观测的企业因素的影响。基准回归的结果汇总在表 8-7 中。

我们分别使用普通最小二乘法和固定效应模型对回归方程(8-1)进行估计。列(1)和列(3)中,当我们不考虑企业层面和城市层面控制变量,只考虑企业进口产品质量和时间、行业、地区固定效应时,我们发现,进口产品质量显著拉大了企业内部性别工资差距;在列(2)和列(4)中,我们分别加入企业层面控制变量和城市层面控制变量,发现进口产品质量依然显著拉大了企业内部性别工资差距,但系数变小,说明企业层面变量和城市层面变量吸收了部分对企业性别工资差距的影响,导致进口产品质量对性别工资差距的边际效应相对减小。企业资本劳动比、资产负债率、所有制因素与性别工资差距呈显著负相关;企业劳动生产率与性别工资差距显著正相关,企业成立年限与性别工资差距的关系不显著。

表 8-7 中一个有趣的结论是城市层面变量对企业性别工资差距的影响在不同模型中表现不一致。我们认为这可能与城市影响工资收入的机制有关。其一,城市的人力资本积累和基础设施完善,为城市经济发展提供了坚实的智力支持和物资基础,从而有利于城市经济持续健康发展,城市经济发展也为居民的高工资提供了可能;其二,城市便利的公共服务体系和完善的基础设施能极大提高居民生活的舒适度和幸福感,因而本身就应当被视为个人"收入"的一部分,这反过来会降低城市居民的真实收入,因为低收入可被看作个人为享受城市各种便利条件所必须付出的代价。因此,城市层面变量对收入水平的影响取决于上述两种机制相互抵消后的净效果,导致城市因素对企业内部性别工资差距的影响在各模型中表现不尽一致。

表 8-7　基 准 回 归

| 变量 | （1）OLS | （2）OLS | （3）FE | （4）FE | （5）OLS+IV | （6）FE+IV |
|---|---|---|---|---|---|---|
| quality | 0.869*** | 0.315*** | 0.266*** | 0.204*** | 1.091*** | 0.711** |
| | (17.54) | (6.98) | (3.65) | (2.96) | (4.70) | (2.05) |
| ln ltfp | — | 0.999*** | — | 0.927*** | 0.981*** | 0.924*** |
| | — | (80.24) | — | (38.44) | (73.51) | (52.63) |
| age | — | -0.001 | — | 0.005 | -0.001 | 0.005 |
| | — | (-0.92) | — | (1.03) | (-1.22) | (0.85) |
| exra | — | -0.213*** | — | -0.026 | -0.187*** | -0.024 |
| | — | (-7.79) | — | (-0.34) | (-6.57) | (-0.39) |
| K/L | — | -0.367*** | — | -0.410*** | -0.375*** | -0.409*** |
| | — | (-37.39) | — | (-13.90) | (-37.03) | (-18.30) |
| debt | — | -2.576*** | — | -1.721*** | -2.573*** | -1.732*** |
| | — | (-38.30) | — | (-12.81) | (-38.34) | (-22.26) |
| ownership | — | -0.082*** | — | -0.050* | -0.100*** | -0.051* |
| | — | (-6.29) | — | (-1.73) | (-7.13) | (-1.88) |
| gdp_city | — | -0.109*** | — | 0.131 | -0.123*** | 0.140 |
| | — | (-4.79) | — | (1.11) | (-5.33) | (1.31) |
| edu | — | -0.127*** | — | 0.241*** | -0.137*** | 0.238*** |
| | — | (-11.58) | — | (2.67) | (-12.09) | (2.77) |
| ln road | — | -0.016 | — | 0.064*** | -0.016 | 0.064*** |
| | — | (-1.45) | — | (3.92) | (-1.46) | (4.4) |
| 时间控制变量 | 是 | 是 | 是 | 是 | 是 | 是 |
| 行业控制变量 | 是 | 是 | 是 | 是 | 是 | 是 |
| 地区控制变量 | 是 | 是 | 是 | 是 | 是 | 是 |
| 常数项 | 15.830*** | 15.893 | 16.390*** | 4.703*** | 16.239*** | — |
| | (6.95) | (0.01) | (21.15) | (2.96) | (14.77) | — |
| Kleibergen-Paap rk LM 检验 | — | — | — | — | 1903.609 | 1047.162 |
| Cragg-Donald Wald F 检验 | — | — | — | — | 2314.861 | 1087.942 |
| 样本数 | 57063 | 57063 | 57058 | 57058 | 57063 | 41961 |
| 调整后 R² | 0.033 | 0.235 | 0.007 | 0.123 | 0.231 | -0.381 |
| F | 51.903 | 49.074 | 72.942 | 65.729 | 242.621 | 79.775 |

注：Kleibergen-Paap rk LM 统计量和 Cragg-Donald Wald F 统计量分别为工具变量的识别不足检验和弱工具检验，都通过了1%显著性水平的稳健性检验；***、**、*分别表示在1%、5%、10%的水平上显著。

列（5）和列（6）分别报告了 OLS 和固定效应模型中使用工具变量的 2SLS 回归结果。我们发现，使用工具变量后，进口产品质量依然对企业内部性别工资差距产生显著的正向影响，且这一结果在考虑企业特性和城市特性的情况下依然成立。就其他变量而言，无论系数还是显著性水平，在使用工具变量后均没有发生根本性改变，这进一步说明了本章回归结果的稳健性。为了提高工具变量的可信度，我们还用一系列统计指标对工具变量的质量进行了判定：识别不足检验统计量拒绝了模型可能存在识别不足的假设；克拉格和唐纳德（Cragg & Donald）[1]的 $F$ 值统计高度显著，则有力地拒绝了弱识别假设。

### 8.3.2.2 普通倾向匹配得分估计

#### 1. 估计方法

前文关于工具变量的讨论在一定程度上可以减小内生性导致的模型偏误，但众所周知，寻找工具变量是一项颇具挑战性的工作，好的工具往往可遇不可求。因而，本节考虑采用其他的计量方法对企业进口产品质量影响企业性别工资差距进行估计。

我们主要采用"对被处理单位的平均处理效用"（ATT）来估计进口产品质量对企业性别工资差距的影响。在第 $t$ 年中，进口企业 $i$ 在选择进口产品时有两种备选方法，进口高质量的产品（记为 $D_i = 1$）与进口低质量的产品（记为 $D_i = 0$），则企业进口产品质量对性别工资差距的影响可表达为式（8-5）。

$$E(w_{it}^1 - w_{it}^0 \mid D_{it} = 1) = E(w_{it}^1 \mid D_{it} = 1) - E(w_{it}^0 \mid D_{it} = 1) \tag{8-5}$$

其中，$w_{it}^1$ 表示企业进口高质量产品时的性别工资差距，$w_{it}^0$ 表示企业进口低质量产品时的性别工资差距。但遗憾的是，$E(w_{it}^0 \mid D_{it} = 1)$ 是观察不到的。为了对 ATT 进行无偏估计，我们需要从样本中构造相应的对照组与处理组，保证落入两组之中的企业其他条件基本相同，只存在进口产品质量的差异。具体来说，我们选择进口低质量产品的企业为对照组，进口高质量产品但其他条件基本与之相同的企业为处理组，这样就能将对照组企业真实的性别工资差距视为处理组企业进口低质量产品时近似的性别工资情况。参照德洛克[2]的做法，我们进行倾向匹配得分估计来构造对照组。具体而言，我们采用企业当年的特征向量来估计倾向匹配得分，如式（8-6）所示。

① Cragg, J. G. and Donald, S. G. " Testing Identifiability and Specification in Instrumental Variable Models ", *Econometric Theory*, vol. 9, no. 2( 1993) , pp. 222−240.

② De Loecker, J. " Do Exports Generate Higher Productivity? Evidence from Slovenia ", *Journal of International Economics*, vol. 73, no. 1( 2007) , pp. 69−98.

$$P(D_{it}=1)=\Phi(h(X_{it}))\qquad(8\text{-}6)$$

其中,$X_{it}$包含企业$i$可能影响其进口产品质量的一系列因素,包括劳动生产率、出口密集度、企业成立年限、资本劳动比、资产负债率、企业所有制等,还包括企业所在城市的如城市人均GDP水平,城市人力资本水平,城市基础设施建设水平等,以及年份、行业、地区等虚拟变量。对式(8-6)的估计采用Probit模型,估计出倾向匹配得分后,我们按照"最邻近匹配"的方法进行倾向得分匹配,以构造合适的对照组。由于宏观经济因素对不同行业、不同地区、不同年份企业的影响存在明显差异,难以进行跨行业、跨地区和跨年份的比较。我们借鉴戴觅和余淼杰[1]的做法,区分行业、年份、地区、所有制差异对企业进行匹配,再将匹配之后的结果集中到一起,计算处理组与对照组结果变量的平均差异。最终的计算公式如式(8-7)所示。

$$ATT_s=\frac{1}{N_s}\sum_i\left(w_{is}^1-\sum_{j\in C(i)}w_{ij}w_{js}^c\right),\ s=0,1,2,3\ldots\qquad(8\text{-}7)$$

其中,$w^1$与$w^c$分别表示处理组和与之匹配的对照组企业的性别工资差距,$C(i)$表示与企业$i$匹配的企业集合,$w_{ij}$表示给每个与企业$i$匹配的企业$j$赋的权重,$N_s$表示匹配的总对数。

因为匹配过程及匹配结果是否稳定将会对最终的估计结果造成很大影响,因而在报告PSM估计结果之前,我们首先要对倾向匹配得分的质量进行判定。倾向匹配得分对匹配结果的要求是保持企业在匹配后的处理组与控制组之间分布比较均匀,因而我们报告了主要变量匹配的平衡性检验结果。

根据已有文献的经验,变量标准偏差的值越小,模型匹配效果越好。一般认为,只要标准偏差的绝对值小于20就不会引起匹配的失效。通过表8-8,我们发现各匹配变量的标准偏差均显著小于20,因而可认为变量匹配方法选取和匹配结果都是可行的,而$t$检验的结果也都表明在10%的水平下不能拒绝匹配后处理组与对照组无显著差别的原假设。因此,匹配结果满足平衡性的要求。

表8-8　主要变量匹配的平衡性检验结果

| 匹配变量 | 处理组均值 | 控制组均值 | 标准偏误 | 标准偏误减少 | $t$检验概率值 |
|---|---|---|---|---|---|
| ln$ltfp$ | 4.60 | 4.59 | 1.10 | 96.30 | 0.21 |
| $age$ | 9.97 | 9.97 | 0.00 | 98.50 | 0.99 |

---

[1] 戴觅、余淼杰:《企业出口前研发投入、出口及生产率进步——来自中国制造业企业的证据》,《经济学(季刊)》2012年第1期,第211~230页。

| 匹配变量 | 处理组均值 | 控制组均值 | 标准偏误 | 标准偏误减少 | $t$ 检验概率值 |
|---|---|---|---|---|---|
| *exra* | 0.33 | 0.33 | 0.50 | 97.60 | 0.58 |
| *K/L* | 4.38 | 4.39 | −0.40 | 98.40 | 0.67 |
| *debt* | 0.53 | 0.53 | 0.20 | 97.00 | 0.81 |
| *ownership* | 3.53 | 3.51 | 2.50 | 83.40 | 0.00 |
| *gdp_city* | 10.62 | 10.62 | 0.70 | 94.60 | 0.36 |
| *edu* | 8.74 | 8.74 | 0.10 | 99.50 | 0.92 |
| *lnroad* | 8.53 | 8.52 | 0.70 | 81.70 | 0.43 |

2. 估计结果

由于本章的核心解释变量企业进口产品质量是连续变量,因而在利用 Probit 方法估计倾向得分时,需要将其转化为离散变量。我们首先根据 50% 分位点将全体样本划分为高质量组和低质量组,选择高质量组为处理组,低质量组为对照组(第一种分类方法)。但是,一方面,由于目前学术界没有关于进口产品质量高低划分的权威方法,因而这样的分类有一定的主观性和偶然性。另一方面,由于本章使用的质量都经过标准化处理,导致质量本身变动很小,因而可能造成处在分位点(45% ~ 49%)内的企业与处在(51% ~ 55%)内的企业实际进口产品质量差距很小,即如果稍微改变分类方法和分类标准,可能就会使原本属于低质量组的企业被划分到高质量组中。这些因素可能使读者对本章估计结果质疑。为了应对这种质疑,我们进一步改变企业的分类方法,依据企业进口产品质量的 1/3、2/3 分位点将企业划分为高质量、中间质量、低质量三组,选择高质量为对处理组,低质量为对照组(第二种分类方法)。

表 8-9 报告了倾向匹配得分估计的结果。从中可以看出,无论采用何种分类方法,与进口低质量产品的企业相比,进口高质量产品确实在平均水平上拉大了企业内部的性别工资差距。而不同分类方法下的估计结果也印证了我们的担心,即当只粗略地将企业划分为高、低两组时,确实可能因为进口产品质量相似的企业被划分为不同分组而导致最终结果被低估。因而,通过改变分组方法剔除这部分企业时,进口产品质量对企业性别工资差距的影响被重新修正。但总体而言,分组方法并没有从根本上改变进口产品质量对企业内部性别工资差距的正向影响,进一步说明基准回归的结果是稳健的。

表8-9　不同分类方法下倾向匹配得分的估计结果

| 　 | 处理效应 | 处理组 | 对照组 | 差距 | 标准误 | t 检验概率值 |
|---|---|---|---|---|---|---|
| 第一种分类方法 | 匹配前 | 15.05 | 14.72 | 0.34*** | 0.02 | 15.80 |
| | ATT | 15.05 | 14.94 | 0.11*** | 0.02 | 4.37 |
| 第二种分类方法 | 匹配前 | 15.16 | 14.70 | 0.46*** | 0.03 | 17.67 |
| | ATT | 15.16 | 14.99 | 0.17*** | 0.03 | 5.25 |

注：*** 表示在1%的水平上显著。

为了进一步分析进口产品质量对企业工资差距的影响在不同年份、不同地区及不同所有制企业之间是否存在差异，本章在对全体样本进行估计的基础上，利用倾向匹配得分的方法对不同年份、不同地区、不同所有制的企业进行了估计，具体的估计结果报告在表8-10中。

表8-10　分年份、地区、所有制 PSM 的估计结果

| 　 | 处理效应 | 处理组 | 对照组 | 差距 | 标准误 | t 检验概率值 |
|---|---|---|---|---|---|---|
| 2004 年 | ATT | 14.63 | 14.53 | 0.96* | 0.06 | 1.65 |
| 2005 年 | ATT | 15.12 | 14.95 | 0.17*** | 0.05 | 3.32 |
| 2006 年 | ATT | 15.15 | 15.04 | 0.10** | 0.05 | 2.20 |
| 2007 年 | ATT | 15.15 | 15.04 | 0.11** | 0.05 | 2.44 |
| 东部地区 | ATT | 15.03 | 14.93 | 0.10*** | 0.03 | 3.93 |
| 中部地区 | ATT | 15.19 | 15.03 | 0.16 | 0.13 | 1.27 |
| 西部地区 | ATT | 15.20 | 15.32 | −0.11 | 0.13 | −0.89 |
| 国有企业 | ATT | 14.64 | 14.69 | −0.05 | 0.15 | −0.35 |
| 集体企业 | ATT | 15.06 | 14.87 | 0.19 | 0.17 | 1.13 |
| 私营企业 | ATT | 15.02 | 14.95 | 0.07* | 0.03 | 1.89 |
| 外资企业 | ATT | 15.07 | 14.93 | 0.14*** | 0.04 | 3.84 |

注：***、**、* 分别表示在1%、5%、10%的水平上显著。

通过表8-10我们可以得到以下结论：（1）所有年份进口产品质量都显著拉大了企业内部性别工资差距。（2）东部地区企业进口产品质量会拉大企业内部性别工资差距，但在中西部地区该效果并不显著。（3）国有企业、集体企业进口产品质量对企业性别工资差距没有显著影响，但对私营企业和外资企业而言，进口产品质量会显著扩大企业内部性别工资差距。

关于进口产品质量对性别工资差距影响的地区差异，我们可以从地区人力资本、技术发展水平和市场竞争等角度进行解释。东部地区经济发展基础雄厚，无论在基础设施建

设、企业竞争力、产业集中度,还是在人力资本结构和技术发展水平上都比中西部地区更有优势。因而,进口高质量产品中包含的先进知识、技能等要素在东部地区能迅速外溢,从而导致企业内部收入分配结构发生变化。同时,东部地区市场竞争更加激烈,进口扩张所引发的进口竞争会加速企业调整劳动要素投入比例,从而对劳动力供求和工资差距产生影响。

对进口产品质量影响企业性别工资差距的所有制差异,我们主要从企业内部工资决定机制去理解。相对于私营企业和外资企业,公有制经济(国有企业和集体企业)市场化因素更弱。尤其在生产决策和雇佣决策上,公有制经济受国家政策影响较大,表现在工资支付上一个突出的特点就是工资决策的自主权较小,不能根据劳动力市场变动灵活进行工资调整。因而,当进口产品对要素市场产生冲击时,私营企业和外资企业能根据市场波动迅速进行要素的重新配置,从而导致员工工资产生变化;公有制经济除考虑经济因素外,还必须承担一定的社会责任,因而不能灵活配置资源,对要素市场波动反应相对迟缓。

### 8.3.2.3 广义倾向匹配得分估计

PSM虽然不会造成样本选择性偏误,但它只能用于处理0-1离散变量,而且最终得到的结果只是处理变量的平均效应。而本章的核心解释变量企业进口产品质量是连续变量,在进行离散化处理的过程中会遗失部分样本信息。借鉴希拉诺和安本斯(Hirano & Imbens)[1]的做法,我们放松变量离散的假设,用处理连续型变量的广义倾向匹配得分(GPSM)的方法重估进口产品质量对企业性别工资差距的影响。采用GPSM有两个好处,一是可以避免离散化处理过程中的信息遗失问题,二是可以详细阐释每一具体位置处理变量(进口产品质量)影响结果变量(企业性别工资差距)的边际效用。

1. 估计方法

借鉴已有研究的做法,本章的GPSM估计主要分三个步骤。

第一步:控制匹配变量 $X$ 中所有要素后,利用极大似然估计的方法计算连续型处置变量的条件分布。

$$E(G_i \mid X_i) = \alpha_0 + \alpha_1 X_1 \tag{8-8}$$

利用式(8-8)的估算结果,我们可以得到广义倾向得分 $M_i$。

第二步:建立结果变量 $Y$ 与连续型处理变量 $G$、广义倾向得分 $M_i$ 之间关系的函数,并利

---

[1] Hirano, K. and Imbens, G. W. "The Propensity Score with Continuous Treatments", in *Applied Bayesian Modeling and Causal Inference from Incomplete-Data Perspectives*: An Essensial Journey with Donald Rubin's Statistical Family 2005, pp. 73-84.

用 OLS 进行估计。

$$E(Y_i \mid G_i, M_i) = \beta_0 + \beta_1 G_i + \beta_2 G_i^2 + \beta_3 M_i + \beta_4 M_i^2 + \beta_5 G_i M_i \qquad (8-9)$$

第三步:利用式(8-9)的估计结果,就可计算连续型处置变量对结果变量的影响效应。

$$E[Y(g)] = \frac{1}{N} \sum_i [\hat{\beta}_0 + \hat{\beta}_1 g + \hat{\beta}_2 g^2 + \hat{\beta}_3 \hat{M}(g, X_i) + \hat{\beta}_4 \hat{M}(g, X_i)^2 + \hat{\beta}_5 g \hat{M}(g, X_i)]$$

$$(8-10)$$

其中,$i$ 表示企业,$N$ 表示样本数。与 PSM 相似,匹配变量 $X$ 中包含企业层面、城市层面控制变量及一系列的年份、行业、地区固定效应;结果变量 $Y$ 表示企业性别工资差距,连续型处理变量 $G$ 表示企业的进口产品质量。

2. 估计结果

为了清楚描述 GPSM 的步骤,我们分别报告了三阶段的估计结果。

表 8-11 报告了 GPSM 第一阶段和第二阶段的回归结果。从第一阶段的估计结果来看,在控制了时间、行业和地区固定效应后,匹配变量(资产负债率和城市基础设施建设水平除外)均在 1% 的水平上通过了显著性检验,表明匹配方法及匹配变量的选取是合理的。其中,企业劳动生产率、成立年限、资本劳动比,以及企业所在城市的人均 GDP 和人均受教育年限,都与企业进口产品质量呈显著的正相关关系;外资企业、私营企业的性别工资差距高于国有企业和集体企业;企业出口密集度则显著降低了企业进口产品质量。

表 8-11　GPSM 的第一阶段和第二阶段估计结果

| 一阶段回归 | | | 二阶段回归 | | |
|---|---|---|---|---|---|
| 变量 | 系数 | 标准误 | 变量 | 系数 | 标准误 |
| ln$ltfp$ | 0.0251*** | 0.0010 | $G$ | −4.810*** | 0.448 |
| $age$ | 0.0005*** | 0.0001 | $G^2$ | 4.531*** | 0.458 |
| $exra$ | −0.0358*** | 0.0027 | $M$ | 0.128* | 0.045 |
| $K/L$ | 0.0110*** | 0.0009 | $M^2$ | −0.359*** | 0.053 |
| $debt$ | −0.0052 | 0.0037 | $G \times M$ | 2.108*** | 0.105 |
| $ownership$ | 0.0263*** | 0.0013 | 常数项 | 15.223*** | 0.066 |
| $gdp\_city$ | 0.0212*** | 0.0024 | | | |
| $edu$ | 0.0138*** | 0.0011 | | — | |
| ln$road$ | 0.0003 | 0.0010 | | | |
| 常数项 | −1.1547*** | 0.1143 | | | |

注:***、*分别表示在 1%、10% 的水平上显著。

第二阶段回归将企业性别工资差距的变化作为被解释变量,以进口产品质量作为核心解释变量,并将第一阶段回归得到的倾向匹配得分作为关键控制变量。从回归结果来看,无论进口产品质量,还是倾向匹配得分,或者是它们之间的交互项,都通过了显著性检验。

为了进一步区分进口产品质量对企业性别工资差距影响的异质性差异,在第二阶段回归的基础上,我们将进口产品质量[0,1]十等分,确定关键等分点上进口产品质量对性别工资差距的影响。为了更形象地表达影响效果的差异,我们分别画出了各等分点上处理效应函数图和"剂量反应"函数图,如图8-3所示。

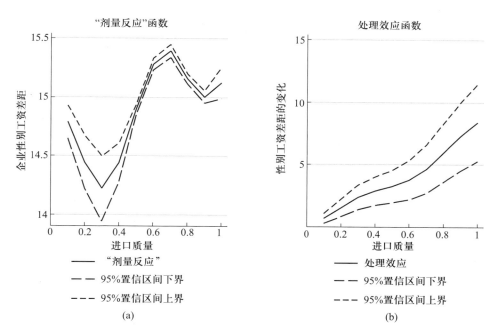

图8-3 进口产品质量与企业性别工资差距的处理效应及"剂量反应"函数图

处理效应函数图进一步印证了PSM估计的结果,从整体上看,进口产品质量越高,企业内部性别工资差距也更大。"剂量反应"函数图则为我们提供了更加丰富的信息。图形在不同位置存在众多拐点,说明企业进口产品质量对性别工资差距的影响效果在不同的质量区间上有所差异。这进一步说明企业进口产品质量对性别工资差距的影响存在阈值效应:在临界值以内,边际效用的变动趋势保持一致,一旦超过临界值,该趋势就会发生反转。具体来说,当进口产品质量处于区间[0,0.3)和[0.7,0.9)时,进口产品质量对性别工资差距的边际效用呈下降趋势(依然为正),当进口产品质量处于[0.3,0.7)和[0.9,1]时,其边际影响则呈上升趋势。

### 8.3.2.4 影响机制分析

**1. 进口竞争**

生产质量差异化产品的外国企业与本土企业展开竞争,可能对本土企业员工工资产生多种影响:一是在不完全竞争市场环境下,本土企业拥有较大市场份额,规模经济效应决定企业能获取较高的市场利润。贸易自由化降低了国外产品的进入成本,进口竞争在一定程度上减少本土企业市场份额,生产率抑制和企业利润下降都会对员工工资造成不利影响。二是进口竞争的激励效应促使企业通过加大研发投入来提升自身技术创新能力,这种有偏的技术进步会增加对高技能劳动力的需求,降低对低技能劳动力的需求,从而扩大技能工资差距。三是进口竞争的资源配置效应。进口产品或潜在的进口威胁导致市场份额跨企业重新配置,低生产率企业市场份额和生产规模下降甚至退出市场,释放出来的闲置资源逐渐向在位高生产率企业集中,使高生产率企业的市场份额和生产规模增加。这种生产资源再配置会对异质性劳动力产生有偏需求,进而造成工资收入在异质性劳动群体内部出现分化。

为了识别进口产品质量通过进口竞争影响企业内部性别工资水平差距的机制,我们借鉴努奇和波佐洛(Nucci & Pozzolo)[1]的做法,在回归方程中加入进口产品质量与进口竞争的交互项,其中,进口竞争强度=进口渗透率×企业内销占比。进口渗透率是行业层面的,反映行业所受的进口竞争的程度;企业内销占比则说明国内市场的重要性。因而,进口竞争强度越大,说明企业所面临的进口竞争越激烈。

表8-12报告了进口产品质量通过进口竞争对企业性别工资差距的影响,回归结果中进口竞争系数显著为正,说明进口竞争扩大了企业内部的性别工资差距;交互项系数显著为负,说明进口竞争削弱了进口产品质量对企业性别工资差距的扩大效果。对前者,我们主要从进口竞争引致的技能偏向型技术进步的角度去理解。在竞争压力下,本土企业会主动进行技术创新和产业升级,这种有偏的技术进步将增加对平均技能占优的男性劳动力的需求,相对减少对女性劳动力的需求。因而,进口竞争导致的技术进步将扩大企业内部性别工资差距。对后者,我们主要从进口产品的质量结构进行解释。高质量进口产品主要挤占本土企业生产的高质量产品的市场份额,高质量产品生产企业市场萎缩将降低对生产高质量产品密集使用的高技能劳动力的需求。与之类似,低质量进口产品的挤出效应将降低对生产低质量产品密集使用的低技能劳动力的需求。由于中国男性劳动力的平

---

[1] Nucci, F. and Pozzolo, A. F. "The Exchange Rate, Employment and Hours: What Firm-Level Data Say", *Journal of International Economics*, vol. 82, no. 2 (2010), pp. 112–123.

均技能要高于女性,因而质量差异化进口产品引致的竞争将在一定程度上降低企业性别工资差距。

表8-12 进口竞争效应

| 变量 | (1)<br>OLS | (2)<br>2SLS | (3)<br>OLS | (4)<br>2SLS | (5)<br>OLS | (6)<br>2SLS |
|---|---|---|---|---|---|---|
| *quality* | 1.204*** | 9.330*** | 0.576*** | 4.468*** | 0.500*** | 3.516*** |
| | (11.60) | (6.94) | (6.26) | (3.51) | (5.45) | (2.66) |
| *competition* | 0.173*** | 2.657*** | 0.112*** | 1.137** | 0.087*** | 0.969* |
| | (5.47) | (5.23) | (4.00) | (2.36) | (3.15) | (1.96) |
| *quality×competition* | −0.131*** | −2.632*** | −0.091*** | −1.120** | −0.067** | −0.954** |
| | (−4.18) | (−5.15) | (−3.28) | (−2.32) | (−2.44) | (−1.93) |
| 企业层面变量 | 否 | 否 | 是 | 是 | 是 | 是 |
| 城市层面变量 | 否 | 否 | 是 | 是 | 是 | 是 |
| 主要控制变量 | 否 | 否 | 否 | 否 | 是 | 是 |
| 常数项 | 13.882 | 9.075*** | 15.029*** | 12.639*** | 15.762 | 14.620*** |
| | 0.08 | −6.57 | −57.61 | −10.91 | 0.05 | −9.38 |
| Kleibergen-Paap rk LM 检验 | — | 128.840 | — | 119.556 | — | 108.064 |
| Cragg-Donald Wald $F$ 检验 | — | 101.293 | — | 92.491 | — | 85.314 |
| 样本数 | 52004 | 51905 | 52004 | 51905 | 52004 | 51905 |
| 调整后 $R^2$ | 0.0330 | −0.0920 | 0.2290 | 0.2020 | 0.2380 | 0.2466 |
| $F$ | 843.020 | 34.359 | 764.913 | 744.750 | 439.370 | 94.730 |

注:限于文章篇幅,笔者简化了回归结果。其中,企业层面变量包括企业劳动生产率(*lnltfp*)、企业年龄(*age*)、出口密集度(*exra*)、资本劳动比(*K/L*)、资产负债率(*debt*)和所有制(*ownership*);城市层面变量包括城市人均GDP(*gdp_city*)、城市人均受教育年限(*edu*)和城市人均铺装道路面积(*lnroad*);主要控制变量包括时间、行业和地区控制变量。

2. 成本加成

成本加成被定义为产品价格对边际成本的偏离,其大小度量了企业的成本加成和贸易利得。虽然巴丁格(Badinger)[1]的研究证实了贸易自由化所引致的竞争将降低企业的成本加成,但关于成本加成降低所衡量的促进竞争效应及成本加成影响贸易利得的机制等问题,在学界尚有很大争议。本章在已有研究的基础上更进一步,不仅关注企业成本加成对性别工资差距的影响,还通过在回归方程中添加成本加成与进口产品质量的交互项来判断

① Badinger, H. "Has the EU's Single Market Programme Fostered Competition? Testing for a Decrease in Makup Ratios in EU Industries", *Oxford Bulletin of Economics and Statistics*, vol. 69, no. 4(2007), pp. 497-519.

进口质量能否通过成本加成对企业内部性别工资差距施加影响。

表8-13报告了成本加成及成本加成与进口产品质量的交互项影响企业内部性别工资差距的回归结果。从中可以看出,不同模型下成本加成(markup)的系数、显著性存在很大差异,因而我们认为企业成本加成对性别工资差距不存在一致性影响。但不同模型下交互项的系数均显著为负,说明进口产品质量通过成本加成在一定程度上缩小了企业性别工资差距。对此,我们可以从中国特定经济发展阶段下企业竞争状态、成本加成与进口产品质量结构的关系去理解。安东尼迪斯指出,激烈的市场竞争促使高生产率企业提高产品价格,提升产品质量和成本加成,低生产率的企业则退出市场或进行反方向的调整。[1]钱学锋等针对中国制造业的研究发现,进口竞争对企业成本加成的影响与行业竞争强度有关,在竞争性较弱的部门中,具有垄断地位的企业主要通过降低垄断价格来获利,因而进口竞争对产品价格及成本加成具有向下的压力。与之相反,在高竞争性行业中,企业作为市场价格接收者,主要依靠市场效率改进来应对进口竞争,因而竞争反而提高了成本加成。[2]中国进入门槛较高的高技术行业竞争性较弱,企业成本加成较低,但政府出台的《鼓励进口技术和产品目录》为高技术企业扩大高质量产品进口规模提供了政策便利。低技术行业由于进入门槛较低,虽然其进口产品质量较低,但竞争压力和退出市场的潜在风险促使企业不断进行市场效率改进,由此引致的低技能偏向的技术进步将增加对国内低技能劳动力的需求。综上所述,竞争性较弱的高技术企业(低成本加成)与高质量进口产品的对应关系会降低对高技能劳动力的市场需求,而竞争性较强的低技术企业(高成本加成)与低质量进口产品的互动关系会增加对低技能劳动力的需求,因而进口产品质量通过成本加成最终缩小了企业性别工资差距。

表8-13　成本加成效应

| 变量 | (1) OLS | (2) 2SLS | (3) OLS | (4) 2SLS | (5) OLS | (6) 2SLS |
|---|---|---|---|---|---|---|
| *quality* | 0.892*** (15.64) | 4.305*** (14.77) | 0.370*** (7.12) | 2.462*** (8.9) | 0.365*** (6.98) | 1.631*** (6.27) |
| *quality×markup* | −2.202*** (−3.51) | −7.764* (−1.95) | −1.186** (−2.10) | −12.59*** (−3.56) | −1.185** (−2.10) | −11.59*** (−3.34) |

---

[1] Antoniades, A. "Heterogeneous Firms, Quality, and Trade", *Journal of International Economics*, vol. 95, no. 2 (2015), pp. 263-273.

[2] 钱学锋、范冬梅、黄汉民:《进口竞争与中国制造业企业的成本加成》,《世界经济》2016年第3期,第71~94页。

| 变量 | (1) OLS | (2) 2SLS | (3) OLS | (4) 2SLS | (5) OLS | (6) 2SLS |
|---|---|---|---|---|---|---|
| *markup* | -3.740*** | -0.847 | -0.883*** | 4.280*** | -0.791*** | 3.905** |
| | (-11.85) | (-0.47) | (-3.08) | -2.68 | (-2.77) | (2.5) |
| 控制变量 | 否 | 否 | 否 | 否 | 是 | 是 |
| 常数项 | 15.877*** | 14.296*** | 15.360*** | 15.221*** | 16.049 | 16.271*** |
| | (12.84) | (12.44) | (63.29) | (60.54) | (0.01) | (15.68) |
| Kleibergen-Paap rk LM 检验 | — | 1486.466 | — | 1423.723 | — | 1454.389 |
| Cragg-Donald Wald $F$ 检验 | — | 762.497 | — | 729.912 | — | 745.496 |
| 样本数 | 57063 | 57063 | 57063 | 57063 | 57063 | 57063 |
| 调整后 $R^2$ | 0.052 | -0.016 | 0.228 | 0.206 | 0.236 | 0.228 |
| $F$ | 71.171 | 66.665 | 1401.558 | 1365.01 | 321.865 | 323.948 |

注:限于文章篇幅,笔者简化了回归结果。其中,企业层面变量包括企业劳动生产率(ln$ltfp$)、企业年龄($age$)、出口密集度($exra$)、资本劳动比($K/L$)、资产负债率($debt$)和所有制($ownership$);城市层面变量包括城市人均 GDP($gdp\_city$)、城市人均受教育年限($edu$)和城市人均铺装道路面积(ln$road$);主要控制变量包括时间、行业和地区控制变量。

#### 8.3.2.5 稳健性检验

**1. 重新测算企业进口产品质量**

作为产品的一种重要的无形属性,质量难以被直接观察和测量。虽然国内外学者从不同角度对测算方法进行了拓展,也得到了很多有意义的结论,但目前在国际经济学领域尚缺乏统一且大家都较认可的方法。为弥补本章在产品质量测算方面的不足,我们用其他方法重新测算企业进口产品质量,通过验证这些代理指标与企业性别工资差距的关系,作为对前文基准回归的总结和呼应。表 8-14 中,列(1)利用产品单位价格作为质量的代理变量;列(2)采用单位运输成本和汇率作为产品价格的工具变量,利用进口产品价格和数量信息反推产品质量;列(3)借鉴已有研究的做法,通过最大化消费者效用函数,建立进口产品数量和价格的回归关系,将产品质量定义为残差中的一部分;列(4)则借鉴阿米蒂和坎德尔瓦尔[①]的做法,利用产品的市场份额和价格信息测算一国进口产品质量。所有回归结果均表明,使用其他代理指标表示产品质量时,进口产品质量提升显著扩大了企业性别工资差距,且其他主要变量的系数和显著性均未发生改变,说明本章总体回归结果是稳健的。

---

① Khandelwal, A. K. "The Long and Short (of) Quality Ladders", *NBER Working Paper*, no. 15178(2009).

表 8-14　稳健性检验 1:重新测算企业进口产品质量(2SLS)

| 变量 | (1) 产品价格 | (2) 运输成本和汇率双工具 | (3) 施炳展方法 | (4) gb4 行业质量 |
|---|---|---|---|---|
| *quality* | 0.088*** | 5.347*** | 1.037*** | 4.995*** |
| 企业层面变量 | 是 | 是 | 是 | 是 |
| 城市层面变量 | 是 | 是 | 是 | 是 |
| 主要控制变量 | 是 | 是 | 是 | 是 |
| Kleibergen-Paap rk LM 检验 | 1642.583 | 110.167 | 1634.532 | 48.101 |
| Cragg-Donald Wald $F$ 检验 | 1443.960 | 112.305 | 1939.764 | 45.933 |
| 样本数 | 5.7E+04 | 4.8E+04 | 4.8E+04 | 3.2E+04 |
| 调整后 $R^2$ | 0.233 | 0.125 | 0.219 | 0.074 |
| $F$ | 212.618 | 192.329 | 278.407 | 141.567 |

注:限于文章篇幅,笔者简化了回归结果。其中,企业层面变量包括企业劳动生产率(ln*ltfp*)、企业年龄(*age*)、出口密集度(*exra*)、资本劳动比(*K/L*)、资产负债率(*debt*)和所有制(*ownership*);城市层面变量包括城市人均 GDP(*gdp_city*)、城市人均受教育年限(*edu*)和城市人均铺装道路面积(ln*road*);主要控制变量包括时间、行业和地区控制变量。*** 表示 1% 的统计显著性水平。

2. 区分企业所有制、要素密集度和出口密集度

表 8-15 报告的分样本回归结果与前文总体回归基本一致:无论按照资本要素密集度,还是按出口密集度对企业进行分类,进口产品质量提升均显著扩大了企业性别工资差距。区分企业所有制的回归结果稍有出入,私营企业和外资企业的进口产品质量扩大了性别工资差距,但公有制企业的进口产品质量缩小了性别工资差距。对公有制企业的特殊性,一些学者的研究结论对我们有一定启发。一方面,公有制企业中的行政命令、中央计划因素的影响长期存在,制约了公有制企业雇佣决策和工资支付决策的市场化改革;二是公有制企业拥有工会、职工代表大会等较完备的劳动保障组织,集体议价机制的存在使公有制企业在面临雇员、工资调整等问题时比较慎重,因而高质量进口产品冲击的影响短期内难以得到直接反映。[①]

表 8-15　稳健性检验 2:区分企业所有制、要素密集度和出口密集度(2SLS)

| 变量 | (1) 公有制企业 | (2) 私营企业 | (3) 外资企业 | (4) 劳动密集型 | (5) 中间行业 | (6) 资本密集型 | (7) 低出口密集度 | (8) 高出口密集度 |
|---|---|---|---|---|---|---|---|---|
| *quality* | -2.226* | 0.867* | 0.492* | 1.199*** | 1.744*** | 0.897* | 1.206*** | 1.159*** |
| | (-1.78) | (1.76) | (1.95) | (3.56) | (4.27) | (1.86) | (3.67) | (3.61) |

---

① Meng, X. "An Examination of Wage Determination in China's Rural Industrial Sector", *MPRA Paper*, no. 1344(1994).

| 变量 | （1）公有制企业 | （2）私营企业 | （3）外资企业 | （4）劳动密集型 | （5）中间行业 | （6）资本密集型 | （7）低出口密集度 | （8）高出口密集度 |
|---|---|---|---|---|---|---|---|---|
| 常数项 | 16.280*** | 15.057*** | 14.213*** | 18.164*** | 11.768*** | 14.908*** | 16.843*** | 13.782*** |
|  | （11.03） | （9.81） | （13.29） | （39.58） | （24.99） | （10.25） | （14.65） | （31.34） |
| 企业层面变量 | 是 | 是 | 是 | 是 | 是 | 是 | 是 | 是 |
| 城市层面变量 | 是 | 是 | 是 | 是 | 是 | 是 | 是 | 是 |
| 主要控制变量 | 是 | 是 | 是 | 是 | 是 | 是 | 是 | 是 |
| Kleibergen-Paap rk LM 检验 | 62.31 | 355.69 | 1692.36 | 819.71 | 578.20 | 506.34 | 943.08 | 428.32 |
| Cragg-Donald Wald $F$ 检验 | 69.73 | 350.69 | 2467.98 | 963.75 | 700.26 | 678.61 | 1190.49 | 1279.04 |
| 样本数 | 2568 | 20567 | 33176 | 19020 | 19019 | 19019 | 36190 | 20873 |
| 调整后 $R^2$ | 0.18 | 0.20 | 0.26 | 0.20 | 0.22 | 0.25 | 0.23 | 0.21 |
| $F$ | 10.92 | 5676.89 | 1660.26 | 3.60E+09 | 3.40E+12 | 452.35 | 145.11 | 5076.89 |

注：限于文章篇幅，笔者简化了回归结果。其中，企业层面变量包括企业劳动生产率（ln$ltfp$）、企业年龄（$age$）、出口密集度（$exra$）、资本劳动比（$K/L$）、资产负债率（$debt$）和所有制（$ownership$）；城市层面变量包括城市人均 GDP（$gdp\_city$）、城市人均受教育年限（$edu$）和城市人均铺装道路面积（ln$road$）；主要控制变量包括时间、行业和地区控制变量。***、*分别表示 1%、10%的统计显著性水平。

## 8.4 本章小结

加入 WTO 以来，中国进口产品质量波动变化与企业性别工资差距不断扩大同步发生。本章利用 2000 年至 2011 年中国工业企业数据库和海关数据库匹配数据，实证检验了进口产品质量对企业平均工资水平的影响。研究发现，进口质量的提高会显著促进企业平均工资水平的提升，且对东部地区企业的影响更为显著，而对中西部地区的影响则不明显。同时相较于行业集中度较低的企业，进口产品质量的提升更能促进行业集中度较高企业的工资水平；与中小规模企业相比，进口产品质量提升对较大规模企业工资水平的提升作用更为明显。此后，进一步利用 2004 年至 2007 年中国工业企业数据和海关微观数据，基于工具变量和倾向匹配得分的反事实估计法验证了进口产品质量对企业内部性别工资差距的影响。结果表明，2004 年以后，进口产品质量提升显著扩大了中国企业性别工资差距，这一结论在控制企业特征、企业所在城市特征及时间、行业、地区固定效应以后依然成立；倾向匹配得分（PSM）和广义倾向匹配得分（GPSM）的估计结果也与基准回归基本一致，相对于进口低质量产品的企业,进口高质量产品的企业拥有更大的性别工资差距;GPSM 的回归结果进一步说明进口产品质量对性别工资差距的影响存在阈值效应。对进口产品质量影响企业内部性别工资差距的机制,本章主要从进口竞争和成本加成两个方面进行考察,实证结果发现,进口竞争通过有偏的技术进步显著扩大了性别工资差距,但进口产品质量通过进口竞争降低了企业性别工资差距;成本加成对企业性别工资差距没有显著影响,通过与进口产品质量的交互效应,却在一定程度上降低了企业内部性别工资差距。使用工具变量后的回归结果保证了上述结果的稳健性。

# 9 新常态下以中国进出口产品质量升级化解收入分配问题的政策建议

## 9.1 推进以产品质量"优进优出"为特征的外贸转型升级

党的二十大报告中指出："稳步扩大规则、规制、管理、标准等制度型开放。加快建设贸易强国。"[①]而其中最为重要的抓手就是推进以产品质量"优进优出"为特征的中国高水平高质量开放，坚持以质量第一的原则加快中国外贸转型升级，进而提升创新力和国际竞争力。

首先，从战略上高度重视高质量中间品的进口对中国对外贸易发展的重要意义，着力发挥"优进"对"优出"的促进作用，尤其是加强对高质量中间品进口的支持力度，积极促进出口升级，延长企业出口持续时间，保持出口稳定性。一方面，积极落实国务院办公厅转发的《关于扩大进口促进对外贸易平衡发展的意见》，着力发挥"优进"对"优出"的促进作用。区分一般贸易和加工贸易的不同作用机制，进一步改善一般贸易下高质量、高技术、紧缺型、实用型产品的进口，同时优化加工贸易产品进口质量和进口结构，兼顾外贸持续稳定增长的长期目标与加工贸易带动就业的短期目标。另一方面，积极把握中国扩大进口的战略

---

[①]《高举中国特色社会主义伟大旗帜　为全面建设社会主义现代化国家而团结奋斗——习近平同志代表第十九届中央委员会向大会作的报告摘登》，《人民日报》，2022 年 10 月 17 日第 2 版。

机遇,充分利用中国国际进口博览会的广阔平台,优化进口产品质量结构,注重提高进口产品的质量及其多样性,着力发挥进口产品质量对出口产品质量和出口增加值的带动作用。从2020年第三届中国国际进口博览会的参展统计也可以看出,尽管受到新冠疫情的影响,此次累计意向成交额仍达到726.2亿美元,其中新产品、新技术和新服务展示411项,有力地带动了出口转型升级并促进了进出口平衡发展。[①]

其次,要注重进口产品质量差异化和来源地差异化对国内出口产品质量的异质性影响,除继续巩固传统贸易伙伴关系外,进一步优化同非OECD成员、"一带一路"沿线国家和低收入国家的贸易结构,促进双边贸易产品质量、贸易产品种类的持续优化。除积极推动世界贸易组织框架下的改革之外,中国还应开展与周边国家和地区的双边、多边贸易合作,建立一个多层次的全球产品生产网络。更为重要的是,出口企业也应采取产品多元化策略,进口高技术含量的中间品来促进产品多样性,鼓励进口国内紧缺、国际先进的技术设备和精密零部件,并以此化解类似于英国脱欧、中美贸易关系复杂局势等不确定性冲击带来的出口风险。不仅如此,企业还应具备相应的吸收消化能力,才能有效发挥产品种类增加对出口产品质量的提升作用。因此要鼓励企业加强研发投入,提高创新能力,从技术模仿向技术创新转变,着力解决相关高技术产品的进口"卡脖子"问题。

同时,贸易促进措施要分类施策;积极鼓励内资企业出口,重点保障技术密集型企业出口便利化,在扩大外资准入的同时,着力引导外资企业在稳定出口贸易关系的独特作用;充分利用高质量中间品进口对本国内资企业和技术密集型企业的带动作用,维持出口市场的可持续性和稳定性。不仅如此,中国还要提升高质量中间投入品进口的可得性。长期以来,西方发达国家一直对中国实施技术封锁,从1949年巴黎统筹委员会成立到1996年《瓦森纳协定》签署,其核心目的均是防止在先进材料、材料处理、电子器件、计算机、电信与信息安全、船舶与海事设备等众多行业领域高技术、高质量产品的出口和技术的扩散,而这些领域是中国产业结构升级的重要组成部分。因此,中国政府应通过协商、谈判和其他必要的手段打破西方国家对中国的高技术、高质量产品的出口封锁,提升高质量中间投入品进口的可得性。

再次,更加重视进出口企业的自主创新,释放企业创新能力在"优进优出"中的中介效应,在一定程度上避免对国外高质量进口产品的过度依赖。党的二十大报告指出:"加快

① 《第三届进博会累计意向成交726.2亿美元 比上届增2.1%》,http://finance.people.com.cn/n1/2020/1110/c1004-31926060.html,2021年10月9日。

实现高水平科技自立自强……增强自主创新能力。"①因此,在"十四五"时期,中国不仅要鼓励企业进口来自发达国家的高质量中间投入品,更重要的是推动本土出口企业的自主创新。尤其是近年来国际贸易政策不确定性加剧和"逆全球化"趋势下全球产业链安全风险的提升,对进出口企业自主创新的要求逐步提升。既要全方位优化企业创新环境、完善创新激励机制,又要鼓励企业加大技术创新投入力度,加强创新人才培养,运用大数据、云计算、物联网等新兴技术提升企业管理效率,降低技术创新成本。

同时,应对加工贸易和一般贸易进口促进贸易政策分别考虑,重点鼓励一般贸易下高质量产品的进口。根据研究结论,一般贸易下进口产品质量的提升对企业创新的作用更大,而且对出口产品质量的促进效果显著且稳健,同时对企业出口国内增加值率总体上没有显著负向影响,对中国国有企业、集体企业和民营企业出口国内增加值率有正向影响。不仅如此,出口国内增加值率是表征中国企业参与全球价值链分工的重要尺度,本研究基于出口国内增加值率的研究再次表明,提升进口质量是融入国际分工合作、有效提升供给质量的重要途径,尤其是在一般贸易下进口产品质量提升对中国实现对外贸易"优进优出"具有重要意义。

最后,进一步推进落实减费降税和贸易便利化措施等,使得企业进口高质量中间品的同时,能提升出口企业的成本加成率和市场竞争力。具体而言,要进一步加快推进贸易自由化进程,简化进口产品的通关环节;加快上海、广东、天津和福建等自由贸易区的建设,尤其是着力落实《海南自由贸易港建设总体方案》,以点带面提升进口便利化水平;支持跨境电子商务发展,通过"互联网+"的模式,提升进口便利化。政府应通过积极参与区域贸易协定、降低关税、进口补贴、协调各进口企业组成行业进口协会等方式降低企业进口成本,增强企业进口的议价能力。尤其是,以签署《区域全面经济伙伴关系协定》(RCEP)为契机,积极参与区域贸易协定,特别是与发达国家的区域贸易协定,降低企业的进口门槛和成本;有针对性地降低先进新技术和关键设备、零部件的高质量中间品的进口关税;鼓励行业协会搭建企业间进口合作平台,整合各企业的进口需求,加强中国企业进口产品的议价能力;扶植和鼓励国内同类产品的生产,通过竞争机制和技术追赶,防范外国出口厂商对向中国出口的高质量中间投入品形成垄断高价。

---

① 《高举中国特色社会主义伟大旗帜　为全面建设社会主义现代化国家而奋斗——习近平同志代表第十九届中央委员会向大会作的报告摘登》,《人民日报》,2022 年 10 月 17 日第 2 版。

## 9.2 形成以企业升级为突破口的外贸发展方式转变

《中共中央关于制定国民经济和社会发展第十四个五年规划和二〇三五年远景目标的建议》明确指出:"要激发各类市场主体活力……弘扬企业家精神,加快建设世界一流企业。"[①]而其中的重要抓手,是在坚持实施更大范围、更宽领域、更深层次对外开放的背景下,推动企业积极参与国际竞争,加快形成以企业升级为突破口的外贸发展方式转变。为更好地发挥外贸促进政策在推动中国企业转型升级、促进经济发展方式和贸易发展方式转变中的积极作用,还应从以下几个方面采取相关配套措施。

第一,帮助和扶植一部分企业成为行业内的高技术龙头企业,并通过推动企业共同研发、行业协会平台开展技术交流、技术交易平台得以建立和完善等方式,促进行业内企业间的技术溢出。根据研究结论,行业技术分布对进口产品质量与企业创新的关系具有正向调节机制,即随着行业内企业技术差距的增大,中间投入品进口质量和竞争性产品进口质量对企业创新的促进作用不断增强。这背后的经济逻辑在于技术分布差异较大的行业内企业间存在显著的技术溢出,这种技术溢出可以帮助企业更好地跨越创新所需的技术门槛,促进企业创新。尤其是行业龙头企业要发挥创新引领作用,要着力培育以企业为主体、市场为导向、产学研深度融合的技术创新体系,支持有条件的企业设立、升级、并购研发机构,开展跨行业、国际化的研发活动。同时,要积极发挥行业代表性企业的引领示范作用,切实推进产学研一体化进程,采取诸如院士工作站、博士后流动站、海外人才工作站等,有效打通科技成果转化"最后一公里"。

第二,在鼓励企业进口高质量产品的同时,应注意保持进口产品来源的多元化,扩大进口产品的质量梯度,发挥高质量进口带动出口质量提升的作用。一方面,要以扩大进口尤其是高质量产品进口为抓手促进出口转型升级。国务院关税税则委员会对进口商品实施低于最惠国税率的进口暂定税率,反映出扩大进口是促进贸易高质量发展的重要方式之一,下调进口关税对中国进一步扩大市场开放具有重要意义,将有利于扩大相关高质量产品的进口,同时适应了国内部分民众对消费升级的需求和工业出口领域技术升级与创新的需要。另一方面,进口产品质量梯度对竞争性产品进口质量与同类产品出口质量的关系具有正向调节机制,即随着竞争性产品进口质量梯度的变大,竞争性进口产品质量对同类产

① 《十九大以来文献选编》中,中央文献出版社 2021 年版,第 799 页。

品出口质量的促进作用不断增强。这背后的经济逻辑是进口产品的质量梯度较大，则质量差别较大，不同质量的进口产品可以让国内不同技术水平的企业克服技术门槛均能获得技术溢出，因此总体的学习效应较大，进而促进了出口产品质量的提升。

第三，有针对性地从产品主要出口目的地进口同类高质量产品，通过进口产品中特定的国别（地区）信息交流，促进向该目的地出口的同类产品质量升级。来自出口目的地的竞争性产品进口质量，对中国向该目的地出口的同类产品质量有显著正向影响。背后的经济逻辑是来自出口目的地的竞争性产品进口质量高，一方面说明出口目的地能生产出高质量的产品，要求中国向其出口的产品必须具备高质量才能赢得市场。另一方面来自出口目的地的高质量竞争性产品会释放更多带有特定国别（地区）信息的技术溢出，比如出口目的地产品的质量要求、技术标准及消费者的偏好，帮助向该目的地出口的国内同类产品有针对性地提升质量。所以，中国应更多地从主要出口目的地进口竞争性高质量产品。

第四，帮助企业提升吸收技术外溢的能力，着力推进企业技术升级。党的二十大报告指出："创新是第一动力。"[①]但中国企业技术创新能力普遍不足的局面仍未根本改观，受产权保护、竞争秩序和产业链分工等因素影响，企业创新仍大多停留在模仿创新或低水平开发阶段，难以适应产业转型升级的需要。梳理改革开放进程中我国企业追寻技术创新的路径，可以看出其通过进口投入品提升创新能力的侧重点之一为吸收技术外溢，这就要求政府应在吸收环节帮助企业提升吸收高质量进口产品技术外溢的能力。具体措施包括：通过公共财政支持科研院所大力发展基础创新，为企业吸收技术外溢提供良好的技术支持平台；以国家自主创新示范区和高新技术产业开发区为基点打造区域创新平台，打破创新资源配置的区域分割，将企业间的创新资源进行整合，实现企业吸收技术外溢后的二次外溢和共同提升。当然，更为重要的是要充分发挥市场的牵引作用和企业在技术创新中的主体作用，鼓励国内企业牵头研发关键核心技术，积极创造条件使其成为创新要素集成、科技成果转化的主力军。

第五，借助打造国内国际双循环相互促进的新发展格局的契机，推动企业拓宽国内外市场。企业通过进口投入品提升创新能力的另一个侧重点为市场规模的扩大，这需要一个庞大的销售市场作为支撑。对此，在以国内大循环为主体、国内国际双循环相互促进的新发展格局下，一方面，政府应以畅通国内大循环为指引，对内破除区域市场分割和行业垄断，着力打通国内生产、分配、流通、消费各个环节，进一步提升国内市场化程度，以满足国

---

① 《高举中国特色伟大旗帜　为全面建设社会主义现代化国家而团结奋斗——习近平同志代表第十九届中央委员会向大会作的报告摘登》，《人民日报》，2022 年 10 月 17 日第 2 版。

内需求作为出发点和落脚点,进一步做大做强国内市场。另一方面,基于国内国际双循环相互促进的新发展格局,着力推动全方位扩大对外开放,积极主导、参与区域合作和自贸区建设,通过开放竞争来加快中国企业"走出去"融入全球价值链分工,以全球化生产拓展全球市场。不仅如此,中国构建自己的全球价值链、变以往的"被整合者"为"整合者"同样至关重要,这事关中国企业由"走出去"迈向"走进去"的问题。因此,在加快"走出去"步伐的同时,要不断提升企业"走出去"的质量和效率,持续培育本土企业国际化经营能力并提供必要的制度保障,进而持续拓宽海外市场。

第六,中国要实现企业转型升级、经济发展方式和贸易发展方式的转变,不能仅依赖高质量产品的进口等外部因素的拉动,不可将大国命运寄托在外人之手。而应在对外开放、利用外部优质资源的同时,加大研发投入,建立高效的产学研联动机制,提升科技成果的转化效率,推动企业内源式的创新,重点提升上游产业的产品质量,进而实现总体出口产品质量升级和在全球价值链上的攀升,筑造贸易强国之梦。

## 9.3 加快以缩小性别、行业收入差距等为核心的收入分配改革

收入分配改革是新常态下经济体制改革的重要内容,加快以缩小性别、行业收入差距等为核心的收入分配改革显得尤为重要。对此,党的二十大明确指出:"坚持按劳分配为主体、多种分配方式并存……努力提高居民收入在国民收入分配中的比重……提高低收入者收入,扩大中等收入群体。"[①]但就目前来看,性别差距较大的局面仍有待改善。因此,要形成高效的收入分配机制,积极发挥收入分配在经济增长中的促进作用,仍需要切实落实党的二十大精神,并具体从如下几方面入手。

首先,重视教育投入,提高行业人力资本水平。人力资本对行业职工收入有显著的正向影响,职工的受教育水平越高,个人收入也越高。而且受教育程度的提高能够显著促进女性劳动者收入的增加。因此,人力资本投入是解决性别、行业收入差距问题的重要切入点。政府应对公共教育加大财政投入,着力解决女性群体、低收入行业群体教育水平低的问题。一方面,为他们提供平等的教育机会以提高职工整体素质,应当加强对教育事业的财政投入力度,确保女性接受更高水平的教育。另一方面,在巩固基础教育的同时,要把女

---

① 《高举中国特色社会主义伟大旗帜　为全面建设社会主义现代化国家而团结奋斗——习近平同志代表第十九届中央委员会向大会作的报告摘登》,《人民日报》,2022 年 10 月 17 日第 2 版。

性的基础教育与职业教育结合起来,发挥基础、职业、成人教育的互补作用。采取灵活多样的办学方式,让更多的女性接受不同层次与形式的教育,进而通过教育水平的提高为其收入增长提供保障。这其中主要包括提升女性自身的竞争能力,以及能够尽快掌握新技术和新知识的适应能力,尤其是针对低收入女性群体自身特征推出相应的社会培训,使得女性劳动者通过参加技能培训,为其带来更多的收入增长空间和职业选择余地,进而促进更多的低收入女性群体能够进入到需要相应工作技能的工作岗位。最终可以提高女性职工、低收入行业职工的生产效率及个人收入,进而缩小性别、行业收入差距。

其次,完善法制,为收入分配改革提供有力保障。相关部门应当尽快出台有关女性劳动者行业进入和职业获得的法律,并对各项垄断行业的专门立法进行完善。政府要加强对就业市场的监管,尽可能消除行业壁垒。行业壁垒的消除依赖反垄断法的完善,只有在各项法律法规保障的前提下,市场才能正常运转,才能发挥基础性作用。两性收入差距主要源于职业或行业内部的性别歧视,且市场化加剧了职业或行业性别隔离对收入的负面影响,有效管控女性在就业时受到的不公正行为,通过法律文献的出台规范企业用工行为,加强对女性就业的法律保护,为女性创造更多的就业机会,特别是中高收入的工作机会,为市场经济的发展创造更加公平和有效率的就业环境。保证女性劳动者在高级职位的获取上享有平等权,尽可能消除女性劳动者面临的行业壁垒和职业隔离。因此,政府在市场环境下对性别、行业收入差距进行改革,必须要制订有效的法律法规,确保改革走上正确的道路。

再次,引入竞争,为收入分配改革增添活力。不管性别收入差距还是行业收入差距,引入合理的竞争机制对收入差距缩小都有促进作用。从贸易角度看,可以将有竞争力的国外优质产品引入国内,进口产品质量升级可以有效促进国内行业竞争,在提升国内产品质量的同时缩小行业收入差距。同时,提升进口产品质量往往使得区域劳动力市场竞争加剧,进而使一部分人倾向于选择留在学校继续接受教育,而另一部分人选择离开学校进入劳动力市场,进而影响收入分配格局。虽然这一过程是个体在受到宏观贸易冲击下自主选择的结果,但从整个社会发展的角度而言,国际贸易在人力资本积累方面产生了分配效应,假设人们以较低的技能禀赋进入劳动力市场,对整个社会的长期经济发展是一个不利的现象,那么,政府在进一步推进全方位对外开放和化解贸易政策不确定风险的过程中,应当充分考虑某些特定群体的利益,实施符合当地经济与人才发展的收入分配政策。与此同时,伴随家庭责任分工的转变和职业女性的普遍存在,行业内的竞争也为当下职业女性提供了广阔平台,激烈的竞争使得企业在考虑人员任用时更加看重职工素质能力,而不是性别。进口竞争也有助于国内产业结构升级优化,产业结构的升级对行业收入差距有稳定、持久的扩大作用。因此,要减少产业结构升级对行业收入分配造成的负面影响,首先必须加大对人力资本的投资,注重劳动者知识和技能的培养以适应产业结构升级的需要。其次必须消除不合理的行业壁垒,使劳动力得以在各行业、产业间自由流动,从而缩小行业间的收入差距。

最后,提高税收对收入分配的调节力度。党的十九届五中全会专门从增强"四个意识"、坚定"四个自信"、做到"两个维护"的战略高度,强调了把建立现代财税体制的各项任务落到实处的重要意义,并认为此举是中国进入新发展阶段后抓住新机遇、应对新挑战的必然要求。但从税收改革的现实来看,当前税收对收入分配的调节力度仍较为有限,且税种比较单一,没有针对收入分配存在的问题对税种进行划分。因此,提高税收在收入分配中的调节力度需要对税收结构加以调整,增加一些有助于调节收入分配的税种,例如行业间征税的区分:劳动密集型行业可以适当减少间接税比重,同资本、技术密集型等高收入行业区分开。对中低收入女性劳动群体,采取降低税收或者退税的措施。

伴随着中国经济的转型升级,中国的收入分配差距却持续高位运行,这种趋势给社会发展带来了诸多不稳定的因素。收入差距的存在某些程度上反映了分配机制中存在不公平。不公平不仅影响了收入分配,更加影响了广大劳动者对社会的信心及工作的积极性。当然,针对收入分配差距过大这一现象,首先,要高度关注并加以控制,务必不断地、适时地调整和控制收入差距的程度。做到鼓励全民树立正确的财富观,坚持公平与效率并存的同时不断提高个人素养,消除性别、行业间的壁垒。其次,加大执法力度,坚决惩处危害社会经济稳定发展的行为,加强市场监管。最后,还需要出台必要的宏观调控政策和相应的分配制度。

## 9.4　释放进口产品质量升级对收入分配的积极作用

党的二十大报告指出:"中国坚持对外开放的基本国策,坚定奉行互利共赢的开放战略,不断以中国新发展为世界提供新机遇,推动建设开放型世界经济,更好惠及各国人民。"[①]而扩大进口并着力提升进口产品质量在新一轮扩大对外开放中具有重要意义,有助

---

① 《高举中国特色社会主义伟大旗帜　为全面建设社会主义现代化国家而奋斗——习近平同志代表第十九届中央委员会向大会作的报告摘登》,《人民日报》,2022 年 10 月 17 日第 2 版。

于调节进出口贸易平衡和推动收入分配改革。在"转变贸易发展方式""坚持发展成果由人民共享"的政策背景下，上述研究具有重要的政策内涵。

首先，进口产品质量升级是我国贸易利得的重要来源，因而继续提升进口产品质量是我国一个重要的政策取向。应继续坚持政府引导、市场运作、企业化经营的原则，集中资源将中国国际进口博览会打造成中国主动进口的国家级平台、加强世界各国经济合作的开放型公共平台。要加强对重要大宗商品、紧缺资源品及先进技术和设备的进口，通过对核心技术、重大项目、重大课题的引进、消化吸收和再创造。2017 年，《鼓励进口技术和产品目录》进一步调整，重点支持先进设备、先进技术进口，并鼓励企业引进消化吸收再创新。通过进口高质量产品，弥补技术和效率差距，获取国际知识溢出，提升企业出口产品质量，科学利用竞争机制、质量升级机制等，努力提升国内企业研发创新能力，为企业摆脱在全球价值链中的低端分布创造条件。同时，以中国国际进口博览会为代表的国家进口升级举措，会加快就业导向的外资企业引进与进口产品质量的提升，积极推动了劳动力市场规模的扩大、劳动力技能水平的提升、技术熟练度的提高，进而有利于收入分配的改善。

其次，更加关注进口产品质量对收入分配的调控作用，尤其是针对进口产品质量显著扩大企业性别工资差距的负面效应，我们应该更多地从劳动力素质提升方面进行调整，如针对低技能劳动力主要集中于女性的现象，我们应该坚持女性在受教育机会上的平等权利，努力提升女性的受教育水平。同时，加大对女性员工的技能培训，增强培训的针对性、专业性和实用性，通过提高女性的劳动技能来增强其在劳动力市场上的谈判力与竞争力。建立健全关于保护女性劳动力合法权益的法律体系，努力监督和消除对女性的歧视，对劳动权益受到损害的女性给予法律援助。当然，进口产品质量提升带来的新产品的购入能够有效推动在职技术工人对新产品、新技术的学习与掌握，对企业劳动力素质的提高有积极作用。而劳动力素质的提升会吸引更多全球价值链高端环节进入国内，尤其是劳动密集型或者是从事劳动密集型工序生产的企业能够有效增加国内就业机会，并进一步促进收入分配合理化。

再次，在国内国际双循环背景下，挖掘以进口产品质量提升推动国内消费升级对我国收入分配的调节效应。党的十九大报告明确指出："中国特色社会主义进入新时代，我国社会主要矛盾已经转化为人民日益增长的美好生活需要和不平衡不充分的发展之间的矛盾。"[①]那么，随着国内市场对高质量产品的需求日渐旺盛，产品多样化的要求逐步增多，扩大进口、提升进口产品质量是当前阶段满足国内市场需求的有效渠道。尤其是持续举办的

---

① 《十九大以来重要文献选编》上，中央文献出版社 2019 年版，第 8 页。

中国国际进口博览会就是国家主动扩大进口、实现国内国际双循环的重要举措。一方面，汽车、科技生活品、品质生活品、医疗器械及医药保健品等高质量产品的进口，直接满足了国内消费市场，提升了人民群众的获得感和满足感。另一方面，扩大高质量产品的进口规模、增加高质量新产品的进口，通过进口竞争效应改变相关产品国内市场的竞争程度，倒逼国内企业进行转型升级，提高对高质量劳动力的需求，并通过影响劳动力市场就业的技能分化进而调节收入分配。

最后，在坚持以扩大开放促进深化改革、不断提高开放型经济水平的过程中，要注意转变贸易发展方式，由利润导向型、出口导向型向工资主导型、充分就业型贸易转变。转变对外经济发展方式，要注重优化出口产品结构，提高出口产品档次和增加值以增强出口产品的国际竞争力。着力打造具有自主知识产权的名优品牌，培育一批高新技术产业出口基地，努力增加高新技术产品进口，促进贸易平衡，扭转过大的贸易顺差。转变对外经济发展方式要注重提高加工贸易的技术水平和加工深度，延长加工贸易的增值链条，通过技术引进和创新推动我国的加工贸易向产业链上游的研发设计环节延伸，提高中国加工装配业在国际价值链中的地位。转变对外经济发展方式要在扩大外资引进规模的同时提高外资引进质量，坚持引进外资与引进技术紧密结合，鼓励外资企业在中国设立研发机构，鼓励引导外资的产业投资趋向，推动产业结构升级；鼓励引导外资的区域投资趋向，推动区域经济协调发展。同时，在发展高水平、开放型经济的过程中，我们应该注意发挥政府对企业进口活动及劳动力市场的调节作用，如通过实施相应的贸易、投资政策，促进具有高工资特征的战略性产业的发展；通过政策鼓励促进教育水平、科技水平的提升，进而为女性就业较为集中的部分产业生产率进步创造条件；利用特定的产品政策促使企业重视价格弹性较小的产品和服务的生产，降低女性就业风险。

## 9.5 协同全方位对外开放与劳动力市场高质量发展

《中共中央关于制定国民经济和社会发展第十四个五年规划和二〇三五年远景目标的建议》明确提出，"十四五"时期经济社会发展的主要目标包括"更高水平开放型经济新体制基本形成"和"民生福祉达到新水平"。[①] 在此战略导向下，如何协同处理对外开放与劳动力市场高质量发展的关系，对上述目标的达成具有重要意义。本研究从进出口贸易结

---

① 《十九大以来重要文献选编》中，中央文献出版社 2021 年版，第 792 页。

构、持续时间及产品质量等视角切入，基于劳动力市场供求和外生价格冲击的影响路径，系统探讨劳动力收入分配变迁的影响因素及应对策略，对"推动全方位对外开放"和劳动力市场高质量发展具有重要政策启示，并回应了国家战略需要和重大关切。

一方面，当前国际贸易环境形势存在很大的不确定性，如外贸需求下降、中美贸易关系复杂多变、新型冠状病毒肺炎疫情持续等，使得国际贸易外部环境风险加大。为此，我们需要实施新一轮高质量对外开放举措，以供给侧结构性改革为主线，积极推进合作共赢的开放体系建设，如着力深化与"一带一路"相关国家的贸易合作，扩展和优化国际市场布局；推动出口与进口协同发展，如举办中国国际进口博览会、中国进出口商品交易会以扩大内需，制定科学合理的对外开放政策、化解贸易政策风险，以便获得相对稳定的外部宏观环境，促进中国对外贸易的稳定与高质量发展，从而有效降低和消解由于出口增速减缓而对地区劳动力调整产生的负面冲击和不利影响。

另一方面，在劳动力市场方面，我们应明晰劳动力在面临贸易发展新形势下，就业状态、跨部门就业调整、不同就业身份的转变和求职等方面存在的问题及演变趋势，合理布局产业结构调整，降低外部风险对劳动力市场的传导。同时促进国内生产要素有序自由流动，进一步落实户籍管理制度的开放措施，降低劳动力迁移成本；培育如快递、网店等新型就业形态，引导劳动力资源优化配置，完善新型就业形态及非正规就业形态发展的制度建设，保障不同性别、行业劳动力的收入公平；构建更为顺畅的劳动力收入增长机制，如求职培训、劳动力技能培训，以增强抵御外部复杂环境带来冲击的能力。

因此，在新的开放形势下，要准确研判当前国际贸易发展面临的诸如地缘政治、贸易政策不确定性因素交织的复杂格局，着力形成以进出口贸易协同发展为导向的全方位对外开放和以促进人口自由流动、劳动力优化配置为抓手的劳动力高质量发展有机统一。应以外贸转型升级和产品质量提升为抓手，制定确保贸易稳定持续发展的相关预案，积极应对外部贸易环境的不确定性。此外，保障和改善地区劳动力市场的收入分配状况，使得各地区的就业良性发展，优化不同技能、性别类型的劳动力流动政策，切实落实以保就业和保民生为代表的"六保"任务。要注重内外开放联动、对外开放与对内改革有机协同，共同推进以中国进出口产品质量升级与促进劳动力优化配置和收入公平为抓手的劳动力高质量发展，进一步为实现经济高质量发展打下坚实的基础。

# 主要参考文献

一、中文文献

[1] 蔡宏波,张湘君,喻美辞. 外包与行业工资差距——基于中国制造业数据的经验分析[J]. 北京师范大学学报(社会科学版),2012(6).

[2] 陈斌开,万晓莉,傅雄广. 人民币汇率、出口品价格与中国出口竞争力——基于产业层面数据的研究[J]. 金融研究,2010(12).

[3] 陈波,贺超群. 出口与工资差距:基于我国工业企业的理论与实证分析[J]. 管理世界,2013(8).

[4] 陈梅,李磊,郑妍妍. 中间品进口与劳动力市场性别平等[J]. 国际贸易问题,2020(1).

[5] 陈雯,陈鸣,施嘉明,等. 劳动力成本、进口替代与出口企业创新行为[J]. 国际贸易问题,2019(7).

[6] 陈怡. 国际贸易对我国行业间收入分配的影响——基于制造业面板数据的实证分析[J]. 国际贸易问题,2009(4).

[7] 陈怡,王洪亮,王晓青. 对外开放与中国制造业工资差距——基于劳动力供需模型的实证检验[J]. 财贸研究,2011(1).

[8] 陈勇兵,李燕,周世民. 中国企业出口持续时间及其决定因素[J]. 经济研究,2012(7).

[9] 戴觅,余淼杰. 企业出口前研发投入、出口及生产率进步——来自中国制造业企业的证据[J]. 经济学(季刊),2012(1).

[10] 戴觅,余淼杰,Maitra, M. 中国出口企业生产率之谜:加工贸易的作用[J]. 经济学（季刊）,2014(2).

[11] 戴觅,张轶凡,黄炜. 贸易自由化如何影响中国区域劳动力市场?[J]. 管理世界,2019(6).

[12] 杜修立,王维国. 中国出口贸易的技术结构及其变迁:1980—2003[J]. 经济研究,2007(7).

[13] 范爱军,卞学字. 服务贸易与货物贸易对我国收入差距扩大的影响及比较[J]. 国际贸易问题,2013(6).

[14] 樊海潮,郭光远. 出口价格、出口质量与生产率间的关系:中国的证据[J]. 世界经济,2015(2).

[15] 樊海潮,李亚波,张丽娜. 进口产品种类、质量与企业出口产品价格[J]. 世界经济,2020(5).

[16] 范剑勇,冯猛. 中国制造业出口企业生产率悖论之谜:基于出口密度差别上的检验[J]. 管理世界,2013(8).

[17] 高新月,鲍晓华. 反倾销如何影响出口产品质量?[J]. 财经研究,2020(2).

[18] 侯欣裕,陈璐瑶,孙浦阳. 市场重合、侵蚀性竞争与出口质量[J]. 世界经济,2020(3).

[19] 胡文骏. 财政支出、贸易开放与收入分配[J]. 财贸经济,2017(12).

[20] 简泽,段永瑞. 企业异质性、竞争与全要素生产率的收敛[J]. 管理世界,2012(8).

[21] 鞠晓生,卢荻,虞义华. 融资约束、营运资本管理与企业创新可持续性[J]. 经济研究,2013(1).

[22] 孔东民,代昀昊,李阳. 政策冲击、市场环境与国企生产效率:现状、趋势与发展[J]. 管理世界,2014(8).

[23] 李春顶. 中国出口企业是否存在"生产率悖论":基于中国制造业企业数据的检验[J]. 世界经济,2010(7).

[24] 李宏兵,蔡宏波. 出口开放扩大了技能工资差异吗?——中国城镇住户调查数据的再检验[J]. 经济管理,2013(11).

[25] 李佳,汤毅. 贸易自由化、技术进步与行业内工资不平等——基于中国工业企业数据的分析[J]. 南开经济研究,2019(4).

[26] 李坤望,冯冰. 对外贸易与劳动收入占比:基于省际工业面板数据的研究[J]. 国际贸易问题,2012(1).

[27] 李磊,刘斌,胡博,等. 贸易开放对城镇居民收入及分配的影响[J]. 经济学(季刊),2012(1).

[28] 李柔,岳云嵩,张鹏杨. 进口竞争、成本加成及工资的影响研究[J]. 国际经贸探索,2020(5).

[29] 林玲,余娟娟. 生产分割条件下人民币汇率出口传递效应研究[J]. 世界经济研究,2012(9).

[30] 刘灿雷,王永进. 出口扩张与企业间工资差距:影响与机制[J]. 世界经济,2019(12).

[31] 刘林平,雍昕,舒玢玢. 劳动权益的地区差异——基于对珠三角和长三角地区外来工的问卷调查[J]. 中国社会科学,2011(2).

[32] 刘啟仁,铁瑛. 企业雇佣结构、中间投入与出口产品质量变动之谜[J]. 管理世界,2020(3).

[33] 刘晴,张燕,张先锋. 为何高出口密集度企业的生产率更低?——基于固定成本异质性视角的解释[J]. 管理世界,2014(10).

[34] 刘舜佳. 外商直接投资与我国出口商品结构优化[J]. 财经科学,2004(2).

[35] 刘小玄. 中国工业企业的所有制结构对效率差异的影响——1995年全国工业企业普查数据的实证分析[J]. 经济研究,2000(2).

[36] 刘振兴,金祥荣. 出口企业更优秀吗——基于生产率视角的考察[J]. 国际贸易问题,2011(5).

[37] 罗长远,张军. 经济发展中的劳动收入占比:基于中国产业数据的实证研究[J]. 中国社会科学,2009(4).

[38] 马丹,许少强.中国贸易收支、贸易结构与人民币实际有效汇率[J]. 数量经济技术经济研究,2005(6).

[39] 毛其淋,盛斌. 贸易自由化,企业异质性与出口动态——来自中国微观企业数据的证据[J]. 管理世界,2013(3).

[40] 毛其淋,许家云. 中间品贸易自由化的生产率效应——以中国加入WTO为背景的经验研究[J]. 财经研究,2015(4).

[41] 聂辉华,江艇,杨汝岱. 中国工业企业数据库的使用现状和潜在问题[J]. 世界经济,2012(5).

[42] 欧元明,王少平. 汇率与中国对外出口关系的实证研究[J]. 国际贸易问题,2005(9).

[43] 潘士远. 贸易自由化、有偏的学习效应与发展中国家的工资差异[J]. 经济研究,2007

(6).

[44] 裴长洪. 进口贸易结构与经济增长:规律与启示[J]. 经济研究,2013(7).

[45] 钱学锋,李赛赛. 进口的工资溢出:边际分解与作用渠道[J]. 中南财经政法大学学报,2013(3).

[46] 钱学锋,王菊蓉,黄云湖,等. 出口与中国工业企业的生产率——自我选择效应还是出口学习效应?[J]. 数量经济技术经济研究,2011(2).

[47] 任曙明,吕镯. 融资约束、政府补贴与全要素生产率——来自中国装备制造企业的实证研究[J]. 管理世界,2014(11).

[48] 邵军. 中国出口贸易联系持续期及影响因素分析——出口贸易稳定发展的新视角[J]. 管理世界,2011(6).

[49] 邵敏. 出口贸易是否促进了我国劳动生产率的持续增长——基于工业企业微观数据的实证检验[J]. 数量经济技术经济研究,2012(2).

[50] 邵敏,包群. 政府补贴与企业生产率——基于我国工业企业的经验分析[J]. 中国工业经济,2012(7).

[51] 沈国兵,于欢. 中国企业出口产品质量的提升:中间品进口抑或资本品进口[J]. 世界经济研究,2019(12).

[52] 孙林,周科选. 区域贸易政策不确定性对中国出口企业产品质量的影响——以中国—东盟自由贸易区为例[J]. 国际贸易问题,2020(1).

[53] 汤二子,刘海洋. 中国出口企业的"生产率悖论"与"生产率陷阱"——基于2008年中国制造业企业数据实证分析[J]. 国际贸易问题,2011(9).

[54] 万向东,刘林平,张永宏. 工资福利、权益保障与外部环境——珠三角与长三角外来工的比较研究[J]. 管理世界,2006(6).

[55] 王立勇,胡睿. 贸易开放与工资收入:新证据和新机制[J]. 世界经济,2020(4).

[56] 王雅琦,余淼杰. 进口、产品质量和出口价格汇率传递率[J]. 经济学(季刊),2020(3).

[57] 魏浩,李晓庆. 进口贸易对劳动力市场影响研究进展[J]. 经济学动态,2017(4).

[58] 吴晓怡,邵军. 出口参与对制造业企业劳动收入份额的异质性影响研究[J]. 国际贸易问题,2019(1).

[59] 谢申祥,冯玉静. 21世纪中国制造业出口产品的规模、结构及质量[J]. 数量经济技术经济研究,2019(11).

[60] 许和连,张彦哲,王海成. 出口对企业遵守最低工资标准的影响研究[J]. 世界经济,

2020(2).

[61] 姚洋. 非国有经济成分对我国工业企业技术效率的影响[J]. 经济研究,1998(12).

[62] 姚洋,章奇. 中国工业企业技术效率分析[J]. 经济研究,2001(10).

[63] 喻美辞,蔡宏波. 出口产品质量与技能溢价:理论机制及中国证据[J]. 统计研究,2019(8).

[64] 余淼杰,黄杨荔,张睿. 中国出口产品质量提升的"富国效应"[J]. 学术月刊,2019(9).

[65] 叶宁华,包群,邵敏. 空间集聚、市场拥挤与我国出口企业的过度扩张[J]. 管理世界,2014(1).

[66] 易靖韬,傅佳莎. 企业生产率与出口:浙江省企业层面的证据[J]. 世界经济,2011(5).

[67] 曾铮,张亚斌. 人民币实际汇率升值与中国出口商品结构调整[J]. 世界经济,2007(5).

[68] 张庆君. 人民币升值能否促进我国出口商品结构的改善[J]. 国际贸易问题,2010(6).

[69] 赵春明,李宏兵. 出口开放、高等教育扩展与学历工资差距[J]. 世界经济,2014(5).

[70] 赵春明,李震,李宏兵. 中国出口增速放缓与区域劳动力市场就业调整[J]. 财经研究,2021(1).

[71] 赵瑾. 贸易与就业:国际研究的最新进展与政策导向——兼论化解中美贸易冲突对我国就业影响的政策选择[J]. 财贸经济,2019(3).

[72] 钟笑寒. 劳动力流动与工资差异[J]. 中国社会科学,2006(1).

[73] 周明海,肖文,姚先国. 企业异质性、所有制结构与劳动收入份额[J]. 管理世界,2010(10).

## 二、外文文献

[1] Abel, A. B., Eberly, J. C. How Q and Cash Flow Affect Investment Without Frictions: An Analytic Explanation [J]. *The Review of Economic Studies*, 2011, 78(4).

[2] Acemoglu, D., Linn, J. Market Size in Innovation: Theory and Evidence from the Pharmaceutical Industry [J]. *The Quarterly Journal of Economics*, 2004, 119(3).

[3] Alvarez, R., Opazo, L. Effects of Chinese Imports on Relative Wages: Microevidence from Chile [J]. *The Scandinavian Journal of Economics*, 2011, 113(2).

［4］ Bernard,A. B. ,Jensen,J. B. Exceptional Exporter Performance：Cause,Effect,or Both? ［J］. *Journal of International Economics*,1999,47(1).

［5］ Bosetti,V. ,Carraro,C. ,Massetti,E. ,et,al. International Energy R&D Spillovers and the Economics of Greenhouse Gas Atmospheric Stabilization［J］. *Energy Economics*, 2008,30(6).

［6］ Besedeš,T. ,Prusa,T. J. Product Differentiation and Duration of US Import Trade［J］. *Journal of International Economics*,2006,70(2).

［7］ Chou,W. L. Exchange Rate Variability and China's Exports［J］. *Journal of Comparative Economics*,2000,28(1).

［8］ Clerides, S. K. , Lach, S. , Tybout, J. R. Is Learning by Exporting Important? Microdynamic Evidence from Colombia, Mexico, and Morocco ［J］. *The Quarterly Journal of Economics*,1998,113(3).

［9］ De Loecker,J. Do Exports Generate Higher Productivity? Evidence from Slovenia［J］. *Journal of International Economics*,2007,73(1).

［10］ Feenstra,R. C. ,Hanson,G. H. Globalization,Outsourcing and Wage Inequality［J］. *American Economic Review*,1996,86(2).

［11］ Feenstra,R. C. ,Hanson,G. H. The Impact of Outsourcing and High-Technology Capital on Wages：Estimates for the United States,1979－1990［J］. *The Quarterly Journal of Economics*,1999,114(3).

［12］ Feenstra,R. C. ,Li,Z. ,and Yu,M. Exports and Credit Constraints Under Incomplete Information：Theory and Evidence from China ［J］. *The Review of Economics and Statistics*,2014,96(4).

［13］ Goldberg, P. K. , Pavcnik, N. Distributional Effects of Globalization in Developing Countries［J］. *Journal of Economic Literature*,2007,45(1).

［14］ Griliches,Z. ,Regev,H. Firm Productivity in Israeli Industry 1979－1988［J］. *Journal of Econometrics*,1995,65(1).

［15］ Grossman,G. M. ,Helpman,E. Trade,Knowledge Spillovers,and Growth［J］. *European Economic Review*,1991,35(2-3).

［16］ Johnson,R. C. Trade and Prices with Heterogeneous Firms［J］. *Journal of International Economics*,2012,86(1).

［17］ Du,J.,Lu,Y.,TAO,Z.,et,al. Do Domestic and Foreign Exporters Differ in Learning by Exporting? Evidence from China ［J］. *China Economic Review*,2012,23(2).

［18］ Klein,M. W. Macroeconomic Aspects of Exchange Rate Pass-Through ［J］. *Journal of International Money and Finance*,1990,9(4).

［19］ Leimbach,M.,Baumstark,L. The Impact of Capital Trade and Technological Spillovers on Climate Policies ［J］. *Ecological Economics*,2010,69(12).

［20］ Levinsohn,J.,Petrin,A. Estimating Production Functions Using Inputs to Control for Unobservables ［J］. *NBER Working Paper*,no. 7819,2000.

［21］ Melitz,M. J. The Impact of Trade on Intra-Industry Reallocations and Aggregate Industry Productivity ［J］. *Econometrica*,2003,71(6).

［22］ Melitz,M. J.,Ottaviano,G. I. P. Market Size,Trade,and Productivity ［J］. *The Review of Economic Studies*,2008,75(1).

［23］ Michaely,M. Trade in a Changed World Economy ［J］. *World Development*,1983,11(5).

［24］ Obstfeld,M. Exchange and Adjustment: Perspectives from the New Open-Economy Macroeconomics ［J］. *Monetary and Economic Studies*,2002,20(S1).

［25］ Parsons,C. R.,Nguyen,A. T. Import Variety and Productivity in Japan ［J］. *Economics Bulletin*,2009,29(3).

［26］ Robertson,R. Trade and Wages: Two Puzzles from Mexico ［J］. *The World Economy*,2007,30(9).

［27］ Syverson,C. What Determines Productivity? ［J］. *NBER Working Paper*,no. 15712,2011.

［28］ van Biesebroeck,J. Firm Size Matters: Growth and Productivity Growth in African Manufacturing ［J］. *Economic Development and Cultural Change*,2005,53(3).

［29］ Verhoogen,E. A. Trade,Quality Upgrading,and Wage Inequality in the Mexican Manufacturing Sector ［J］. *The Quarterly Journal of Economics*,2008,123(2).

［30］ Voigtländer,N. Skill Bias Magnified: Intersectoral Linkages and White-Collar Labor Demand in U. S. Manufacturing［J］. *The Review of Economics and Statistics*,2014,96(3).

［31］ Yang,Y.,Mallick,S. Export Premium,Self-Selection and Learning-by-Exporting: Evidence from Chinese Matched Firms［J］. *The World Economy*,2010,33(10).

# 索　引

（页码系该词在书中第一次出现时的页码）

## 郑重声明

高等教育出版社依法对本书享有专有出版权。任何未经许可的复制、销售行为均违反《中华人民共和国著作权法》,其行为人将承担相应的民事责任和行政责任;构成犯罪的,将被依法追究刑事责任。为了维护市场秩序,保护读者的合法权益,避免读者误用盗版书造成不良后果,我社将配合行政执法部门和司法机关对违法犯罪的单位和个人进行严厉打击。社会各界人士如发现上述侵权行为,希望及时举报,我社将奖励举报有功人员。

反盗版举报电话　(010) 58581999　58582371
反盗版举报邮箱　dd@ hep.com.cn
通信地址　北京市西城区德外大街 4 号　高等教育出版社法律事务部
邮政编码　100120

读者意见反馈

为收集对学术著作的意见建议,进一步完善学术著作编写并做好服务工作,读者可将对本学术著作的意见建议通过如下渠道反馈至我社。

咨询电话　400-810-0598
反馈邮箱　gjdzfwb@ pub.hep.cn
通信地址　北京市朝阳区惠新东街 4 号富盛大厦 1 座
　　　　　高等教育出版社总编辑办公室
邮政编码　100029